技를 능가하는 道의 삶

莊子의 에센스

莊子

自然의 흐름에 거역하지 말라

安吉煥 編譯

明文堂

머리말

 인간이 산다는 것이 무엇인가? 그리고 죽는다는 것은 또 무엇인가? 인생이 살아가는 일생이란 도대체 무엇이란 말이냐? 장자(莊子)는 호접(胡蝶)에 비유하며 다음과 같이 말하고 있다.
 "언제든가, 장주(莊周) 곧 나는 꿈 속에서 호접이 되었었다. 훨훨 나는 나비가 되었었단 말이다. 하늘을 마음껏 날면서 노닐다 보니, 이미 장주임을 잊고 말았다. 그런데 문득 눈을 떠보니 틀림없는 인간 장주였다. 그렇다면 장주가 꿈 속에서 나비가 되었던 것인가? 아니면 나비가 꿈 속에서 장주가 되었던 것인가? 현재의 형태로 본다면 장주와 나비는 분명 별개의 물체인 것이다. 그러나 그것은 사물의 무궁한 변화 속에 있어서의 양상(樣相)에 지나지 않는다."
 《장자(莊子)》〈내편(內篇)〉중 〈제물론편(齊物論篇)〉에 있는 대목이다.
 꿈이 현실이냐, 현실이 꿈이냐―. 캐고 들어가면 인생 그 자체가 하나의 꿈에 지나지 않는다. 자기 자신이 꿈을 꾸고 있다는 사실을 깨닫지 못한다. 인생이란 꿈에서 깨어났을 때, 사람은 인생 그 자체가 꿈이란 것을 비로소 깨닫는다고 장자는 말했던 것이다.

이《장자》는 전문(全文)이 6만 5천여 자(字)나 되는 방대한 내용이다. 〈내편(內篇)〉7편, 〈외편(外篇)〉15편, 〈잡편(雜篇)〉 11편으로 이루어져 있는데, 장주 자신의 손에 의해 씌어진 것은 〈내편〉뿐이며, 〈외편〉과 〈잡편〉은 후세의 가탁(假託)으로 보는 설이 유력하다.

《노자(老子)》와《장자(莊子)》를 합쳐서 '노장사상(老莊思想)'이란 말, 한 마디로 통틀어 부르기는 하지만, 그들이 주장한 설(說)의 방향은 다소 다르다. 물론 양자(兩者)의 차이는 그것뿐만이 아니다.

《노자》는 처음부터 끝까지 과묵한 편이다. 전편(全篇)이 잠언집(箴言集)이라고 할 수 있으며 도처에 독백(獨白)과 같은 말들이 나열되어 있다. 그것은 마치 광막(廣漠)한 대륙의 또는 대지(大地)의 바다 깊숙한 곳에서 솟아오르는 고독한 외침과도 같다.

이에 비하여《장자》는 대단히 요설(饒舌)이다. 우화(寓話)를 교묘하게 인용하면서 이렇게 해도 이해가 안 가느냐는 식으로 다그치는 인상이다. 그 유연하고 분방한 어구(語句)의 구사력은 실로 대단한 문학(文學)이라고도 할 수 있겠다.

그야 어쨌든 이 책에서는《장자》중 진수(眞髓)라고 할 수 있는 부분만을 선택하여 원문(原文)과 번역문 그리고 주(註) 등을 실어서 독자들이 짧은 시간에《장자》를 이해하는 데 편리하도록 편집했다. 비록 전문(全文)을 완역한 것은 아닐지라도 이처럼 에센스만을 간추렸기 때문에 이 책만 읽더라도《장자》전문을 읽은 것이나 진배 없도록 하는 데 주안점을 두었음을 다시 한번 강조해 둔다.

끝으로 졸저(拙著)를 상재(上梓)해 주신 명문당(明文堂) 김동구(金東求) 사장님과 관계직원 여러분께 진심으로 감사의 뜻을 표한다.

1994년

編譯者 安吉煥 識

차 례

머리말
해 제(解題) ·· 13

소요유(逍遙遊) ·· 33

대(大)와 소(小) / 35   요리인(料理人)과 신주(神主) / 41
요순(堯舜)도 손톱의 때 / 43   쓸모 없는 상품 / 45
큰 박의 용도 / 46   무하유(無何有)의 향(鄕) / 48

제물론(齊物論) ···51

천뢰(天籟)를 듣다 / 53 만물제동(萬物齊同) / 56 위대한 덕 / 74 지(知)와 부지(不知) / 75 참된 자유 / 78 망량(罔兩)과 그림자 / 83 꿈에 호접(胡蝶)이 되다 / 84

양생주(養生主) ···85

지(知)를 따르면 편안함은 없다 / 87 명 요리사 포정(庖丁) / 88 외다리야말로 자유 / 91 죽은 자를 애도하는 것은 배리(背理) / 93

인간세(人間世) ··· 95

무심의 경지 / 97   자연에 살다 / 107   범을 길들이는 방법 / 112   무용(無用)과 유용(有用) / 115   요술 거목의 수수께끼 / 119   자라지 않는 양재(良材) / 120   불구인 덕택에 / 121   은자(隱者)의 독백(獨白) / 122

덕충부(德充符) ··· 125

올자(兀者)의 인망(人望) / 127   재상(宰相)과 올자(兀者) / 131   명성은 하늘의 형벌 / 134   추남 애태타 / 136   하늘에 의하여 양육된다 / 141   정(情)에 대한 문답(問答) / 143

대종사(大宗師) ……………………………………………… 145

'도'야말로 참된 스승 / 147 '도(道)'를 배운다 / 158
생사는 일체 / 161   천(天)의 도(徒)와 인(人)의 도
(徒) / 166   깨달은 인간 / 171   문신을 지운다 / 174
좌(坐) 망(忘) / 176   하늘이냐 사람이냐 / 178

응제왕(應帝王) ……………………………………………… 181

무지(無知)의 지(知) / 183   쓸데없는 참견은 필요 없
다 / 185   무명인의 가르침 / 187   재능은 몸을 망친
다 / 189   도망간 점쟁이 / 191   거울 / 196   혼돈(渾
沌)의 죽음 / 197

외 편(外篇) … 199

위험한 성인 / 201 군자도 소인도 모두 노예 / 213
야단 맞은 성인 / 216 진실한 은자(隱者)란 / 219 소
라고 하든 말이라고 하든 / 224 성인의 대변 / 227
거북의 출세 / 229 하급 관리의 억측 / 231 해골과의
대화 / 233 투 계(鬪鷄) / 235 목수의 비결 / 237 쫓
는 자는 쫓긴다 / 239 미움받은 미녀(美女) / 241 도
가(道家)와 유가(儒家) / 242 유복(儒服)의 실속 / 245
그림의 진수(眞髓) / 247 망아(忘我)의 잠 / 249 경
계 없는 경계 / 251

잡 편(雜篇) ·· 255

꼼짝 못하고 당한 공자 / 257 검(劍)의 극의(極意) / 273 길상(吉祥)의 상(相) / 282 와우 각상(蝸牛角上)의 다툼 / 285 물에 가라앉다 / 290 붙잡힌 신구(神龜) / 292 무용(無用)의 용(用) / 295 육십에 육십 번 변함 / 296 영토를 버린 태왕(太王) / 298 남의 의견 / 300 무능(無能)에 철저(徹底)하라 / 302 장자(莊子)의 임종(臨終) / 306

해　제(解題)

1. 장자의 마력(魔力)

《장자》는 전국시대 중기의 사상가 장주(莊周)가 지은 책이다. 그는 노자(老子)와 함께 '노장(老莊)'이라 불렸으며 유가(儒家), 묵가(墨家)와 더불어 3자가 서로 대립하는 도가(道家)의 중심적 사상가(思想家)이다.

어떤 사람들은 장자를 비실천적(非實踐的) 도피적(逃避的) 방관자적(傍觀者的)인 사상가로 이해하기도 한다. 분명 장자는 자질구레한 지혜, 눈앞의 욕망, 입신 출세 따위를 비웃었다. 그렇지만 장자가 단순히 속세를 등진 사람이었다면 과연 예로부터 그토록 수많은 독자, 홀린 듯이 매혹당한 독자를 계속 가질 수 있었을까?

대체로 고전(古典)이란 그런 것이지만 《장자》만큼 견해에 따라 그토록 변화하는 것도 그리 흔치 않을 것이다. 근대의 문학가 노신(魯迅)은 '장자의 독(毒)에 중독되었다'고 표현하고 있는데 분명히 《장자》는 사용 방법에 따라 사람을 살리기도 하고 죽이기도 하는 독약에 비유될 만하다.

《장자》는 모든 허식(虛飾)을 벗겨 내고, 있는 그대로 인간의 모습을 나타내 준다. 이것을 직시(直視)한 연후에 현실에서 도망치느냐 맞서느냐, 그것은 독자의 자유이다. 이 언저리에 《장자》의 마력이 숨겨져 있다.

또 한 가지 《장자》의 특징은 그 독특한 문장(文章)에 있다.

공상(空想)이 풍부한 특수한 세계가 거기에 펼쳐져 우리들을 '혼돈(渾沌)' 속에서 어슬렁거리게 한다.

2. 장자의 생애(生涯)

장자(莊子). 이름은 주(周). 생몰 연대는 분명하지 않으나 《사기(史記)》에는 위(魏)의 혜왕(惠王, 기원전 370~319년) 제(齊)의 선왕(宣王, 기원전 319~301년)과 같은 시대의 사람이라고 기록되어 있다.

현대의 학자 마서륜(馬叙倫)은 장자의 생존 연대를 기원전 369~286년으로 추정하고 있다. 이 밖에도 많은 연구가에 의하면《장자》에 나오는 역사상의 실존 인물이다. 전국시대의 문헌에 의해 고증이 되어 있으나 어느 것이나 마서륜의 설과 큰 차이는 없다. 장자가 생존한 연대는 대체로 기원전 4세기 후반이라는 것이 통설인데, 즉 전국시대의 중기에 해당한다. 춘추전국시대 이래 약육강식했던 결과 7대강국이 천하를 분할하여 패권을 다투던 시대였다.《장자》에는 그 당시 세태의 일단이 이렇게 기록되어 있다.

"위(衛)의 임금은 경솔하게 백성을 사지에 몰아넣어 죽는 자가 너무 많다. 이 나라를 못에 비유하여 계량(計量)한다면 그 속의 잡초와 같아서 백성은 어찌할 바를 모르고 있다."(人間世)

"천하에 올바른 도(道)가 있으면 성인은 그것을 이룩하지만 천하에 도(道)가 없으면 성인은 다만 그럭저럭 살아갈 뿐이다. 지금 이런 때에 있어서는 겨우 형벌을 면하는 게 고작이다."(人間世)

춘추전국시대는 큰 변혁(變革)의 시대이다. 춘추의 말기 이래 천하를 혼란에서 구(救)하고자 하는 사상가들──이를테면 공자, 묵자 등이 그야말로 '공자가 앉은 자리는 따뜻할 겨를 없고, 묵자의 집 굴뚝은 그을지 못한다(韓愈)'라는 평판의 말 그대로 분주하였다. 그러나 결과는 어떠하였던가? '보장을 받은 것은 새로운 지배계급뿐이었다…… 그리하여 하층 백성들은 또 몇 겹이나 되는 속박 속에서 여전히 노예 생활을 했으며, 실로 노예의 노예였다. 이와 같은 동요를 겪은 뒤의 반성과 실망이 장자의 염세적 내지는 세상에 대하여 분개하는 경향을 자아내는 효모인 것이다.'(郭沫若《十批判書》)

 장자와 시대적인 상황을 분석하면 이러한 견해도 있을 수 있을 것이다.

 장자는 몽고(蒙古) 출신이라고 전해지고 있다. 현재의 하남성(河南省) 상구(商邱) 부근으로 당시에는 송나라의 영토였다.

 송(宋)은 주(周)나라에 멸망당한 은왕(殷王) 주(紂)의 서형(庶兄)인, 미자(微子)를 국조(國祖)로 한다. 패자(敗者)의 말손(末孫)으로서 옛 문화를 유지하고는 있었으나 당시에 있어서는 약소국의 하나에 지나지 않았다. 더구나 왕위 계승을 둘러싸고 골육상쟁의 투쟁이 되풀이되고 있었다. 그 사이 제후(諸侯)와 나란히 천하의 패권을 장악하려는 야망에 불타는 양공(襄公 : 재위, 기원전 649∼636년)과 같은 군주도 나타났으나, 장자가 살던 시대에 이르러 결국 멸망하였다. 다시 말하면 송나라 왕 척성(剔成)은 아우인 언(偃)에게 쫓겨 망명하고, 언이 왕위에 올랐다. 언은 제(齊)·초(楚)·위(魏)와 싸워서 한번은 이를 격파하여 교만한 행동이 가득하였다. 가죽 자루에 피를 가득 채워 이것에 활을 쏘아대며 '하늘을 쏜다'라고 하였다. 주색에 탐닉

하고 충성으로 간(諫)하는 신하를 쏘아 죽였다. 이와 같은 포악성 때문에 언은 '송나라의 걸왕(桀王)'이라는 별명을 얻었고 기원전 286년 제·위·초의 연합군의 공격을 받아 살해되었으며 송나라는 분할되었다.

장자는 이러한 사실을 보았거나 들었음에 틀림없다.

그건 그렇고 장자의 경력에 관하여는 《사기》에 '일찍이 몽고에서 칠원(漆園)의 관리를 했다'고 되어 있을 뿐으로 구체적인 기록은 남아 있지 않다. 단지 《장자》의 외편(外篇) 잡편(雜篇)에는 처가 있었다는 것(至樂), 제자가 있었다는 것(山木·列禦寇) 등을 말하여 주는 삽화(揷話)가 있는 것 외에 그가 가난을 못견뎌 감하후(監河侯)의 앞에 빚을 얻으러 갔던 이야기(外物), 누더기 차림으로 위의 혜왕을 만나러 갔던 이야기(山木) 등이 기재되어 있다.

전국시대는 유능한 인재를 널리 구하던 시대이기도 했다. 스스로의 재능을 자부할 정도의 인물은 모조리 제후에게 돌아다니며 유세했고 제후들은 또 이들 선비를 앞다투어 불러들여 국력을 높이고자 하였다.

그러나 장자는 이러한 움직임에 대하여 끝까지 초연한 태도를 지켰다. 《사기》에는 다음과 같은 일화가 기록되어 있다.

초나라 위왕이 장자의 평판을 듣고 그를 재상으로 맞이하려고 했다. 왕의 사자(使者)가 융숭한 예물을 가지고 장자를 찾아 왔는데 장자는 웃으며 말했다.

"과연 천금(千金)은 대단한 것, 또 재상은 최고의 자리일 것이오. 그러나 제사의 제물이 되는 소를 보시오. 오랫동안 좋은 먹이로 사육되고 비단과 수로써 꾸며지지만, 마지막에는 제단으로 끌려가지 않소? 그때가 되어 아아 차라리 들에 놓아 먹이는 돼지가 되고 싶다 생각하여도 때는 이미 늦은 것이 아닐는지요? 어서 돌아가 주시기 바라오. 모처럼만에 즐겁게 지내고 있는데 방해하지 말아 주시기 바라오. 나는 자유를 속박당하느니 시궁창 속에서 놀고 싶소. 관리 생활은 딱 질색이외다. 기분 내키는 대로 지내고 싶은 게요."

또 《장자》의 잡편 열어구(列禦寇)에는 이런 일화도 있다.

송나라에 조상(曹商)이라는 사나이가 있었다. 그는 송나라 왕의 심부름으로 진(秦)나라에 갔다. 갈 때는 몇 대의 수레를 몰고 간 것에 불과했는데, 그는 진나라 왕의 마음에 들어 돌아올 때는 수레를 백 대나 가지고 왔다. 사나이는 송나라에 돌아와서 그것을 장자에게 자랑했다.
"가난하여 뒷골목 오두막에 살면서 창백한 얼굴로 짚신을 삼는다든가 하는 것은 아무래도 어려운 일이지만 큰 나라의 임금을 설득하여 백승(百乘)의 종자(從者)를 거느리는 신분이 되는 것은 아주 쉬운 일입디다."
라고 말했다. 그러자 장자는 이렇게 대답하였다.
"진나라 왕은 병으로 여러 나라에서 명의(名醫)를 모으고 있다던데! 종기(腫氣)를 수술하여 고치는 자에게는 수레 한 대, 치질을 핥아 치료하는 자에게는 수레 다섯 대, 아래로 내려가면 내려갈수록 수레가 많아지는 모양이더군. 자네에게 그렇게 많은 수레를 준 것을 보니 치질이라도 고쳐 드렸는가? 자아, 이제 그만 돌아가 주게."(列禦寇)

이런 이야기들이 사실(史實)인지 어떤지는 의문이나 적어도 명리(名利)를 멸시한 사람이었다는 것은 틀림없을 것이다.

그는 결코 제후를 섬기려고 하지 않았다. 그뿐이랴! 당시 제의 위왕(기원전 320년, 사망)이 천하의 학자를 모아서 일으킨 아카데미인 직하(稷下)의 학원(學園)과도 교섭(交涉)이 없었다. 민본주의적 사상을 부르짖고 천하의 제후에 대하여 통렬한 비판을 가했던 맹자(孟子)조차도 여기서 활약하였다고 전해지고 있는데 장자가 직하의 학원을 찾아간 흔적은 어디에서도 찾아볼 수 없다.

그렇다면 장자가 직하에서의 학문과 아무 연고(緣故)가 없었느냐 하면 반드시 그렇지도 않다.

당시 직하에서 생활을 보장받은 학자들은 종래의 실용 실천을 목표로 한 학문에서 한 걸음 나아가 세계와 인간에 관하여 근본적인 고찰을 가하려는 방향을 모색했었다. 그 중에서 후일 도가의 계보(系譜)에 딸린 학파가 점차 힘을 증대시켜 왔다. 송견(宋銒)·윤문(尹文)·전병(田騈)·신도(愼到) 등 직하에서 양성된 학자들의 사상이 장자의 사상과 밀접한 관계를 가지고 있다는 것은 많은 학자가 지적하는 바이다.

장자와 직접 교섭이 있었다고 보이는 학자는 혜시(惠施) 한 사람이다. 그의 이름은 《장자》 속에 종종 등장한다. 혜시는 명가(名家)라고 불리는 논리학파에 속한다. 전국시대에 있어서의 변론술의 발달은 머지 않아 일종의 논리학파를 낳았는데 그는 그 대표적인 사람으로 일컬어지고 있다. 혜시의 저술(著述)은 아무것도 남아 있지 않으나 《장자》 속에 그가 세운 명제(命題)가 기록되어 있다. 이를테면 혜시가 말하는 '해가 중천에 있으면 반드시 기울고, 만물에 삶이 있으면 반드시 죽음이 있다'와 장자의 '삶이 있으면 반드시 죽음이 있고, 죽음이 있으면 반드시 삶이 있다.'(齊物論)는 같은 발상으로 이 두 가지의 생각은 서로 영향을 주고 받았던 것 같다.

《장자》에는 장자가 혜시의 묘 앞에서 좋은 논적(論敵)을 잃은 것을 한탄한 이야기(徐無鬼)가 보인다. 두 사람은 사이가 좋은 친구이며 의론(議論)을 통하여 깊이 영향을 주고 받았음에 틀림없으나, 위의 혜왕을 섬기어 재상이 된 혜시의 생활 방식은 장자에게는 못마땅했던 모양이다. 《장자》에 등장하는 혜시는 장자와 의론할 때마다 책망을 당하고 있다.

장자는 끝까지 시류에 초연하였다. 그러나 다른 한편으로는 시세를 예민하게 감취(感取)하여 거기서 그 자신의 사상을 형성시켜 나갔다고 할 수 있다. 그리고 그 처세와 사상과는 분리하기 어렵게 서로 결부되어 있는 것이다.

3. 《장자》의 구성과 그 성립

《장자》는 의론문과 우화(寓話)로 구성되어 있다. 인간세편과 같이 우화만의 부분도 있다.

전문(全文) 6만 5천여 자에 33편이다. 이것이 *내편(7)·*외편(15)·*잡편(11)의 3부로 나뉘어 있다.

내편의 7개 편은 테마에 의하여 붙여져 편명 자체에 의미가 있지만 외편, 잡편은 모두(冒頭)의 문자를 취하여 기계적인 편명으로 되어 있다.

이것이 후술(後述)하는 바와 같이 내용, 문장과 더불어 각 편의 성립 연대의 차동(差同)을 입증하는 근거의 하나로 되어 있다.

＊내편(內篇)──── 소요유(逍遙遊)・제물론(齊物論)・양생주(養生主)・인간세(人間世)・덕충부(德充符)・대종사(大宗師)・응제왕(應帝王)

＊외편(外篇)──── 변무(騈拇)・마제(馬蹄)・거협(胠篋)・재유(在宥)・천지(天地)・천도(天道)・천운(天運)・각의(刻意)・선성(繕性)・추수(秋水)・지락(至樂)・달생(達生)・산목(山木)・전자방(田子方)・지북유(知北遊)

＊잡편(雜篇)──── 경상초(庚桑楚)・서무귀(徐無鬼)・측양(則陽)・외물(外物)・우언(寓言)・양왕(讓王)・도척(盜跖)・설검(說劍)・어부(漁父)・열어구(列禦寇)・천하(天下)

이 현행《장자》는 진(晋, 4세기)의 곽상(郭象)이 주석을 달 때에 산정(刪定)한 것인데 이보다 먼저《사기》(기원전 1세기)에는 '장자 10여 만 자'라고 되어 있어 현재보다 많았던 것으로 되며《한서예문지(漢書藝文志)》(1세기에 성립된 도서 목록)에는 52편이 있었다고 기록되어 있다. 다만, 그것이 어떠한 것이었는지는 분명치 않으며 곽상이 산정한 33편 이외에는 모두 없어져서 오늘날 볼 수는 없다.

위진(魏晋)의 시대에는《장자》가 많이 읽혔다. 곽상 이외에도 최선(崔譔)의 27편본, 상수(向秀)의 26편본 등 몇 개의 산정본이 만들어진 것이《경전석문서록(經典釋文叙錄)》에 기록되어 있으나 이것도 지금은 전해지고 있지 않다.

원본《장자》의 내용, 성립 연대에 관하여는 많은 설이 있으나 정확한 것은 모른다. 많은 선진고전(先秦古典)과 마찬가지로 원저(原著)가 후세 사람의 손에 의하여 점차 부풀려지고 혹은 없어지거나 재편집되어 오늘에 전하여진 것이다.

그러면 현행《장자》가운데 장주 자신의 손에 의하여 이룩된 것은 어느 부분일까?

이것에 대하여는 송나라의 소식(蘇軾:東坡)을 비롯하여 여러 연구자에 의해서 갖가지의 논의와 고증이 이루어져 왔으나 다수의 의견은 내편(특히 소요유·제물론)은 장주 자신에 의해 쓰여진 것으로 본다. 그 이유로서 내편은 처음과 끝이 일관된 사상 체계를 이루고 있으며 문장의 풍격도 일치하고 있음을 들고 있다.

거꾸로 내편은 오히려 외편, 잡편보다 후대에 쓴 것이라고 주장하는 학자도 있다. 그 논거는 외편, 잡편의 편명(서두의 두서너 자를 취하여 편명으로 하는 수법)이 옛 관례에 준하고 있다는 것이다.

또, 같은 외편, 잡편이라도 어떤 학자는 모두 후세 사람의 가탁(假託)으로 보고 의심하는 등 여러 설이 분분하다. 분명히 외편, 잡편에는 잡다한 사상이 있다. 내편과 모순되는 것도 많고 다른 학파의 주장이라고 생각되는 편(篇)도 있다. 예를 들면 잡편의 도척편(盜跖篇)에는 장자 본래의 사상과는 다른 쾌락주의적인 요소가 농후하다. 더욱이 내편의 어느 일편을 해석한 것 같은 문장도 있다(예컨대 제물론편과 추수편과의 관련).

외편, 잡편의 많은 부분은 후세 사람의 가탁으로 보는 것이 타당할 것이다.

그렇지만 이렇게 자세히 파고든 나머지 몸을 야위게 하는 행위 자체를 장자는 '조삼모사'라며 웃어 버릴는지도 모르겠다. 성립이야 어찌 되었건 지금 있는《장자》인 것이다.

더구나 잡편의 맨 끝에 놓인 천하편은 당시의 모든 학설을 상대적인 것으로 보는 입장에서 쓰여진 선진제자(先秦諸子)의 학술개론인 것이다. 한대 초기(漢代初期)의 장자학파에 의하여 이룩된 것으로 추정되고 있다. 당시의 각 학파의 에센스가 간결한 표현으로 서술되어 있고 선진사상(先秦思想) 연구의 중요한 문헌이 되고 있다.

4. 장자의 사상

1. '부지(不知)의 지(知)', '만물제동(萬物齊同)'

"언제이던가 나는 꿈에 나비가 되었다. 너울너울 춤을 추는 호접(胡蝶)이었다. 마음껏 하늘에서 노닐다가 어느새 벌써 장주인 것도 완전히 잊고 있었다. 그런데 문득 눈을 떠보니 틀림없는 인간 장주인 것이다. 그렇다면 장주가 꿈에 나비가 된 것일까. 아니면 나비가 꿈에 장주가 된 것일까."(齊物論)
장주는 즐겨 꿈꾼 이야기를 한다. 그러나 그는 현실을 외면하며 꿈속으로 도피하려고 한 것은 아니다.

'공구(孔丘)라 할지라도, 너라고 할지라도 모두 꿈을 꾸고 있는 것이다. 아니 꿈을 이야기하고 있는 나 자신조차도 예외없이 꿈을 꾸고 있는 것이다.'(齊物論)라는 말에는 눈 뜬 인간만이 가질 수 있는 냉철한 통찰(洞察)이 담겨져 있다.

이 통찰은 인간의 '지(知)'와 사물과의 관계에 돌려졌다. "지적(知的) 인식은 대상을 얻고서 비로소 확정되는 것이다. 대상이 되는 사물 자체는 끊임없는 변화 속에 있다."(大宗師)
장자는 현상계(現象界)를 변화에서 포착한다. 만물은 일각도 머물지 않고 생멸변화(生滅變化)한다. 그는 온갖 존재의 근원이며 일체의 변화를 지배하는 근본 원리를 상정(想定)하여 그것을 '도(道)'라 이름붙였다.

" '도(道)'는…… 무(無)라고밖에 표현할 방도가 없는 것으로서 마음에 감득(感得)할 수는 있어도 감각으로 확인하는 것은 불가능하다. 다른 어떤 것에도 의존하지 않는 독립의 것으로서 천지의 개벽에 앞서서 존재하였다. 귀신도 상제(上帝)도 하늘도 땅도 그 연원(淵源)은 모두 '도'이다."(大宗師) '도(道)'는 사물을 떠나 있는 것이 아니고 개개의 사물 속에 있다.

이 '도'에 관하여 말하면 일체의 사물에 구별은 없다. '도(道)'는 본래 무한정한 것이다. 따라서, 사물의 구별도 일시적인 것에 지나지 않는다. 이것이 자연의 모습인 것이다.

그러나 인간의 '지(知)'는 본래 무한정한 자연을 한정하려는 방향으로밖에 작용하지 않는다. 왜냐하면 사물을 대비(對比)하고 분별하고 질서를 규율하는 것은 '지(知)'이기 때문이다. 그렇다면 인간은 어떻게 사물을 구별하여 가는 것일까?

"모든 존재는 '저것'과 '이것'으로 구별된다. 그러나 저쪽에서 말하면 이것은 '저것'이고 저것은 '이것'이다. 즉 '저것'이란 개념은 '이것'이란 개념과의 대비에서 비로소 성립되고 '이것'이란 개념은 '저것'이란 개념과의 대비에서 비롯된다."(齊物論)

인간의 판단은 항상 상대적이어서 절대적으로 올바른 길이란 어디에도 존재하지 않는다. 그럼에도 불구하고 인간은 '지(知)'에 의지하고 자기의 판단을 절대시하고 서로 대립하고 원한을 품고 서로 싸운다. 여기에 지적(知的) 동물인 인간의 숙명적인 비극의 뿌리가 있는 것이다.

그렇지만 인간이 '지(知)'를 미련 없이 버리고 가지 못하는 한 그 비극의 뿌리를 끊는 길은 단지 하나밖에 없다. 그것은 '지(知)'를 초월하는 일이다. '지(知)'를 초월한다는 것은 '지(知)'가 나누는 사물의 차별상(差別相)에 구애되지 않고 저 것인가 이것인가 하고 선택하는 입장을 버리며 모든 것을 그대로 수용하여 나가는 일이다. '부지(不知)의 지(知)'란 이 일을 가리킨다. '만물제동(萬物齊同)'과 '부지(不知)의 지(知)'의 설(說)은 표리 일체의 관계를 맺으면서 장자 사상의 기반을 이루고 있다.

2. 자유로운 인간

"진인(眞人)은…… 만사를 있는 그대로에 내맡기고 작위(作爲)를 베풀려고 하지 않는다. ……이 세상에 태어났다고 하여 즐거워할 것도 없고 이 세상을 떠났다고 하여 슬퍼할 것도 없는 것이다. 자신도 하나의 자연 현상 중 하나로 보고 죽음에 대하여 번민하지 않는다. 더욱이 일체 집착을 갖지 않고 이것을 자연에 돌린다. '지(知)'에 의하여 '도(道)'를 손상하지 않고 인위(人爲)에 의하여 자연을 훼손하지 않는 삶의 방식이란 이것이다."(大宗師)

가령 자연 그대로의 인간이 있다고 한다면―― 이 '진인(眞人)'이 장자가 그린 궁극적인 인간의 이상상(理想像)일 것이다.

장자는 인간을 어디까지나 하나의 자연 존재로서 포착하였다. 만물은 '도(道)'의 소산인데 인간이라고 하여 그 예외는 아니다. 따라서 그는 인간에게는 인간으로서의 존재형식이 있어 다른 존재들과는 다소 다른 것을 인정하지만 그것은 정도의 차이지, 질의 차이는 아니라고 생각한다.

'진인(眞人)'은 자연 그대로의 인간이다. 그의 사물을 차별하지 않고 어떤 것에도 집착하지 않으며 항상 변화하는 외계의 사상(事象)에 무한히 순응하여 가는 정신 작용이야말로 '진인(眞人)'인 것이다.

'지'와 그것에 기인하는 인위는 '자연'(저절로 되는 모습)을 손상시킬 뿐이다. '지'에 구애되어 자연으로부터 점점 멀어져 가고 있는 인간이 '진인'이 갖는 자재로운 경지에 도달하는 데는 스스로의 '자연'을 회복하지 않으면 안 된다.

장자는 이 어떤 것에도 구애받지 않는 자유로운 경지에 도달하기 위한 수양을 '심제(心齊)'(人間世)라 하였으며 '좌망(坐忘)'(大宗師)이라 했다. 어느 것이나 자타의 구별을 버리고 완전히 무심(無心)으로 되어 버리는 것을 가리킨다.

무심인 상태로 일체를 있는 그대로 수용하여 나가는 이것이 '도와 일체화한다.'라고 하는 무한히 자유스런 삶의 방식인 것이다.

장자에 있어서 자유란 인간이 자기의 구속에서 탈각(脫却)하는 것을 뜻한다. '도'를 체득하는 것에 의하여 현상계의 차별과 대립의 상(相)에 구애되지 않는 인간, 즉 주어진 현실 속에 살고, 더구나 그 현실에 구애받지 않는 자재로운 정신을 가진 주인이야말로 진실로 자유로운 인간이라고 생각한다.

장자는 이것을 '날개 없이 하늘을 난다.'든가 '걷고도 발자국을 남기지 않는다.'라고 하는 비유로 나타내었다. 장자는 어디까지나 '걷는다' 그러면서 '걷는다'는 것을 초월하였다. 장자의 자유란 현실에 등을 돌리는 것은 아니었다. 여기에 선비와 장자와의 근본적인 차이가 숨어 있는 것이 아닐까?

3. 혼돈(渾沌)

장자는 자연을 손상시킨다 하여 인위(人爲)를 배척하였다.

인위의 관점에서보면 무용한 것일수록 실은 귀하다고 하는 가치의 전환이 여기에 성립된다.

"두상이 흰 소, 코가 위로 된 돼지, 치질을 앓는 사나이, 이 세 종류는 절대로 강물 신에게 바치지 않는다. 이것들은 불길한 것이기에 바쳐서는 안 된다는 것을 사제가 잘 알고 있기 때문이다. 그러나 불길하기에 이들은 생명을 보전할 수 있는 것이다."(人間世)

무용(無用)하면 할수록 인위(人爲)와의 관계는 옅어진다. 요컨대 그 자연이 지켜진다. 인간이 어떤 자의 도구도 되지 않고 자기를 위하여 살아야만 천수를 다할 수 있다고 설파한다.

"…… 육체는 쓸모 없다고 하는 것만으로도 편안한 생애(生涯)를 보낼 수 있다. 하물며 재덕(才德)에 있어서 무용(無用)한 인간이 천수를 다할 도리가 있겠는가?"(人間世)

그렇지만 한편으로 그는 '인간의 미혹(迷惑) 가운데 제일 큰 것은 생에 대한 집착이다.'(大宗師)라고 생각하고 생사존망은 본디부터 일체(一體)이기 때문에 '생을 좋다 하여 긍정하는 것과 마찬가지로 죽음도 또한 좋다고 긍정할 수 있어야 할 것이다.'라고 설(說)한다.

바꾸어 말하면 천수를 다하는 것과 죽음을 기피하지 않는 것의 양자가 함께 무위(無爲)라는 한 가지 일에 의하여 일관된 논지(論旨)의 궤도에 올려져 있는 것이다.

그렇지만 관점을 바꾸면 또 다른 견해도 성립된다. 천수를 다하고 싶다고 하는 인간 본래의 바람(감정)과 생에 대한 집착을 버리지 않는 한, 자유롭게 될 수 없다는 인식(이성)과는 어디까지나 모순되고 배치(背馳)되는 관계에 있다고도 말할 수 있으리라. 이 대립되는 양자가 '무용(無用)의 용(用)'이라는 역설

속에서 훌륭하게 공존하고 있는 것이다.
　《장자》한 권의 책이 갖는 헤아릴 수 없는 매력은 이와 같이 읽는 방식에 따라서 다르게 해석할 수 있다는 점에 있는 것이 아닐는지!
　예로써 '소요유'를 인용하여 보자. 이를테면 곽상은 '소요유' 한 편의 주석에 다음과 같이 서술하고 있다.
　"그것이 대소가 다르다 할지라도 자득(自得)의 장소에 놓으면 물(物)은 그 성질에 따르며, 사(事)는 그 능력에 적응하여 각각 그 분수에 맞추며 소요(逍遙)하는 것도 동일하다. 어찌 승부를 그 사이에 수용하랴."(莊子·註)
　소(小)는 소이고 대(大)는 대인 것이니 스스로를 절대시하지 않으며 서로 간에 배척하지 않고 있는 그대로 살면 거기에 자유의 경지가 열리게 마련이다. 대·소 어느 쪽이 이기고 있는 것도 아니다라고 해석하는 것이다.
　이지(理知)에만 기대어 분석을 한다면 이 해석에 이론이 있을 까닭이 없다. 그러나 그것으로는 아무래도 어딘지 모르게 부족하다. 장자가 비소화(卑小化)되어 버린 것 같은 기분이 든다는 감상이 생기는 것도 부정 못하는 것은 아니다.
　천공 9만 리의 높이를 일로 남쪽 큰바다로 날아가는 대붕의 웅자는 단적으로 말해서 무한한 것에 대한 인간의 동경의 상징인 것이다. 허풍이라면 이렇게 큰 허풍은 좀처럼 유례가 없는 일이다. 그러나 작은 그대로 무궁의 세계에 노니는 가능성을 설득하여도 인간의 비애는 머리로 이해할 수는 있어도 감정에 있어서는 납득하기 어려운 바가 있다. 역시 터무니없이 큰 것에 몸을 의지하여야만 무궁의 경지에서 쉴 수 있는 것이 아닐까!

4. 장자와 공자

'장자학은 노자에 기초를 두고 공자의 제자를 비방한다.'
(《史記》 老子・韓非子傳)

사마천(司馬遷)의 《사기》에 있는 말로 그 옛날부터 장자는 유가(儒家)를 조롱하고 인간의 노력을 부정한 사상가라는 인상만이 강하게 새겨진 것 같다.

확실히 세속적인 권위나 가치관에 대한 장자의 비판은 다른 유례(類例)를 볼 수 없으리만큼 철저하며 공자 사후에 형해화(形骸化)된, 유가에 대한 비판으로 읽으면 통쾌하기조차하다. 그러나 장자는 유가의 조(祖)인 공자 자체를 부정하여 버린 것일까?

공자는 《장자》에서 가장 빈번하게 취급되고 있는 인물이다. 그 가운데 공자가 정면으로부터 통렬한 비판을 받고 있는 것은 불과 몇 개로 많은 경우는 '아직 도(道)에 달하지 못한 것'으로 취급되고 있다. 더구나 그들 문장에는 인간의 힘으로는 어떻게 할 수도 없는 '명(命)'의 존재를 알면서도 끝까지 인간으로서의 노력을 버리지 않은 공자에 대한 공감이 엿보인다. 장자를 유가의 출신으로 보는 설〔韓愈・郭沫若〕이 있는 것도 까닭이 있다 하겠다.

공자는 인간의 이성과 능력을 어디까지나 믿고자 하였다. '사람은 모름지기 도를 넓힌다. 그러나 도는 사람을 넓히는 게 아니다.'라는 《논어》의 말이 무엇보다도 잘 표현하고 있다. 그렇지만 나이 70세가 넘어 이상실현의 소망은 더욱더 희미해지고 가장 사랑하는 제자 안회(顔回)・자로(子路)를 잃은 공자의 만년은 적요(寂寥) 바로 그것이었을 것이다.

공자의 인간적 노력이 위대하면 할수록 그 만년의 심정은 비통함을 더하여 사람의 마음에 호소한다.

장자는 말하자면 공자의 이 비통한 심정을 이어받아 새로운 사상을 형성시킨 것이 아닐는지! 형식은 다를지라도 장자의 사상 또한 공자와 마찬가지로 '사람답게 살고 싶다.'는 절실한 소원에 떠받쳐져 있는 것이다.

'제물론' 속에 '양행(兩行)'이란 말이 사용되고 있다. 일체의 모순과 대립이 모순인 채 긍정되고, 대립한 채 의존하는 무한히 자유로운 경지를 의미하는 말이다. 《장자》의 문장은 바로 이 '양행'을 바탕으로 말한 것이라 할 수 있을 것이다.

견실(堅實)한 사변(思辨)과 분방(奔放)한 공상 신중한 보신(保身)과 사신적(捨身的)인 도약(跳躍) 등등 가지가지의 대립적인 요소가 한자(漢字)의 어감을 극도로 살린 변환자재(變幻自在)한 필법의 그늘에서 아슬아슬하게 균형을 유지하며 공존하고 있는 것이다.

그 문장은 내용과 마찬가지로 지극히 유니크하고 또한 양의적(兩義的), 시적이기 때문에 이것을 번역하는 일은 거의 불가능하다고 보아도 좋다. 본서의 역문(譯文)도 역시 《장자》가 갖는 광대함을 협소하게 한정한 책임을 면할 수 없다. 이 역문도 어디까지나 읽는 방식의 한 예로 생각하여 준다면 다행이겠다.

5. 후세에 미친 영향

한(漢)의 무제(武帝)가 유교를 국교로 정한 이래 도가의 제 학파는 일시 세력을 잃고 안휘(安徽)·수춘(壽春)의 회남왕(淮南王) 유안(劉安)의 밑에서 여명(餘命)을 보전하고 있었다(그들이 저술한 《회남자》에는 장자적인 냄새가 짙다).

《장자》가 한창 많이 읽히게 된 것은 위진(魏晋)시대(3세기)부터이다. '노장'이라는 호칭은 이 무렵부터 일반화되었다. 이래로 《장자》는 유가의 경전이 공식적인 학문이 된 반면 그 이면(裏面)에서 많은 독자를 획득하여 왔다.

《장자》의 특색 중 하나는 여러 방향에서 이미지를 부각시킬 수 있는 가능성을 내포하고 있는 문장력에 있으며 후세에 끼친 영향 또한 실로 다면적이다.

정치면   논자에 따라서는 장자의 사상을 약자를 위한 철학으로 규정한다. 현실세계에서 구원을 찾아내지 못하는 약자가 장자에 의해 고뇌에서 해방되고 정신적인 편안함이 주어진다는 것이다.

또 사람에 따라서는 인민 대중의 눈을 현실에서 동떨어진 곳으로 돌리게 하여 변혁에의 의욕을 상실시키는 마약이라고 비난하고 강자에게 봉사하는 노예 근성이라 규정했다.

어느 것이나 장자의 작용을 가리키고 있다고 할 수 있다. 분명히 장자는 약자에 있어서의 구원인 동시에 그 혼을 잠재우는 역할까지도 하였다.

그렇지만 고통에서 구원된 것은 단지 약자만에 한하지 않았다. 세상의 강자 즉 지배층에서도 장자는 더할 나위 없이 사랑을 받았던 것이다.

근대에 이르기까지 중국의 정치·사회를 규율한 표면상의 이념은 유교에서 설하는 도덕론이며 명분론이었다. 그 튼튼한 기반은 지배자로서도 숨막히는 일이었다. 그들은 그 숨막히는 답답함을 《장자》를 통해 해소하며 잠시 동안 천지와 일체가 된 경지에서 편안함을 누렸던 것이다. 이렇게 하여 노장을 대표로 하는 도가의 사상은 유가의 사상과 표리의 관계를 이루고 봉건적 지배체제가 그 내부에서 무너지는 것을 막는 역할을 하였다고 보는 관점도 성립된다.

그러나 또 권력지배가 용서 없는 노골성(露骨性)을 나타내는 때에 그것은 인간성 회복의 기치로, 그리고 반역의 무기로도 되었다. 예컨대 근대 초기에 있어서 무정부주의자들도 '노장'이 설하는 무위자연(無爲自然)의 다스림에서 이상적 정치 형태를 찾아내고 있었던 것이다.

종교면 한대(漢代)에 인도에서 건너온 불교는 장자의 인식론을 매개체로 함으로써 신속하게 중국인의 정신적 풍토에 젖어 들어갔다. 오래지 않아 중국에서 대성한 선종(禪宗)에는 장자의 영향이 특히 두드러졌다고 한다.

장자는 도교에도 받아들여지고 있다. 도교는 한위육조(漢魏六朝)의 사이에 신선사상과 현세이익을 염원하는 토속신앙이 합쳐져서 된 것으로 장자 사상의 본질과는 멀리 동떨어진 것이었으나《장자》에 보이는 천수를 다 누리려는 소망과 즐겨 신선을 등장시키는 것 등이 이용가치가 있다고 인정된 것일까. 곧 당대(唐代)에는《장자》를 '남화진경(南華眞經)'이라 부르고 도교의 경전에 보태졌으며 장자도 남화진인(南華眞人)이라 불리어져서 열선(列仙)의 한 사람으로 제향되었다.

문학예술면《장자》는 또 그 문장의 묘(妙)에 있어서도 그 발상의 분방한 자유로움은 쉽게 접하기 어려운 하나의 문학서이다.

예로부터 중국 문학자의 대부분은《장자》에 의하여 북돋워지고 육성되었다. 도연명(陶淵明)·이백(李白)·소식(蘇軾) 등등 그 이름을 열거하기에 겨를이 없다. 또 문학을 정치, 도덕에서 잘라내어 독자(獨自)의 역할을 지우는 근대적 문학관의 확립에는 장자의 '무용(無用)의 용(用)'이란 사상이 큰 역할을 하였다.

《장자》를 체념의 거소(據所)라 하는 것도, 새로운 가치창조의 원천으로서 사용하는 것도 모두 읽는 사람들의 뜻대로이다. 그렇더라도 인간이 만들어낸 기구(機構)가 점점 거대화하여 거꾸로 인간을 압박하고 있는 오늘날, 장자의 사상은 새로운 의의를 가지고 우리들에게 반성을 호소한다고 하겠다.

소요유 (逍遙遊)

작위(作爲)를 버리고 유유자적하며 그 어느 것에도 구애받지 않는 생활방식이야말로 자유의 극치라고 하지 않으면 안 된다. 장자가 이상(理想)으로 삼았던 '소요유(逍遙遊)'의 경지가 자유 분방한 상상의 나래를 타고 전개된다.

◇ 본편(本篇)의 명언

- 북녘 바다에 물고기가 있어 그 이름을 곤(鯤)이라고 한다. 곤의 크기는 몇 천 리나 되는지 알 수 없다. 이것이 변하여 새가 되는데, 그 이름을 붕(鵬)이라고 한다. 붕의 등은 몇 천 리나 되는지 알 수 없다.
- 교외의 들판에 나가는 사람은 세 끼니의 식사만으로 돌아와도 아직 배가 부르다. 백 리 길을 가는 사람은 하룻밤 동안 곡식을 찧어야 하고, 천 리 길을 가는 사람은 석 달 동안 식량을 모아야 한다.
- 지인(至人)에게는 사심이 없고 신인(神人)에게는 공적이 없으며 성인(聖人)에게는 명예가 없다.
- 뱁새가 깊은 숲 속에 둥지를 튼다고 해도 나뭇가지 하나면 족하고, 두더지가 강물을 마신다 해도 그 작은 배를 채우는 데 불과하다.
- 송나라 사람이 장보(章甫)라는 갓을 밑천 삼아 월나라로 갔지만, 월나라 사람들은 머리를 깎고 문신을 하고 있었으므로 갓이 필요 없었다.

대(大)와 소(小)

1. 대붕도남(大鵬圖南)

> 北冥有魚, 其名爲鯤. 鯤之大, 不知其幾千里也. 化而爲鳥, 其名爲鵬. 鵬之背, 不知其幾千里也. 怒而飛, 其翼若垂天之雲. 是鳥也, 海運則將徙於南冥. 南冥者天池也. 齊諧者志怪者也. 諧之言曰, 鵬之徙於南冥也, 水擊三千里, 搏扶搖而上者九萬里, 去以六月息者也. 野馬也, 塵埃也, 生物之以息相吹也, 天之蒼蒼其正色邪, 其遠而無所至極邪, 其視下也亦若是則已矣. 且夫水之積也不厚, 則負大舟也無力. 覆杯水於坳堂之上, 則芥爲之舟, 置杯焉則膠. 水淺而舟大也. 風之積也不厚, 則其負大翼也無力. 故九萬里則風斯在下矣, 而後乃今培風, 背負青天, 而莫之夭閼者. 而後乃今將圖南.
>
> 蜩與鸒鳩笑之曰, 我決起而飛槍楡枋, 時則不至而控於地而已矣. 奚以之九萬里而南爲. 適莽蒼者, 三飡而反腹猶果然. 適百里者, 宿舂糧. 適千里者, 三月聚糧. 之二蟲又何知. 小知不及大知, 小年不及大年. 奚以知其然也. 朝菌不知晦朔, 蟪蛄不知春秋. 此小年也. 楚之南有冥靈者, 以五百歲爲春, 五百歲爲秋. 上古有大椿者, 以八千歲爲春, 八千歲爲秋. 而彭祖, 乃今以久特聞. 衆人匹之, 不亦悲乎.

*북명(北冥)에 곤(鯤)이라는 물고기가 있다. 머리에서 꼬리까지 몇천 리 정도 되는지 짐작조차 할 수 없는 크기이다. 이 곤이 변신하면 붕(鵬)이라는 새가 된다. 몇천 리인지도 모르는 동체 날개를 펼치고 날아오르면 하늘은 온통 검은 구름에 뒤덮인 듯하다.

바람이 세차게 불고 바다가 거칠어지는 계절에 붕은 남명을 향해 날아오른다. 남명(南冥), 그것은 곧 천지(天池)인 것이다.

《제해(齊諧)》란 책에는 갖가지 괴이한 이야기가 기록되어 있다. 그것에 의하면,

"남명으로 향할 때 붕은 해면 3천 리에서 날개를 치며 날아올라 9만 리 높이까지 치솟는다. 그리하여 남명까지 6개월 동안 쉬지 않고 계속 난다."

라고 되어 있다.

지상에는 아지랑이가 피어 오르고 먼지가 흩날리어 생물은 숨이 막힌다. 그러나 하늘은 온통 파란색이다. 파란색은 하늘 그 자체의 색은 아니다. 끝없이 먼 거리가 하늘을 파랗게 보이게 하는 것이다. 9만 리의 상공을 날으는 붕의 눈에는 이 지상이 온통 파란색일 것이다.

물이 깊지 않으면 큰 배를 띄울 수 없다. 마루의 움푹 패인 곳에 한 잔 가량의 물이 있다면 거기에는 지푸라기 정도의 것은 뜨겠지만, 술잔을 띄우려고 하면 바닥에 닿고 만다. 물은 얕고 배는 큰 것이다.

하늘을 나는 것도 이와 같다. 큰 몸체를 공중에 띄우려면 거센 바람이 필요하다. 9만 리 높이에 날아올라야만 붕의 날개는 강한 바람의 힘에 지탱된다. 바람을 타고 창공을 등에 지고 나는 붕의 앞길을 가로막는 것은 없다. 그리하여 붕은 힘차게 남

명을 목표로 날아가는 것이다.

매미나 작은 비둘기는 붕을 비웃는다. 느릅나무나 참빗살나무 가지 끝에 올라앉는 것조차도 대단한 일이며, 날아오르지 못하고 땅바닥에 떨어지는 수도 있다. 남쪽으로 9만 리나 날고자 하는 녀석의 속셈을 모를 것이다. 여행을 하더라도 교외에 나가는 것이라면 식량을 하루치만 준비하면 충분하지만, 백 리 길을 가는 사람은 전날부터 쌀을 찧어야 하고, 천 리 길을 여행하려는 사람은 석 달 전부터 준비를 시작하여야 한다.

매미나 작은 비둘기가 무엇을 알랴! 작은 세상에 사는 사람은 상상도 할 수 없는 큰 세계가 있는 것이다. 시간에 대하여도 같은 말을 할 수 있다. '소년(小年)'은 '대년(大年)'에 미치지 못한다. 조균(朝菌 : 버섯의 일종. 아침에 났다가 저녁에는 시든다)은 하루라는 것의 길이를 모른다. 매미는 1년이라는 길이를 모른다. 사람은 이런 것들을 '소년(小年)'이라고 한다.

그러나 초나라의 남쪽에는 명령(冥靈)이라는 나무가 있는데, 이 나무는 천 년에 하나의 나이테를 더한다는 것이다. 또 태고에는 대춘(大椿)이라는 나무가 있었다고 하는데, 이 나무는 1만 6천 년에 한 개의 나이테를 더하였다고 한다.

이것들에 비하면 *팽조(彭祖)의 장수를 고마워하고, 이것에 닮아가고자 하는 인간의 모습이 어찌나 불쌍하게 보이는지 모르겠다.

*북명(北冥)── 명(冥)이란 어둡고 끝이 없는 바다의 뜻. 명(溟)이라고도 씀.

*팽조(彭祖)── 장수하였기에 알려진 전설적 인물. 700세, 또는 800세까지 살았다고도 함.

2. 신인(神人)·지인(至人)·성인(聖人)

> 湯之問棘也是已. 窮髮之北有冥海者, 天池也. 有魚焉, 其廣數千里, 未有知其修者, 其名爲鯤. 有鳥焉, 其名爲鵬. 背若泰山, 翼若垂天之雲. 搏扶搖, 羊角而上者九萬里, 絶雲氣負靑天, 然後圖南, 且適南冥也. 斥鴳笑之曰, 彼且奚適也. 我騰躍而上不過數仞而下, 翺翔蓬蒿之間. 此亦飛之至也. 而彼且奚適也. 此小大之辯也.
>
> 故夫知效一官, 行比一鄕, 德合一君, 而徵一國者, 其自視也亦若此矣. 而宋榮子, 猶然笑之. 且擧世而譽之, 而不加勸, 擧世而非之, 而不加沮, 定乎內外之分, 辯乎榮辱之境, 斯已矣. 彼其於世未數數然也. 雖然, 猶有未樹也. 夫列子, 御風而行. 冷然善也. 旬有五日而後反. 彼於致福者, 未數數然也. 此雖免乎行, 猶有所待者也. 若夫乘天地之正, 而御六氣之辯, 以遊無窮者, 彼且惡乎待哉. 故曰, 至人無己, 神人無功, 聖人無名.

은(殷)나라의 *탕왕(湯王)과 그의 신하 극(棘)과의 문답에서도 붕에 대하여 다룬 대목이 있다.

대지의 북쪽 끝에 어두운 바다가 펼쳐져 있다. 이것이 곧 천지이다. 거기에서 사는 물고기는 등의 넓이가 수천 리이니, 전체의 길이는 몇천 리나 될까? 이것이 곤(鯤)이다.

또 그 곳에는 붕이라는 새가 있다. 그 키는 태산(泰山)의 높이만큼이나 될까? 날개를 펴면 하늘은 검은 구름에 뒤덮인 듯하다. 붕은 바람을 타고 선회하면서 9만 리 높이로 날아오른다. 날아가는 앞길에는 구름 한 점 없다. 붕은 푸른 하늘을 등에 지고 남쪽으로 향하여 날아간다. 목적지는 남명인 것이다.
 참새는 비웃으며 말한다.
 "바보스런 짓을 하는 거야. 5, 6m 를 날아오르는 것도 쉬운 일이 아닌데……. 이처럼 관목 사이를 날아다니는 것만으로도 충분하지 않은가. 멍청한 짓을 하는 녀석도 있구나."
 대(大)와 소(小)의 차이가 여기에 나타나 있다.
 지식을 축적하여 관리가 된 자, 실적을 올려서 대관(代官)이 된 자, 재주와 수완을 인정받아 대신이 된 자, 덕성을 추앙받아 군주의 자리에 있는 자, 그들이 자기를 어떻게 생각하든 결국은 이 참새와 다를 바가 없는 것이다.
 송나라의 *영자(榮子)라는 사람은 그들을 속인배(俗人輩)로 보고 냉소한다. 그는 세간(世間)의 훼예포폄(나무람과 칭찬)에는 결코 마음을 움직이지 않는다. 자타내외(自他內外)를 분명하게 구별하고 영예나 치욕은 자기에게 있어서 본질적인 것이 아니라는 것을 분별하고 있었다. 분명히 그는 속세에서 초연하다. 그러나 아직 참 자유를 획득하였다고는 할 수 없다.
 *열자(列子)는 바람을 타고 하늘에서 노닐다가 바람의 방향이 바뀌면 이번에는 표연히 지상으로 돌아온다. 그러나 지상의 세계에 묶여 붙어 있지는 않지만, 바람의 힘에 의지했기에 그나마 할 수 있었던 것이다. 따라서 그도 역시 참된 자유를 얻었다고는 할 수 없다.
 천지의 자연에 몸을 맡기고 만물의 생성변화에 따라 무궁의 세계에서 소요(逍遙)하는 자야말로 어떤 것에도 구애되지 않는 참으로 자유로운 존재이다.

'지인(至人)은 자기를 고집하지 않으며, 신인(神人)은 작위를 베풀지 않으며, 성인(聖人)은 명성에 관심을 품지 않는다.'란 바로 이 일을 가리킨다.

*탕왕(湯王)──── 전설상의 성천자(聖天子). 폭군 걸왕(桀王)을 쳐서 멸망시키고, 하왕조(夏王朝)를 쓰러뜨린 다음 은 왕조를 일으켰다.

*영자(榮子)──── 장자 이전의 도가의 학자인 송견(宋鈃)을 가리키는 것이라고 한다. 욕망을 배척하고 비전론(非戰論)을 부르짖었다.

*열자(列子)──── 열어구(列禦寇).《열자》책은 열자의 저서라고 하나 실존했던 인물인지 어떤지 의심스럽다.

요리인(料理人)과 신주(神主)

　堯讓天下於許由曰, 日月出矣而爝火不息, 其於光也, 不亦難乎. 時雨降矣而猶浸灌, 其於澤也, 不亦勞乎. 夫子立而天下治. 而我猶尸之, 吾自視欠然. 請致天下.
　許由曰, 子治天下, 天下旣已治也. 而我猶代子, 吾將爲名乎. 名者實之賓也. 吾將爲賓乎. 鷦鷯巢於深林, 不過一枝. 偃鼠飮河, 不過滿腹. 歸休乎君. 予無所用天下爲. 庖人雖不治庖. 尸祝不越樽俎而代之矣.

*요(堯)임금이 허유(許由)에게 천자(天子)의 자리를 양위하고 싶다고 말했다.

"태양이 높이 떠올랐는데, 아직 관솔불을 끄지 않고 있는 것은 낭비랄 수 있습니다. 단비가 대지를 촉촉히 적셔 주고 있는데, 아직 논밭에 물을 대는 것은 쓸데없는 짓이 아니겠습니까? 당신과 같은 분이 계시는데, 내가 천자의 자리에 앉아 있는 것은 아무래도 괴롭습니다. 아무쪼록 천자의 자리를 받아 주십시오."

"무슨 말씀을 하시는 겁니까? 이와 같이 천하는 훌륭히 다스려지고 있습니다. 이제 새삼스럽게 내가 천자가 된다는 것은, 천자라는 이름만을 얻으려는 짓이 아니겠습니까?

　명목은 실속의 첨가물에 지나지 않습니다. 나에게 첨가물이 되란 말씀입니까? 뱁새는 넓은 숲속에 둥지를 틀지만,

필요한 것은 단 하나의 가지뿐입니다. 수달은 황하(黃河)의 물을 마시지만 자기 배를 가득 채울 만큼만 있으면 족한 것입니다.

바라건대 그냥 돌아가 주셨으면 합니다. 천하를 주신다 해도 나에게는 아무런 소용이 없습니다. 비유하건데 요리사가 게으름을 피워 요리를 만들지 않더라도, 제단(祭壇)을 주관하는 사제(司祭)가 어슬렁어슬렁 주방에 드나들지 않는 법입니다."

라고 허유가 말했다.

*요(堯)임금이 허유(許由)에게 —— 요는 전설상의 상고시대 성천자이고, 허유도 마찬가지로 전설적인 현자(賢者) 이다.

요순(堯舜)도 손톱의 때

肩吾問於連叔曰, 吾聞言於接輿, 大而無當, 往而不反. 吾驚怖其言. 猶河漢而無極也. 大有逕庭, 不近人情焉. 連叔曰. 其言謂何哉. 曰, 藐姑射之山有神人居焉, 肌膚若氷雪, 淖約若處子. 不食五穀, 吸風, 飮露. 乘雲氣, 御飛龍, 而遊乎四海之外. 其神凝, 使物不疵癘而年穀熟. 吾以是狂而不信也.

連叔曰, 然. 瞽者無以與乎文章之觀. 聾者無以與乎鐘鼓之聲 豈惟形骸有聾盲哉. 夫未知亦有之. 是其言也猶時女也. 之人也之德也. 將旁礴萬物. 以爲一世蘄乎亂, 孰弊弊焉, 以天下爲事. 之人也, 物莫之傷. 大浸稽天而不溺, 大早金石流, 土山焦而不熱. 其是塵垢秕糠將猶陶鑄堯舜者也. 孰肯以物爲事.

견오(肩吾)가 연숙(連叔)에게 말했다.
"접여(接輿)의 의론을 듣고 있노라면, 큰 보자기를 펴놓을 뿐이며 어디까지 날아갈 것인지 짐작도 할 수 없어요. 아주 질려 버렸답니다. 마치 구름을 잡는 것 같은 이야기만 늘어놓으니, 어지간한 머리로는 좀처럼 이해할 수 없습니다."
"어떤 이야기를 하였는데요?"
"자아, 좀 들어 보십시요. 그의 허풍은 이런 것이었습니다. 막고야(藐姑射)의 산에 신인(神人)이 있는데, 그 신인의 살갗은 눈처럼 희고, 몸매는 낭창낭창 거리며, 바람을 들이마시고, 이슬을 마실 뿐, 곡물 같은 것은 일체 입에 대지도 않으며 어떤 때는 구름을 타고, 또 어떤 때는 날으는 용의 등에 걸터앉아 우주 밖을 돌아다닌다는 것이죠. 따로 무엇 한 가지 하는 일도 없지만, 신인이라는 것만으로 상처 입고 병든 자를 구하며, 재배하지 않아도 오곡이 풍요롭게 익는다는 등 대체로 이런 투입니다. 어처구니가 없어서 여간하여 곧이들을 수 없습니다."

"과연 그렇군요. 소경에게는 아름다운 색조가 보이지 않으며, 귀머거리에게는 아름다운 가락이 들리지 않는다오. '마음의 귀머거리와 소경도 있다'는 속담이 있는데 자네에게 딱 들어맞는 말이오. 신인이라 불리는 사람의 덕은 이 우주를 널리 뒤덮고 있소. 조그마한 천하를 다스리는 일에 허덕지덕하고 있는 인간과는 사정이 다르오. 또 신인은 어떤 것에도 지배되지 않는 존재인 것이오. 물이 하늘에 닿을 정도의 홍수도 신인을 물에 빠뜨릴 수는 없고, 금석(金石)을 녹이고 대지(大地)를 태울 만한 염열(炎熱)도 신인에게 화상(火傷) 하나 입힐 수 없소. 세상 사람들이 성천자라고 찬양하는 요(堯)나 *순(舜) 만한 인간이라도 신인의 손톱 밑 때로 만들어 낼 수 있는 것이오. 상식의 포로가 되어 있는 인간에게는 상상도 안 될 일이지요."

*순(舜)──요와 나란히 불리는 전설상의 성천자

쓸모 없는 상품

> 宋人資章甫, 而適諸越. 越人斷髮文身, 無所用之.
> 堯治天下之民, 平海內之政. 往見四子藐姑射之山,
> 汾水之陽窅然喪其天下焉.

*송나라의 어떤 사나이가 *장보관(章甫冠)을 듬뿍 사들여 가지고 *월(越)나라로 행상을 떠났다. 그런데 월나라 사람들의 머리는 단발을 하고 몸에는 문신을 하고 있었다. 문명국의 갓 같은 것은 돌아다보지도 않았다.

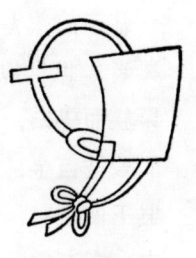
장보관

요임금이 선정을 베풀어 천하는 잘 다스려지고 있었다. 그래서 어느 날 기세당당하게 막고야의 산에 살고 있는 4명의 신인을 방문하였다. 그런데 요임금은 거꾸로 신인들에게 압도(壓倒)되어 도읍의 교외 *분수(汾水)의 강가까지 와서도 망연자실(茫然自失)한 채 나라일 같은 것은 까맣게 잊고 있었다.

* 송나라 —— 중원의 소국. 은(殷)의 후예라고 한다.
* 장보관(章甫冠) —— 장보는 갓 이름. 은대에 제정된 것이라고 하나 대표적인 상용(常用) 갓으로 후세까지 사용되었다.
* 월나라 —— 양자강 남쪽의 해안 지방에 있던 만이(蠻夷)의 나라
* 분수(汾水) —— 황하의 한 지류. 요임금이 도읍지로 하였다고 전하여지는 양평(陽平) 부근을 흐른다.

큰 박의 용도

> 惠子謂莊子曰, 魏王貽我大瓠之種. 我樹之成而實五石. 以盛水漿, 其堅不能自擧也. 剖之爲瓢 則瓠落無所容. 非不呺然大也, 吾爲其無用而掊之.
>
> 莊子曰, 夫子固拙於用大矣. 宋人有善爲不龜手之藥者. 世世以洴澼絖爲事. 客聞之, 請買其方百金. 聚族而謀曰, 我世世爲洴澼絖, 不過數金. 今一朝, 而鬻技百金, 請與之. 客得之, 以說吳王. 越有難, 吳王使之將. 冬與越人水戰, 大敗越人. 裂地而封之. 能不龜手一也. 或以封, 或不免於洴澼絖. 則所用之異也. 今子有五石之瓠. 何不慮以爲大樽而浮乎江湖, 而憂其瓠落無所容, 則夫子猶有蓬之心也夫.

*혜자(惠子)가 이런 이야기로 장자를 조롱하였다.

"이전에 위왕으로부터 큰 박의 종자를 받은 일이 있었소. 그것을 심어서 열매가 열렸는데, 과연 엄청나게 큰 열매라서 그 속에 닷 섬이나 들어갈 만큼 컸소. 그런데 물을 담으면 무거워서 좀처럼 들어올릴 수가 없었소. 둘로 쪼개어 바가지로 하여 보았으나, 너무 커서 물항아리 속에 들어가지 않았소. 크기는 큰 데 아무 쓸모가 없기에 때려 부숴 버렸지요."

장자는 되받아 반박하였다.

"그대는 큰 것을 사용하는 방법이 아주 서툴구만! 이런 이야기가 있소. 송나라에 대대로 삼을 바래는 일을 생업으로 하는 사나이가 있었는데 장사의 형편상 그 사나이의 집에는, 손 트는 데 쓰는 묘약을 만드는 비법이 전해 내려오고 있었소. 한 나그네가 그 소문을 듣고 약의 제조 방법을 백 냥을 주고 사고 싶다고 제의하여 왔소. 그래서 사나이는 일가친척을 모아 놓고 상의를 하였다오. 우리는 대대로 삼을 바래는 일을 해 왔으나 수입이라야 일 년에 대여섯 냥이 고작이었소. 그런데 이제 이 손 트는 데 쓰는 약의 비전(秘傳)이 무려 백 냥에 팔리게 된 것이오. 어떻습니까? 한번 팔아 볼 만한 일이 아닙니까? 한편 약의 제조 방법을 손에 넣은 나그네는 오(吳)나라로 돌아가서 오왕에게 약의 효능을 설득하였다오. 월(越)이 오나라에 쳐들어갔을 때, 오왕은 그 사나이를 장군으로 기용하여 한겨울에 일부러 수상(水上)으로 월군(越軍)을 끌어들여 대승을 하였소. 오왕은 포상으로 사나이에게 봉지(封地)를 주었소. 알겠습니까? 약의 효능은 같지만 한 사람은 봉지를 받았고, 한 사람은 여전히 보잘것없는 품팔이 가업을 계속하고 있으니, 물건은 사용하기 나름이라오. 닷 섬이나 들어가는 박을 가지고 있으면, 왜 그것을 배로 만들어서 양자강이나 동정호(洞庭湖)에 마음 내키는 대로 띄워 볼 생각을 못 하느냐 말이오. 너무 커서 물독 속에 들어가지 않는다고 투덜대기나 한다는 것은 자기가 상식의 포로가 되어 있는 인간이란 것을 자백하고 있는 것이나 마찬가지가 아닌지요."

*혜자(惠子)── 성은 혜, 이름은 시(施). 장자와 같은 시대의 논리학자, 장자의 논적(論敵)인 동시에 가장 친한 친구이기도 했다.

무하유(無何有)의 향(鄕)

> 惠子謂莊子曰, 吾有大樹, 人謂之樗. 其大本擁腫而不中繩墨, 其小枝卷曲而不中規矩. 立之塗匠者不顧. 今子之言, 大而無用, 衆所同去也.
> 莊子曰, 子獨不見狸狌乎. 卑身而伏 以候敖者. 東西跳梁, 不避高下. 中於機辟, 死於網罟. 今夫斄牛 其大若垂天之雲. 此能爲大矣, 而不能執鼠. 今子有 大樹, 患其無用, 何不樹之於無何有之鄕, 廣莫之 野, 彷徨乎無爲其側, 逍遙乎寢臥其下. 不夭斤斧, 物無害者. 無所可用, 安所困苦哉.

혜자가 장자에게 말했다.
"내가 사는 곳에 엄청나게 큰 나무가 있소이다. 남들이 말하기를 가죽나무라고 하는 것 같습니다. 줄기는 울퉁불퉁하여 먹줄을 칠 수가 없고, 가지는 비비 꼬여서 곡자[曲尺]로도 잴 수 없지요. 그래서 길가에 있는데도 목수들은 거들떠보지도 않는 거요. 당신의 의론도 말은 크지만, 결국은 이 나무와 같아서 세상 사람들의 상대가 될 리가 없지요."
"그렇다면 족제비는 어떻소?"
라고 장자는 되받았다.
"꼼짝도 않고 몸을 웅크리고서 사냥감을 겨냥하고 있다가 날렵하게 덤벼들지요. 어떤 곳에서도 재빠르게 뛰어다니지만, 그것이 자신에게 화(禍)가 되어 필경에는 덫이나 그물에 걸려 죽게 되오. 그것에 비한다면 검은 소는 마치 하늘을 뒤덮을 듯이 큰 몸집을 하고 있소. 큰 것만이 쓸모이고, 쥐 한 마리도 잡지 못하지만 무능한 까닭에 죽지 않아도 되는 것이요. 그대에게 그렇게 큰 나무가 있으면 쓸모 없다고 한탄할 일이 아니지 않소. 그것을 아무 것도 없는 *무하유(無何有)의 들판에 심어 놓고 유유히 그 부근을 거닐고 편안히 그 나무 그늘에서 쉰다면, 그 아니 좋소. 세간에 쓸모가 없으니 만큼 베어질 염려도 없고, 누가 해를 끼칠 일도 없을 게요. 쓸모 없다고 하여 괴로워할 필요가 어디 있소."

~~~~~~~~~~~~

*무하유(無何有)──훈독(訓讀)하면 '아무것도 있지 않다─ 허무─'의 뜻이다. 고유명사(固有名詞)로서 이와 같은 우의적(寓意的) 혹은 역설적인 명사(名辭)를 창작하는 것이 장자가 즐겨 사용하는 필법이다. 이후 '無何有의 鄕'이란 진외(塵外)의 이상향을 나타내는 성어(成語)가 되었다.

제물론(齊物論)

만물은 고르다. 이런 도리를 밝혀 내는 것에 의해서만, 인간은 지(知)의 속박으로부터 해방되어, 무한한 자유를 획득할 수가 있다. 본편(本篇)은 인간 존재의 모순에 대한 고충으로 가득 차 있는 점의 반성과, 날카로운 인식론(認識論)에 의해 장자철학(莊子哲學)의 기간(基幹)을 이루는 것이다.

◇ **본편(本篇)의 명언**
- 도(道)는 잔재주에 가려지고, 말은 화려한 수식 속에 파묻힌다.
- 천지(天地)도 하나의 손가락이고, 만물(萬物)도 한 마리의 말[馬]이다.
- 완성(完成)과 파괴가 있는 것은 소씨(昭氏)가 거문고를 들었을 때이다.
- 도(道)란 본디 한계가 없고, 말은 본디 일정한 의미와 내용이 없는 것이다.
- 참된 도(道)는 명칭으로 나타낼 수 없고, 참된 변론은 말로 하지 못한다. 참된 인(仁)은 몰인정(沒人情)하고, 참된 청렴은 겸양하지 않으며, 참된 용기는 남을 해치지 않는다.

*천뢰(天籟)를 듣다

> 南郭子綦, 隱几而坐, 仰天而噓. 嗒焉似喪其耦. 顏成子游, 立侍乎前. 曰, 何居乎, 形固可使如橋木, 而心固可使如死灰乎. 今之隱几者非昔之隱几者也.
> 子綦曰, 偃, 不亦善乎, 而問之也. 今者吾喪我. 汝知之乎. 汝聞人籟而未聞地籟, 汝聞地籟而未聞天籟夫. 子游曰, 敢問其方. 子綦曰, 夫大塊噫氣, 其名爲風. 是唯無作. 作則萬竅怒呺. 而獨不聞之翏翏乎. 山林之畏佳, 大木百圍之竅穴, 似鼻. 似口, 似耳, 似枅, 似圈, 似臼, 似洼者, 似污者, 激者, 謞者, 叱者, 吸者, 叫者, 譹者, 宎者, 咬者. 前者唱于, 而隨者唱喁. 冷風則小和, 飄風則大和. 厲風濟, 則衆竅爲虛. 而獨不見之調調, 之刁刁乎. 子游曰, 地籟則衆竅是已. 人籟則比竹是已. 敢問天籟. 子綦曰, 夫吹萬不同. 而使其自己也. 咸其自取, 怒者其誰邪.

남곽 자기(南郭子綦)는 책상에 몸을 기대 앉아 하늘을 우러러 조용히 호흡을 가다듬고 있는 가운데 전신에서 생기가 없어지고, 혼(魂)의 껍데기 같은 모습으로 변해 갔다. 곁에 모시고 있던 제자인 안성 자유(顏成子游)가 누구에게라는 겨냥도 없이 중얼거렸다.

"어떻게 된 일이야? 살아 있는 인간이 말라 죽은 나무와 같은 몸체가 되고 재와 같은 마음이 되다니! 예전의 선생님과는 너무도 다른 변화가 아닌가!"
"언(偃: 子游의 이름)이냐?"
자기(子綦)의 의식이 회복되었다.
"감을 잡았구나! 나는 지금 나 자신이 아닌 상태에 있었는데 너도 알았더냐? 아니! 아직도 멀었다. 너는 인뢰(人籟: 사람의 퉁소소리)는 알고 있어도, 지뢰(地籟: 땅의 퉁소소리)는 들은 적이 없을 것이다. 가령 땅의 퉁소소리를 들을 귀는 가지고 있을지라도, 천뢰(天籟: 하늘의 퉁소소리)를 들을 경지에는 달하지 못하였을 테니 말이다."
"그리 말씀하시면?"
"대지가 토하는 숨결, 그것을 우리들은 바람이라 부른다. 한번 대지가 숨쉴 때, 지상의 갖가지 빈 구멍〔空洞〕은 일제히 소리를 낸다. 일기 시작한 희미한 바람의 윙윙거리는 소리를 너도 들은 적이 있을 것이다. 그 바람이 산림(山林)에 불자마자 나무들은 웅성거리기 시작한다. 큰 나무의 갖가지 구멍, 코, 입, 귀, 되, 절구, 우물, 못〔池〕, 모양도 깊이도 가지각색인 빈 구멍이 갖가지로 다른 소리를 내기 시작한다. 폭포의 울림, 우는 화살의 윙윙거리는 소리, 혁차는 소리, 숨쉬는 소리, 외치는 소리, 울음소리, 우물거리는 소리, 째지는 외마디소리, 윙 하고 울리면 쿵 하고 받아, 바람의 힘에 응하여 때로는 약하게, 때로는 강하게 자연의 심포니를 연주한다. 얼마 안 있어 태풍이 멎으면, 모든 공동은 딱 울림을 멈춘다. 그러나 아직도 흔들리는 지엽(枝葉)에서, 아까 그 바람의 흔적을 볼 수 있을 것이다."
"지뢰(地籟)란 지상의 공동이 바람을 맞고 우는 울림인 게지요. 모든 텅 빈 구멍이 소리의 근원이라고 한다면, 인뢰(人籟)란 인간이 취주하는 악기의 소리지요. 그렇다면 *천뢰(天籟)란 무엇입니까?"

"지뢰이던 천뢰이던 내는 소리는 천자만별이지만 각기 스스로에서 나오는 소리를 내며 자기 자신의 음색으로 울리는 것은 텅 빈 구멍이기 때문이다. 그렇지 않다면 대체 무엇이 그렇게 하도록 한단 말인가?"

* 천뢰(天籟)를 듣다 —— 천뢰란 인뢰·지뢰를 초월한 우주의 음악이다. 만물이 있는 그대로 조화되어 있는 모습. 그것이 바로 천뢰이다. 그래서 '천뢰를 듣는다' 함은 일체의 사유(思惟)를 떠나 자타의 구별을 잊고, 허심(虛心:空洞)이 되어 버린 상태를 가리킨다. 그럴 때에 인간은 비로소이 무한한 조화의 세계로 들어갈 수 있는 것이다.

만물제동(萬物齊同)

전장(前章)에서 장자는 심신이 다함께 완전한 공동(空洞)이 되어야만 만유(萬有)의 실상에 뚫고 들어갈 수 있는 것이라고 말했다. 그러면 무슨 까닭에 그렇게 말할 수 있을까? 우선 지(知)에 의지하여 투쟁에 날이 새고 저무는 인생을 묘사(描寫)한 후, 인식론적 반성을 전개하여 인지(人知)의 허망함을 논증하고 있다.

1. 인간, 지(知)의 포로

> 大知閑閑, 小知間間. 大言炎炎, 小言詹詹. 其寐也魂交, 其覺也形開, 與接爲構, 日以心鬪. 縵者, 窖者, 密者, 小恐惴惴. 大恐縵縵. 其發若機栝, 其司是非之謂也. 其留如詛盟, 其守勝之謂也. 其殺若秋冬, 以言其日消也, 其溺之所爲之, 不可使復之也. 其厭也如緘, 以言其老洫也, 近死之心, 莫使復陽也.

인간의 지(知)나 말은 참으로 다양하다. 포괄적인 인식이 있고, 분석적인 탐구가 있고, 간결한 표현이 있고, 번다(繁多)한 요설(饒舌)이 있고, 사람에 따라 경우에 따라 각양각색으로 다른 형태를 취한다.

그러나 어떤 경우에도 인간은 지(知)와 말에 의존하여 꿈속에서도 외물(外物)을 추구하며, 깨어서는 정혼(精魂)을 기울여

투쟁에 종사한다. 때로는 거칠고 소홀히, 때로는 심각하게, 때
로는 세심하게 불안에 떨고 절망에 시달리면서 원한을 품고 서
로 싸우는 것이다.

시비를 다투는 그 양상은 사냥감을 향하여 총을 겨누는 엽사
(獵師)를 연상케 하며, 자기 주장을 고집하는 꼴은 맹약(盟約)
에 묶인 제후(諸侯)를 생각케 한다.

초겨울의 냉기에 조락(凋落)하는 초목 그대로 육체의 건강은
날로 손상되어 가고, 호흡기능이 쇠약해진 노인처럼 정신의 자
유도 날로 잃어가는 것이다.

2. 마음과 몸을 지배하는 것은 누구인가?

> 喜怒, 哀樂, 慮嘆, 變熱, 姚佚, 啓態. 樂出虛, 蒸
> 成菌. 日夜相代乎前, 而莫知其所萌. 已乎已乎, 且
> 暮得此, 其所由以生乎. 非彼無我, 非我無所取. 是
> 亦近矣. 而不知其所爲使. 若有眞宰, 而特不得其
> 朕. 可行已信, 而不見其形, 有情而無形. 百骸九竅
> 六藏賅而存焉, 吾誰與爲親. 汝皆說之乎. 其有私
> 焉. 如是皆有爲臣妾乎. 其臣妾不足以相治乎. 其遞
> 相爲君臣乎. 其有眞君存焉. 如求得其情與不得, 無
> 益損乎其眞.

인간이 기뻐하는가 하면 성내고, 슬퍼하는가 하면 즐거워 하
는, 그러한 인간 심리의 제양상(諸樣狀)은, 도대체 무엇에서 생
기는 것일까?

우리들의 심리는 빈 구멍에서 울려 나오는 소리처럼, 습기에
서 생겨나는 곰팡이처럼 끊임없이 변천하지만, 무엇이 그 궁극

의 원인인지는 모른다. 그러나 아침 저녁으로 심리가 변하는 것을 보면, 역시 무엇인가가 그것을 움직이고 있을 것이다.

일설에 의하면 '외물(外物)이 존재하지 않으면, 자기라는 의식은 생기지 않는다. 그리하여 외물과 자기와의 교섭에 의거하여 자기의 내면에 생기는 것이 마음의 움직임이다'라고 한다. 이 학설에는 일면의 진리가 포함되어 있으나 아직 충분한 것이라고는 할 수 없다. 왜냐하면 이 학설에 의한다 할지라도 심적 기능이 부여되고 있는 이상 부여한 무엇인가가 존재한다는 것은 틀림없다.

다시 말하면 진재(眞宰)의 존재를 전제로 하지 않으면, 아무리 하여도 논리가 통하지 않는다. 그럼에도 불구하고 그 존재를 명시할 수는 없는 것이다.

인체에 대해서도 같은 말을 할 수 있다. 인체에는 백 개의 뼈마디와 아홉 개의 구멍, 여섯 개의 장부(臟腑)가 갖춰져 있다. 그런데 나는 무엇에 의하여 이것을 지배하고 있는 것일까? 그 모두에 은혜를 베풀 수도 없고, 일부를 특별히 내세워 눈여겨 볼 수도 없는 노릇이고 보면, 그들은 어느 것이나 모두 나에게 시중드는 하인이 아닌 것이다. 그렇지만 주인이 존재하지 않으면 몸체는 몸체로서의 구실을 하지 못한다. 그렇다고 하여 그들이 상호간에 군신(君臣)이 되어 지배와 피지배의 관계를 맺고 있는 것도 아니다. 역시 우리들의 지각을 초월한 진군(眞君)이 있어 모두를 통괄하고 있는 것으로 보지 않는 한 다른 방법으로는 설명할 수가 없다.

그러나 우리들이 그것을 알고 있건 모르고 있건 간에 인체가 하나의 통일을 이루고 있다는 사실에는 아무런 영향도 미치지 않는 것이다.

3. 성형(成形)과 성심(成心)

> 一受其成形, 不亡以待盡. 與物相刃相靡, 其行盡如馳, 而莫之能止. 不亦悲乎. 終身役役, 而不見其成功, 苶然疲役, 而不知其所歸, 可不哀邪. 人謂之不死奚益. 其形化其心與之然, 可不謂大哀乎. 人之生也, 固若是芒乎, 其我獨芒, 而人亦有不芒者乎. 夫隨其成心而師之. 誰獨且無師乎. 奚必知代而心自取者有之, 愚者與有焉. 未成乎心而有是非, 是今日適越. 而昔至也. 是以無有爲有. 無有爲有, 雖有神禹, 且不能知, 吾獨且奈何哉.

어쨌든 간에 여기 하나의 성형(가지고 태어난 몸체)이 있다. 그 제기관(諸器官)은 죽음에 이르기까지 외물을 물리치거나 받아들이거나 하는 활동을 그치지 않는다. 요컨대 외물과의 갈등을 반복하면서 외곬으로 죽음을 향해 돌진하는 것이 인간이 살아가는 과정인 것이다.

생애에 악착같이 심신을 수고롭게 하고서도 보람이 없고 피곤하며 여전히 편안치 못하다. 사람에 따라서는 '투쟁이야말로 생(生)의 증표다.'라고 설명하지만, 어쩌면 그렇게 무의미한 설명이 있을까? 살기 위하여 심신을 수고로이 하고 외물(外物)과 다투고, 그것 때문에 심신을 바짝 마르게 하여 망쳐 가는, 이 움직일 수 없는 모순은 아무런 해명도 되어 있지 않다. 이 인생의 불가해(不可解)를 사람들은 무어라 해설할 것인지? 인간에게는 또 성심(成心: 타고난 마음)이 갖춰져 있다. 성심(成心)에는 지혜로움과 어리석음의 구별은 없는 것이다. 그러나

이 성심은 생활 과정에 있어서 변형되고 외물(外物)과 대립하는 지(知) 쪽으로 변질되어 간다. 이리하여 기세가 향하는 바 *'오늘 월(越)에서 출발하여 어제 도착하였다'는 그런 있을 수 없는 명제(命題)마저 생겨나게 되었다. 있을 수 없는 것을 있을 수 있다고 논증할 수 있는 인간의 지혜는 마침내 *우(禹)의 신통한 지혜도 미치지 못할 경지에 달한 것일까?

~~~~~~~~~

*오늘 월에서…… —— 장자와 친하였던 이론학자 혜시(惠施)가 세운 명제(命題)

*우(禹)—— 전설상의 상고(上古)의 제왕. 황하치수의 공에 의하여 하왕조(夏王朝)를 창건하였다.

4. 수단의 목적화

> 夫言非吹也. 言者有言, 其所言者特未定也. 果有言邪, 其未嘗有言邪. 其以爲異於鷇音, 亦有辯乎, 其無辯乎. 道惡乎隱而有眞僞, 言惡乎隱而有是非. 道惡乎往而不存, 言惡乎存而不可. 道隱於小成, 言隱於榮華. 故有儒墨之是非, 以是其所非, 而非其所是. 欲是其所非, 而非其所是, 則莫若以明.

말은 공동에서 울려 나오는 소리는 아니다. 말에는 의미가 포함된다. 그렇지만 그 의미가 불확정한 것이라고 한다면, 말은 성립될 리가 없다. 그렇게 되면 말은 병아리가 삐악삐악 하고 우는 소리와는 다르다고 해 봤자, 사실상 양자 간의 차이는 없는 것이 된다.

애초에 '도(道)'에 진위(眞僞)의 구별이 생기고, 말에 시비의 구별이 생긴 것은 무엇 때문일까? 원래 '도(道)'는 만물에 널리 퍼져 있는 것이며, 말도 '도(道)'와 형영상반(形影相伴)하는 관계에 있어 그것을 지(知)로써 구속하려는 데 원인이 있다.

유묵(儒墨) 양 학파의 논쟁만 하더라도, 결국은 여기에서 생긴 것이다. 이렇게 하여 인간은 서로 다른 학설을 내세워 논쟁으로 밤이 새고 날이 저문다. 즉, 말이라는 수단이 자기 목적화되어 더욱더 *'도(道)'에서 멀어지는 결과를 초래하여 이 오류를 극복하려면 *'명(明)'에 의할 수밖에 없을 것이다.

> *도(道)──'도'란 본디부터 통로의 뜻인 바 인간은 통로 위를 보행하고, 만물은 통로를 통하여 나타난다는 데서, 인륜을 의미하거나 만물을 지배하는 근본 원리를 의미 한다. 장자의 '도(道)'란 우주(인간도 포함하여)를 지배하는 근본 원리를 의미하나 그것은 개개의 사물을 떠나 있는 것이 아니라 개개의 사물 속에 있는 것이라 여겼다.
> *명(明)──지(知)의 한계를 초월한 진지(眞知)

5. 명(明)에 따르다

>   物無非彼, 物無非是. 自彼則不見, 自知則知之.
> 故曰, 彼出於是, 是亦因彼. 彼是方生之說也. 雖然
> 方生方死, 方死方生. 方可方不可, 方不可方可. 因
> 是因非, 因非因是. 是以聖人不由而照之于天. 亦因
> 是也. 是亦彼也, 彼亦是也. 彼亦一是非, 此亦一是
> 非. 果且有彼是乎哉, 果且無彼是乎哉. 彼是莫得其
> 偶, 謂之道樞. 樞始得其環中, 以應無窮. 是亦一無
> 窮, 非亦一無窮也. 故曰莫若以明.

모든 존재는 '저것'과 '이것'으로 구분된다. 그렇지만 저것 쪽에서 말하면, 이것은 '저것'이고 저것은 '이것'이다. 다시 말하면 '저것'이란 개념은 '이것'이란 개념과의 대비에 있어서 비로소 성립되며, '이것'이란 개념은 '저것'이란 개념과의 대비에 있어서 비로소 성립된다고 하는 것이, 피아상대(彼我相對)의 설이다. 그러나 상대적인 것은 '저것'과 '이것'에 한정된 것은 아니다. 이를테면 생(生)과 사(死), 가(可)와 불가(不可), 시(是)와 비(非)와의 관계도 또한 그렇다. 모든 사물은 서로 의존하는 동시에 서로 배척하는 관계에 있다.

그만큼 성인(聖人)은 저것이냐 이것이냐 선택하는 입장을 취하지 아니하고, 항상 변화하는 자연을 그대로 수용하고자 한다. 이것 또한 하나의 입장에 기초한 판단에 틀림없으나, 이 입장에서라면 '이것'은 동시에 '저것'이고, '저것'은 동시에 '이것'이다. '저것'은 시(是)인 동시에 비(非)이다. 요컨대 '저것'과 '이것'과의 구별은 존재하지 않게 된다.

이와 같이 자타의 구별을 잃으므로서 개별존재(個別存在)가 아닌 것으로 되는 것, 그것이 *'도추(道樞)'이다. '도(道)'를 체득한 자는 대문이 지도리를 꽂는 문둔테의 구멍을 중심으로 하여 무한히 회전하는 것처럼 끝없이 변하면서, 끝없는 변화에 대응하여 갈 수가 있는 것이다.

이 '도추'의 경지에 있어서만이 시(是)와 비(非)의 대립은 본래 모습 그대로 긍정된다. '명(明)'에 따른다는 것은 이것을 말한다.

---

*도추(道樞) —— '樞'는 문의 축(軸). 도추란 '道'의 요체(要諦)라는의 뜻

6. 천지는 일지(一指)

> 以指喩指之非指, 不若以非指喩指之非指也. 以馬
> 喩馬之非馬, 不若以非馬喩馬之非馬也. 天地一指
> 也. 萬物一馬也.

*손가락이라는 개념을 분석하여 손가락이라는 말이 존재로서의 손가락에 일치하지 않는 것을 논증하는 자가 있다. 말이라는 개념을 분석하여, 말〔馬〕이라는 단어가 존재로서의 말에 일치하지 않는 것을 논증하는 자가 있다.

만약에 이들 궤변론자가 이것에 의하여 우리들의 인식능력의 불완전함을 밝히려고 의도한다면, 그 방법은 오히려 오류이다.

왜냐하면 손가락이라는 존재는 손가락인 동시에 어쩌면 손가락이 아니며, 말이라는 존재는 말인 동시에 말이 아니기 때문이다.

바꾸어 말하면, 한 개의 손가락도 천지이고, 한 마리의 말도 만물인 것이다.

*손가락이라는 개념을 분석하여── 이 구절은 공손룡(公孫龍) 일파의 논리학자들이 논한 '지물론(指物論)'·'백마비마론(白馬非馬論)'을 답습하여 논술한 것일 것이다. 공손룡은 '백마론'에서 만물의 동이(同異)는 보는 사람의 관점에 따라 변한다는 의미로 논술하였으며 '지물론'에서는 '명(名:指)'과 '실(實:物)'과의 관계를 들면서 이름은 가정의 지시에 불과하며, 실과 반드시 합치되는 것은 아니라는 의미를 논술하고 있다.

7. 도(道)와의 일체화

> 可乎可, 不可乎不可. 道行之而成, 物謂之而然.
> 惡乎然, 然於然. 惡乎不然, 不然於不然. 物固有所
> 然, 物固有所可. 無物不然. 無物不可. 故爲是擧
> 與楹, 厲與西施. 恢恑憰怪, 道通爲一. 其分也成也.
> 其成也毁也. 凡物無成與毁復通爲一. 唯達者知通爲
> 一. 爲是不用而寓諸庸. 庸也者用也. 用也者通也.
> 通也者得也. 適得而幾矣. 因是已. 已而不知其然.
> 謂之道.

말에 있어서는 가와 불가의 구별은 명확하다. '도(道)'는 끝없이 변화하는 만큼 온전한 존재이지만 그 변화의 개개의 양상인 사물에 대하여는 제각기 대응할 말이 필요하다. 다시 말하면 옳은 것은 '옳다', 그른 것은 '그르다'라고 하는 것처럼 의미가 확정되어 있지 않으면 말은 성립될 수 없다. 그렇다 하더라도 말에 의한 표현의 대상인 사물은 본래 개별 존재인 동시에 보편 존재이기도 하다.

따라서 새꽤기와 기둥, 나병환자와 미녀 서시(西施) 이런 짝 맞춤을 예로 들면 전자는 대소(大小)에, 후자는 미추(美醜)에 있어서 각기 극단적인 차이를 나타내면서 더구나 동일한 것이다. 또 상상을 초월한 기묘 기괴한 사물이라 할지라도 도(道)에 있어서는 모두 동일하다.

형식뿐만 아니라 운동에 있어서도 같은 말을 할 수 있다. 한편에서는 파괴로 보이는 현상도 다른 편에서 보면 완성이며, 완성으로 보이는 현상도 또한 파괴이다. 요컨대 모든 존재는

형식에 있어서나 운동에 있어서
나 하등의 구별이 없는 것이다.

이 만물제동(萬物齊同)의 이치
를 터득한 사람은 이것이냐, 저
것이냐 하고 선택하는 입장에 서
지 않고 사물을 '용(庸 : 자연의 모
습)'에게 맡긴다. *'용(庸)'은 '용

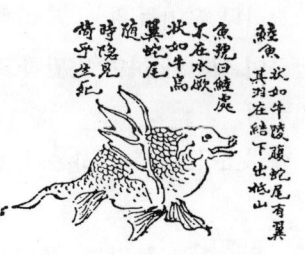

괴어(怪魚, 山海經圖)

(用)'에 통한다. 사물은 자연 그대로일 때 자재(自在)한 작용
을 나타낸다. '용'은 다시 '통'에 통한다. 자연스런 작용에
는 무리가 없다. '통'은 또 '득'에 통한다. 무리 없이 작용
하여야만 사물은 존재로서의 의의를 획득할 수 있다. 일체의
존재를 있는 그대로 긍정하는 경지에 이르렀을 때 우리들의
인식은 만유의 실상에 접근하였다라고 할 수 있는 것이다. 그
리고 자연에 맡기고자 하는 의식조차도 없는 상태가 '도(道)'
와의 일체화(一體化)인 것이다.

*'용(庸)'은 '용(用)'에 통한다…… — 용(庸), 용(用), 통(通),
득(得)이 네 자의 상고의 음은 아주 비슷하고, 의미에 있어
서도 관련이 깊다.

8. 조삼모사(朝三暮四)

勞神明爲一而不知其同也. 謂之朝三. 何謂朝三.
曰, 狙公賦芧, 曰, 朝三而暮四. 衆狙皆怒, 曰, 然則
朝四而暮三. 衆狙皆悅. 名實未虧而喜怒爲用. 亦因是
也. 是以聖人和之以是非, 而休乎天鈞. 是之謂兩行.

그러나 우리들은 이 도리를 깨닫지 못하고 자기의 선택을 고집하여 애달아 하며 번민하고만 있다. '조삼모사'란 이 일을 가리킨다.
왜 '조삼모사'라 하는가 하면 다음과 같은 유래가 있다.

원숭이를 부리는 조련사가 어느 날 원숭이에게 상수리를 주면서 말했다.
"지금부터 아침에 세 그릇, 저녁에는 네 그릇을 주도록 하겠다."
그러자 원숭이들은 일제히 화를 냈다. 그래서 원숭이를 부리는 조련사는,
"미안 미안, 그러면 아침에 네 그릇 저녁에는 세 그릇을 주겠다."
라고 하니까 원숭이들은 금세 기분이 바뀌었고 좋아하였다고 한다.

실질적으로는 하등의 차이도 없는데 한편의 조치에는 좋아하고, 다른 한편의 조치에 대해서는 화를 내는 것은 무슨 까닭일까?
역시 자기가 '시(是 : 옳다)'라고 믿는 것에 구애되어 있기 때문이 아닐까?
그러므로 성인(聖人)은 시비의 구별을 가리지 않고 일체를 '천균(天鈞)' 즉, 자연의 조화 그대로에 맡긴다.
이것이 '양행(兩行 : 모든 모순과 대립이 모순 그대로 긍정되고, 대립하는 그대로 의존하는 무한히 자유로운 경지)'인 것이다.

9. 성과(成)과 휴(虧)

> 古之人其知有所至矣. 惡乎至. 有以爲未始有物者. 至矣, 盡矣, 不可以加矣. 其次以爲有物矣, 而未始有封也. 其次以爲有封焉, 而未始有是非也. 是非之彰也, 道之所以虧也. 道之所以虧, 愛之所以成. 果且有成與虧乎哉, 果且無成與虧乎哉. 有成與虧故, 昭氏之鼓琴也. 無成與虧故, 昭氏之不鼓琴也. 昭文之鼓琴也, 師曠之枝策也, 惠子之據梧也, 三子之知幾乎皆其盛者也. 故載之末年. 唯其好之也, 以異於彼, 其好之也, 欲以明之彼. 非所明而明之. 故以堅白之昧終. 而其子又以文之綸終, 終身無成. 若是而可謂成乎, 雖我亦成也. 若是而不可謂成乎, 物與我無成也. 是故滑疑之耀聖人之所圖也. 爲是不用而寓諸庸. 此之謂以明.

　태고(太古)적 사람이야말로 최고의 지(知)의 소유자이였다고 말할 수 있지 않을까? 왜냐하면 그들은 자연 그대로의 존재이며 그들의 인식은 주객(主客)의 미분화(未分化) 상태, 말하자면 혼돈 상태(混沌狀態)였다고 생각되기 때문이다. 이 혼돈이야말로 가장 바람직한 존재 방식인 것이다.

　시대가 내려오면서 사람들은 자기를 둘러싼 세계를 의식하기 시작하였다. 이렇게 하여 인식 작용이 생겼으나 객체로서의 구별은 서지 않았다. 다시 시대가 내려가면 사람들은 사물의 구별은 의식하게 되었으나 아직 가치개념은 생기지 않았었다. 곧 가치 개념이 생기자 도(道)는 이지러졌다.

그리하여 '도(道)'가 이지러지는 것과 동시에 인간의 집착심이 생겨난 것이다.

그러나 과연 '도(道)'에는 성휴(成虧)의 구별이 있는 것일까?

이를테면 거문고의 명수 소문(昭文)의 연주를 생각해 보자. 소문의 연주에는 분명히 오묘한 멜로디가 나온다. 그러나 반면에 그가 연주하지 못한 무수한 멜로디는 그대로 없어져 버린다. 그러고 보면 소문의 연주, 즉 인간의 작위(作爲)가 '성(成)'과 '휴(虧)'의 구별을 낳았다고 할 수 있다.

소문의 거문고에 한하지 않고 사광(師曠)의 작곡도 혜시(惠施)의 논리학도 모두 인간 능력의 최고 단계에 달하였으니 만큼 역사에 불후의 이름을 남기게 된 것이다. 분명히 그들은 위대했다. 그러나 그들은 자기의 기술이나 지력(知力)을 뽐내어 그 가치를 절대화한 까닭에 '도(道)'에서 일탈(逸脫)한 것이다. 그 결과는 예컨대 혜시의 논리에 있어서와 마찬가지로 도를 단순한 궤변에 떨어뜨려 버렸다. 그리하여 소문의 아들이라도 아버지가 창성(創成)한 기술에 속박되어 필경에는 아버지 이상의 영역에 달할 수는 없었다.

만약에 소문(昭文)·사광(師曠)·혜시(惠施) 등 세 사람의 달성을 '성(成)'이라고 인정한다면 인간의 하는 일 모두가 '성(成)'이 아닌 것은 없다. 그렇다고 하여 휴(虧)에 지나지 않는다고 몹시 꾸짖어 버리면 인간의 영위(營爲)는 말할 것도 없고 사물의 변화조차 모두 휴(虧)가 아닌 것은 없게 된다.

그러니 만큼 성인은 사고를 떠난 무심의 상태를 최고의 지혜라고 여기고 선택을 하지 않고 사물을 자연 그대로 내맡긴다. '명(明)'에 맡긴다는 것은 이것을 말한다.

10. 인간의 판단은 한이 없다

> 今且有言於此. 不知其與是類乎, 其與是不類乎.
> 類與不類, 相與爲類, 則與彼無以異矣, 雖然請嘗言
> 之. 有始也者. 有未始有始也者. 有未始有夫未始有
> 始也者. 有有也者. 有無也者. 有未始有無也者. 有
> 未始有夫未始有無也者. 俄而有無矣. 而未知, 有無
> 之果孰有孰無也. 今我則已有謂矣. 而未知, 吾所謂
> 之其果有謂乎, 其果無謂乎.

그리고 지금까지 서술하여 온 것은 사물에는 본래 구별이 없다는 것이었으나, 이 나의 학설조차도 역시 시비의 구별을 세웠다고 보는 견해도 성립된다. 시비의 구별을 세우건 말건 한결같이 하나의 판단인 이상 양자의 차이는 없다고 할 수 있을 것이다. 그러나 인간의 판단에 의해 지워진 숙명이라고도 할 수 있는 이 한계를 염두에 둔 위에 역시 인식의 문제에 대하여 고찰하고 싶다.

인간의 사물에 대한 인식은 운동(시간)과 형식(공간)의 두 가지 범주(範疇)로 대별된다.

우선 운동에 대하여 상고(詳考)하면 어떠한 운동에도 반드시 '처음'이 있다는 것을 알게 된다. '처음'이 없으면 운동은 성립되지 않는다. '시작'은 온갖 운동에 관한 가장 기본적인 개념이다. 막상 '시작'이 인식되고 일단 '시작이 있다'라는 판단이 내려지면 이것에 대하여 '처음은 없다'라는 판단도 성립된다. 그러면 다시 계속하여 '처음은 없지 않다'라는 이중부정(二重否定)의 판단이 성립된다.

다음의 형식에 대하여 상고하면 어떤 형식에도 반드시 '존재한다'라는 것은 갖가지 형식에 관한 가장 기본적인 개념이다. 그런데 '존재한다'는 것이 인식되고 일단 '존재한다'라는 판단이 내려지면 이것에 대하여 '존재하지 않는다'는 부정판단도 성립된다. 다시 계속하여 '존재하지 않지는 않는다'라는 이중 부정의 판단, '존재 안 하지 않지는 않는다'라는 삼중 부정의 판단이 성립된다.

이렇게 하여 모든 사물이 일단 인식의 영역에 갇혀 판단을 형성하면 즉시 그것에 대한 부정 판단이 성립된다. 그리고 부정은 다시 부정의 부정을 낳고, 다시 또 부정의 부정이 도출(導出)되는 것처럼 거기에서 생기는 부정의 무한한 연쇄 반응은 연구할 방도가 없다.

나는 지금까지 나름대로 판단을 서술하여 왔다. 그러나 이 판단도 긍정할 수도 있고, 부정할 수도 있는 것이다.

11. 자연에 맡기라

> 天下莫大於秋毫之末, 而太山爲小. 莫壽乎殤子, 而彭祖爲夭. 天地與我竝生, 而萬物與我爲一, 旣已爲一矣, 且得有言乎. 旣已謂之一矣, 且得無言乎. 一與言爲二 二與一爲三, 自此以往巧歷不能得. 而況其凡乎. 故自無適有, 以至於三. 而況自有適有乎. 無適焉. 因是已.

일체의 모순과 대립을 초월한 '도(道)의 세계에 있어서는 큰 것의 대표격인 태산(泰山)도 짐승의 솜털보다 작고, 8백 세를 산 팽조(彭祖)도 낳자마자 바로 죽은 갓난아기보다 단명하다.

천지와 자기와는 일체이며, 만물과 자기와는 일여(一如)이다.
　이 '일(一)' 즉 주객일체의 세계에는 개념이 개입할 여지가 없는 것처럼 보인다. 그러나 이것을 1이라고 판단하면 이미 거기에 1이라는 개념이 생긴 것이다. 뒤이어 1인 세계와 1이라는 개념에서 2라는 개념이 생기며 2라는 개념과 1이라는 개념에서 3이라는 개념이 생긴다. 거기에서 먼저 생겨나는 수 개념(數概念)의 무한함은 어떤 계수의 달인(達人)이라 할지라도 완전하게 밝힐 수는 없을 것이다. 주객미분(主客未分)인 상태의 체험이 1이라고 판단된 순간에 벌써 3까지의 개념이 생겨난 것이다. 하물며 개념에 의하여 구분된 세계가 어떠한 개념의 독주를 낳고 복잡다기(複雜多岐)하게 분화되어 가는지는 미루어 짐작할 일이다. 끝도 한도 없는 이 미로에 발을 들여놓는 일 없이 무심(無心)으로 되돌아가서 일체를 자연 그대로에 맡길 일이다.

12. 말이 절대는 아니다

> 夫道未始有封. 言未始有常. 爲是而有畛也. 請言其畛. 有左有右, 有倫有義, 有分有辯, 有競有爭. 此之謂八德. 六合之外聖人存而不論. 六合之內聖人論而不議. 春秋經世先王之志. 聖人議而不辯. 故分也者有不分也. 辯也者有不辯也. 曰, 何也. 聖人懷之. 衆人辯之以相示也. 故曰, 辯也者有不見也.

　'도(道)'는 본래 무한정한 것이다. 따라서 말(개념)에 의한 구분도 일시적인 구분에 지나지 않는다. 그럼에도 불구하고 말(개념)을 절대시하기 때문에 사물을 차별시하는 관념이 생기는 것이다. 다음은 그 차별 관념에 관하여 검토하여 보자! 우선 사물은 비교대치(比較對置)되는 것에 의하여 좌(左)와 우(右)라는 상대적인 존재 형식으로 '분류'된다. 이 분류에 의하여 '질서'가 세워지고 이 질서는 필연적으로 '선택'과 '경쟁'을 인간 사회에 가져왔다. 이 '분류·질서·선택·경쟁'이야말로 인간이 사고를 통하여 얻은 수확이다.

그렇기 때문에 성인은 일체의 현상을 있는 그대로에 내맡기고는 논하려 하지 않는다. 사물의 근원에 관하여 논하기는 하나 개념을 사용하여 추구하고자 하지는 않는다. 또 고대의 성왕(聖王)들의 사적에 관해서도 사실을 자세히 할 뿐이며 시비를 운운하려고는 하지 않는다.

바꾸어 말하면, 구별을 하지 않는 것이 참된 구별인 것이며, 가치를 정하지 않는 것을 참된 가치라고 할 수 있다. 구별을 하지 않고 가치를 정하지 않는다는 것은 어떤 것인가. 일체를 있는 그대로 수용하는 성인의 존재방식이 그것이다. 이것에 대하여 일반 사람들은 말을 절대시하고 서로 시비를 가린다. 다시 말해서 말을 절대시한다는 것은 '도(道)'를 이해하지 못하고 있는 증거인 것이다.

13. 지(知)의 한계를 깨닫는 것이야말로 진지(眞知)이다

> 夫大道不稱, 大辯不言, 大仁不仁, 大廉不嗛, 大勇不忮. 道昭而不道, 言辯而不及, 仁常而不成, 廉淸而不信, 勇忮而不成. 五者园而幾向方矣. 故知止其所不知, 至矣. 孰知不言之辯, 不道之道. 若有能知, 此之謂天府. 注焉而不滿, 酌焉而不竭. 而不知其所由來. 此之謂葆光.

참된 '도(道)'는 개념으로는 파악할 수 없다. 참된 인식은 말로는 표현할 수 없다. 참된 사랑에는 사랑한다는 의식을 동반하지 않는다. 참된 염결(廉潔)은 염결하고자 노력하지 않는다. 참된 용(勇)은 남과 다투지 않는다. '도(道)'는 도라고 판단될 때는 '도'가 아니다. 말(개념)은 성립될 때 사물의 실상에서 떠난다. 사랑은 특정한 대상에 쏠릴 때는 사랑이 아니다. '염결(廉潔)'은 의식적으로 행해지면 거짓이 된다. '용(勇)'을 믿고 남과 다툴 때 용은 용이 아닌 것이다.

이상 다섯 가지 예에서도 알 수 있듯이 본래 '원(圓)'인 것을 원으로 만들려고 하는 것이 인간의 지혜이며 작위이다. 더욱이 원인 것을 원으로 만들고자 하면 할수록 그 결과는 더욱더 원에서 멀어진다는 숙명을 지고 있는 것이다.

다시 말하면 인간에 있어서 최고의 '지(知)'란 지의 한계를 깨닫는 일이라 할 수 있다. 그렇더라도 이 '부지(不知)의 지(知)'를 체득한다는 것은 얼마나 어려운 일인가? 만약 이것을 체득한 사람이 있다고 한다면 그 지는 무진장한 '하늘의 곳간'에 비유할 수 있을 것이다. 모두를 수용하고 사물과 더불어 추이(推移)하여 더욱이 왜 그렇게 되는지 의식하지 않는 이것이야말로 '명(明)'이라는 것을 의식하지 않는 명, 즉, 무심의 '지(知)'인 것이다.

위대한 덕

> 故昔者堯問於舜曰, 我欲伐宗膾胥敖. 南面而不釋
> 然, 其故何也. 舜曰, 夫三子者猶存乎蓬艾之間. 若
> 不釋然何哉. 昔者十日竝出, 萬物皆照. 而況德之進
> 乎日者乎.

어느 날 요(堯)가 순(舜)에게 상의하였다.
"나는 종(宗)·회(膾)·서오(胥敖)의 삼국을 정벌하고 싶소이다. 왠지는 모르겠으나 즉위(卽位)한 이래 이 세 나라가 마음에 걸려 견딜 수가 없는 게요."
순이 대답하였다.
"저 세 나라는 분명히 미개한 야만족입니다. 그러나 우리들과 풍속이니 습관을 달리 한다 하여 어떻게 그들에게 신경을 곤두세울 수가 있겠습니까. 그들은 그들 나름대로 현상에 만족하며 살고 있는 것이 아닐런지요. 옛날 열 개의 태양이 하늘에 떴을 때는 그 빛이 쪼이지 않은 곳이 없었다고 들었습니다만, 이 태양의 위대함도 만물을 있는 그대로 받아들이는 덕의 숭고함에는 미치지 못할 것입니다."

지(知)와 부지(不知)

　齧缺問乎王倪曰, 子知物之所同是乎. 曰, 吾惡乎知之. 子知子之所不知邪. 曰, 吾惡乎知之. 然則物無知邪.

　曰, 吾惡乎知之. 雖然嘗試言之. 庸詎知吾所謂知之非不知邪.'庸詎知吾所謂不知之非知邪. 且吾嘗試問乎女. 民溼寢則腰疾偏死, 鰌然乎哉. 木處則惴慄恂懼, 猨猴然乎哉. 三者孰知正處. 民食芻豢, 麋鹿食薦, 蝍蛆甘帶, 鴟鴉耆鼠. 四者孰知正味. 猨猵狙爲雌, 麋與鹿交, 鰌與魚遊. 毛嬙麗姫人之所美也, 魚見之深入, 鳥見之高飛, 麋鹿見之決驟. 四者孰知天下之正色哉. 自我觀之, 仁義之端, 是非之塗, 樊然殽亂. 吾惡能知其辯.

　齧缺曰, 子不知利害, 則至人固不知利害乎. 王倪曰, 至人神矣. 大澤焚而不能熱. 河漢冱而不能寒. 疾雷破山風振海而不能驚. 若然者, 乘雲氣, 騎日月, 而遊乎四海之外. 死生無變於己. 而況利害之端乎.

　설결(齧缺)이 스승인 왕예(王倪)에게 의론상의 시비를 걸었다.

"선생님께서는 만물제동의 이치를 알고 계시지요?"
"무엇이라고 설명할 수 없구먼."

"그러면 적어도 무엇이라 말해야 좋을지 모르겠다는 것만은 아셨겠지요."
"그것도 모르겠네."
"그렇다면 일체는 불가지(不可知)라고 판단하시는 것입니까?"
"그것도 모르겠네. 그러나 자네는 어리석게도 판단에 구애되고 있는 모양일세. 말로는 설명할 수 없는 문제이지만, 좀 이야기 해보세. 대체로 인간의 판단은 상대적인 것이야. 우리들이 알고 있다고 생각하고 있는 것이 실은 모르는 일인지도 모르며, 모르는 것으로 규정하고 있는 것이 실은 알고 있는 것인지도 모르지. 그럼 한 가지 그대에게 물어 봄세. 인간은 습지에서 살고 있으면 중풍에 걸려 반신불수가 되어 버리지만 미꾸라지는 어떨까? 또 인간은 입목(立木)의 가지에 앉혀지면 흠칫흠칫 놀라고 오들오들 떨기 마련이지만 원숭이는 어떨까? 이 삼자의 사는 곳에 관하여 우열의 단계를 매길 수 있을까? 먹는 것도 그렇다. 인간에 있어서는 소나 돼지고기는 진수성찬이지만 사슴은 야초를 좋아하지. 지네는 뱀을 진미로 여기지만 올빼미나 까마귀는 쥐를 탐하여 먹는다. 그러나 이 4자의 미각에 우열의 단계를 매길 수가 있을까? 또 있었어. 원숭이는 편저(猵狙: 긴팔 원숭이)를 짝으로 하고, 순록은 사슴과 교배하며, 미꾸라지는 물고기와 논다. 모장(毛嬙)이나 여희(麗姬)는 인간의 눈에는 절세미인이지만, 물고기가 이 미인을 보면 무서워서 물 속 깊이 숨고, 새가 보면 놀라서 하늘 높이 날아갈 것이며, 사슴이 보면 당황하여 쏜살같이 달아날 것이야. 그러나 이 4자의 미의식(美意識)에 우열의 단계를 매길 수 있을까? 이렇게 생각하니 인의니 시비니 해 봐야 결국은 애매한 것인즉 구분 같은 것을 할 필요가 없지 않은가?"

"선생님은 시비도 이해도 분별이 되지 않는다고 하시는데, 그러시면 지인(至人 : 지고한 덕을 갖춘 사람)은 어떨까요. 역시 구분이 되지 않는 것일까요?"

"지인(至人)은 우리들과는 비교가 안 되는 영묘한 존재이네. 대초원이 탈지라도 열기를 느끼지 않으며 대하가 얼어붙을지라도 손발이 곱아지지는 않는다. 산을 무너뜨릴 것 같은 우뢰에도 바다를 말아올리는 회오리에도 끄덕도 하지 않는다. 그러니만큼 구름이나 안개를 타고 해와 달에 걸터앉아 무궁의 세계에 소요하는 것이야. 그 몸은 이미 생사조차 초월하고 있는 것이지. 대수롭지도 않은 이해득실의 분별 따위에 마음을 쓸 까닭이 있겠느냐?"

참된 자유

1. 인생은 꿈

> 瞿鵲子問乎長梧子曰, 吾聞諸夫子. 聖人不從事於務, 不就利, 不違害, 不喜求, 不緣道, 無謂有謂, 有謂無謂, 而遊乎塵垢之外. 夫子以爲孟浪之言, 而我以爲妙道之行也. 吾子以爲奚若.
>
> 長梧子曰, 是黃帝之所聽熒也. 而丘也何足以知之. 且女亦太早計. 見卵而求時夜, 見彈而求鴞炙. 予嘗爲女妄言之, 女以妄聽之. 奚旁日月, 挾宇宙, 爲其脗合, 置其滑涽, 以隷相尊. 衆人役役, 聖人愚芚. 參萬歲而一成純, 萬物盡然, 而以是相蘊, 予惡乎知說生之非惑邪. 予惡乎知惡死之非弱喪而不知歸者邪. 麗姬艾之封人之子也. 晉國之始得之也, 涕泣沾襟. 及其至於王所, 與王同筐狀, 食芻豢, 而後悔其泣也. 予惡乎知夫死者, 不悔其始之蘄生乎.
>
> 夢飮酒者旦而哭泣, 夢哭泣者旦而田獵. 方其夢也不知其夢也. 夢之中又占其夢焉, 覺而後知其夢也. 且有大覺而後知此其大夢也. 而愚者自以爲覺, 竊竊然知之君乎牧乎. 固哉. 丘也與女皆夢也. 予謂女夢亦夢也. 是其言也其名爲弔詭. 萬世之後而一遇大聖知其解者, 是旦暮遇之也.

공자의 제자인 구작자(瞿鵲子)가 장오자(長梧子)에게 물었다.

"선생님(공자)께서 이런 말씀을 하셨습니다. '성인이란 세간에 쓸모가 있고자 의도하지 않으며, 이익을 좇지 않으며, 손해를 피하려 하지 않으며, 사람들의 신뢰를 얻으려고도 하지 않으며, 행위의 규범도 갖지 않는다. 어떤 말을 해도 무심인지라 세속 가운데 있으면서 세속을 초월한 존재이다.'라고…… 하긴 선생님께서는 이러한 성인상(聖人像)은, 말하자면 인간 동경의 표현으로서 현실에는 존재할 수 없다고 부정하셨습니다만은, 내게는 어쩐지 그리 생각되지 않습니다. 이 성인의 존재 방식이야말로 '도(道)'의 실천 바로 그것이라고 생각하고 싶습니다만 당신의 생각은 어떻습니까?"
"성인의 경지는 황제(黃帝)의 지혜로도 이해하지 못한다고 합니다. 공구(孔丘) 따위가 어찌 알겠소. 그런데 그래도 지레 짐작으로 속단하는 사람이구려. 그런 정도의 설명으로 벌써 '도(道)'를 이해한 듯이 착각하고 있다니. 달걀을 보고 새벽을 알리고자 하고, 활을 보고 새구이를 주문하는 것과 같소. 내가 시험삼아 허튼 소리를 좀 하겠는데 성인의 경지라 하는 것은 말로 설명되는 것은 아니니까 그런 줄 알고 듣는 게 좋을 게요. 성인의 덕이 위대함은 일월과 비견할 만하고 우주를 포용할 만하오. '도(道)'와 일체화하여 혼돈(混沌)한 현상계를 있는 그대로에 맡기고 귀천존비라는 구별을 차리지 않는다오. 사람들은 '지(知)'를 겨루고 애달아 하지만 성인은 재지(才知)를 버리고 무심히 지내오. 영원한 시간과 더불어 추이(推移)하고 더구나 변함이 없소. 만물을 있는 그대로 긍정하여 자기 속에 포섭하오. 이것이 성인의 모습인 것이오. 이렇게 보면 인간이 삶에 집착하는 것은 미혹일지도 모르며, 죽음을 싫어하는 것은 나그네가 돌아갈 고향을 잊은 것과 같은 것인지도 모르지요. 이를테면 저 미녀 여희(麗姬)는 애(艾)나라 국경지기의 딸이었는데, 붙잡혀 진(晉)에 왔을 때는 울고불고하며 밤을 지새다가 얼마 안 있어 후궁으로 맞아들여져 왕과 침상을 같이 하고 마음껏 사치를 누리고 살게 되자 오히려 지난날 울었던 것을 후회하였다는 게오. 그러고 보면 죽은 자일지라도 지난날 삶에 집착하였던 것을 후회하고 있을지도 모르지요. 또 꿈속에서 환락을 다한 자가 하룻밤이 밝으면 쓴 현실에 소리높여 울고 꿈속에서 슬피 운 자가 하룻밤이 새고 나면 천연덕스럽게 사냥을 즐길 수도 있지요. 꿈을 꾸고 있을 때는 그것이 꿈이라고 깨닫지 못한다오. 꿈속에서 다시 꿈을 점치는 일조차 있으나 잠에서 깨어나서야 비로소 꿈이었다고 깨닫는 거지요. 인생도 긴 꿈과 같은 것. 참된 깨달음에 도달한 자만이 그 꿈이었음을 깨닫는 거지요. 그러나 어리석게도 사람들은 자기가 눈뜬 인간이라고 자부하고 소지(小知)를 이것 보라는 듯이 내세워 뽐내고 무엇은 귀하고 무엇은 천하다는 의론을 세우지만 전적으로 하찮은 이야기이지요. 공자이든 당신이든 모두 꿈을 꾸고 있는 게요. 아니 꿈이라고 말하고 있는 이 나조차도 예외 없이 꿈을 꾸고 있는 것이라오. 이렇게 말하면 필시 기괴천만한 의견이라고 취급되겠지만, 모르는 게 당연하지요. 이 설을 수용하여 주는 대성인(大聖人)은 수십만 년에 하나 나올까 말까 하니 말이오."

2. 판정은 누구도 할 수 없다

> 旣使我與若辯矣, 若勝我, 我不若勝, 若果是也,
> 我果非也邪. 我勝若, 若不吾勝, 我果是也, 而果非
> 也邪. 其或是也, 其或非也邪. 其俱是也, 其俱非也
> 邪. 我與若不能相知也, 則人固受其黮闇. 吾誰使正
> 之. 使同乎若者正之, 旣與若同矣, 惡能正之. 使同
> 乎我者正之, 旣同乎我矣, 惡能正之. 使異乎我與若
> 者正之, 旣異乎我與若矣, 惡能正之. 使同乎我與若
> 者正之, 旣同乎我與若矣, 惡能正之. 然則我與若與
> 人, 俱不能相知也. 而待彼也邪. 化聲之相待, 若其
> 不相待. 和之以天倪. 因之以曼衍, 所以窮年也. 何謂
> 和之以天倪. 曰, 是不是, 然不然, 是若果是也, 則
> 是之異乎不是也, 亦無辯. 然若果然也,則然之異乎不
> 然也, 亦無辯. 忘年忘義, 振於無竟. 故寓諸無竟.

"그러나 나의 이 설에 대하여 생각하여 보면 믿을 수 없는 것이지요. 지금 이렇게 내가 당신과 의론하고 있는데 만약에 당신이 의론에 이기면 당신의 의견이 바르고 나의 의견은 틀린 것이 될까요? 만약에 거꾸로 내가 이기면, 내 의견이 옳고 당신 의견은 틀린 것이 될까요. 어느 쪽이 바르고 어느 쪽이 틀린 것인지 또 어느 쪽이나 다 바른 것인지, 그렇지 않으면 어느 쪽이나 다 틀린 것인지 이것은 당사자인 우리 둘이서는 판정할 수 있는 것이 못 되오. 그렇다고 해서 제삼자에게 판정시키고자 하여도 이것도 신빙성이 없는 게요. 만약에 판정하는 사람이 당신과 같은 의견이면 그는 이미 당신과 같은 입장이므로 공정한 판정은 하지 못하오. 거꾸로 나하고 같은 의견이면 그는 나와 같은 입장이기에 이것도 공정한 판정은 하지 못하오. 그렇다고 하여 우리 둘 중 어느 쪽과도 의견이 다른 사람에게 판정시키고자 하면 어느 쪽이나 다 부정적일 것은 정해져 있고, 양쪽 모두와 같은 의견이면 더더구나 판정이 내려질 리가 없지요. 그러고 보니 나도 당신도 다른 사람도 시비의 판정은 내릴 수 없는 것이 되오. 이럴 바에야 누구에게 판정을 기대할 수 있겠소이까? 성인이라 해도 판정하는 것은 불가능한 게요. 요컨대 무엇이 옳고 무엇이 옳지 않다는 등 거론(擧論)해 봤자 어떤 결과에 귀착되는 것은 아니올시다. 그러고 보면 이러한 일체의 대립을 있는 그대로 방치하여 자연의 되어가는 형편에 맡겨 두는 것이야말로 어떤 것에도 얽매이지 않는 자유라는 것이 아니겠소. 옳다, 옳지 않다, 그르니 아니니 하고 구별을 하지 않고 일체를 긍정하고 수용하는 일이오. 바른 것은 어디까지나 '바르다'라고 우겨 대는 사람이 있다면 그것은 그것으로 상관없고, 그르다면 끝까지 그르다라고 우겨대는 자가 있다면 그건 그것으로 상관없는 게요. 생사를 잊고 시비를 잊어버린 채 무궁한 세계를 거닐지 않으시겠소? 그것이 무한의 자유를 획득하는 것이지요."

망량(罔兩)과 그림자

> 罔兩問景曰, 曩子行, 今子止. 曩子坐, 今子起.
> 何其無特操與. 景曰, 吾有待而然者邪. 吾所待又有
> 待而然者邪. 吾待蛇蚹蜩翼邪. 惡識所以然. 惡識所
> 以不然.

망량(그림자의 바깥 가장자리에 생기는 희미한 그림자)이 그림자를 비판하였다.
"너라는 것은 걷는가 하면 멈춰 서고, 앉아 있는가 하면 일어서니, 도대체 어쩌자고 그토록 주체성 없이 움직이는 게야." 하고 물으니까. 그림자는 이렇게 대답하였다.
"너는 내가 주인〔形〕이 움직이는 대로 움직인다고 하여 비난하지만 정말 그럴까? 아닐걸. 나의 주인만 하더라도 과연 자기 의지로 움직이고 있는지, 어떤지? 어쩌면 역시 무엇인가 다른 것에 의하여 움직여지고 있는지도 모르지! 뱀이나 매미의 허물처럼 빈 껍데기 같은 것인지도 모를 일이야. 우리는 어째서 자기 스스로 움직이고 있는 것인지 아닌지를 잘 분간하지 못하고 있다니까."

꿈에 호접(胡蝶)이 되다

> 昔者莊周夢爲胡蝶. 栩栩然胡蝶也. 自喩適志與.
> 不知周也. 俄然覺則蘧蘧然周也. 不知周之夢爲胡蝶
> 與. 胡蝶之夢爲周與. 周與胡蝶則必有分矣. 此之謂
> 物化.

 언제인가 장주(莊周) 즉, 나는 꿈에 나비가 되어 너울너울 춤을 추었다. 마음껏 하늘에 노닐다 보니 어느새 내가 장주라는 것조차 까맣게 잊고 있었다. 그런데 문득 눈을 떠 보니 틀림없는 인간 장주였다. 그건 그렇다고 하더라도 장주가 꿈에 나비가 되었던 것일까, 아니면 나비가 꿈에 장주가 되었더란 말인가?
 현재의 형체로 말하면 장주와 나비는 분명히 별개의 것이리라. 그러나 그것은 사물의 무궁한 변화 가운데 한 양상에 지나지 않는 것이다.

양생주(養生主)

　세속을 초월한다──속세를 아주 떠난 사람이 되는 것은 아니다. 세속에 살면서도 동시에 세속을 초월하는 것이야말로 참된 초월이다. 번잡하고 질곡(桎梏)이 많은 이 현실세계에서 자기의 생명을 다하기 위하여 어떻게 하는가. '생명을 기르는 주체(근본 원리)를 설명하는 것이 이 '양생주'편이며 장자의 세상 사는 지혜가 농축되어 있다.

◇ 본편(本篇)의 명언
- 인간의 생명에는 한계가 있으나 '지(知)'의 기능에는 끝이 없다.
- 못가에서 사는 꿩은 열 걸음을 걸어서야 한 입 쪼아 먹고, 백 걸음을 가서야 한 모금 마시지만, 새장 속에서 길러지기를 원치 않는다.
- 때에 편히 머물러 자연의 도리에 순응하고 있으면 애락의 감정 따위가 끼어들 여지가 없다.

'지(知)'를 따르면 편안함은 없다

> 吾生也有涯. 而知也無涯. 以有涯隨無涯, 殆已,
> 已而爲知者殆而已矣. 爲善無近名, 爲惡無近刑. 緣
> 督以爲經, 可以保身, 可以全生. 可以養親, 可以盡
> 年.

인간의 생명에는 끝이 있지만 '지(知)'의 움직임에는 끝이 없다. 생명의 이 유한성을 도외시하고 '지(知)'가 지향하는 대로 무한을 추구하면 편안함은 찾아오지 않을 것이다. 우리들은 이 도리를 알고 있으면서도 '지(知)'에서 멀어지지 못한다.

우리는 '지(知)'로써 선악을 논한다. 그러나 선이든 악이든 간에 그것은 명성이나 형벌을 기준으로 하는 평가에 지나지 않는다. 그러므로 이런 선악에 구애되지 않고 자연을 본받아 자연의 순리대로 살아갈 일이다. 그래야만 편안함이 충만한 생애를 보낼 수 있는 것이다.

명 요리사 포정(庖丁)

> 庖丁爲文惠君解牛. 手之所觸, 肩之所倚, 足之所履, 膝之所踦, 砉然, 嚮然. 奏刀騞然, 莫不中音. 合於桑林之舞, 乃中經首之會. 文惠君曰, 譆, 善哉, 技蓋至此乎.
>
> 　庖丁釋刀對曰, 臣之所好者道也, 進乎技矣. 始臣之解牛之時, 所見無非牛者. 三年之後, 未嘗見全牛也. 方今之時, 臣以神遇而不以目視. 官知止而神欲行. 依乎天理, 批大郤, 導大窾, 因其固然. 技經肯綮之未嘗, 而況大軱乎. 良庖歲更刀, 割也. 族庖月更刀, 折也. 今臣之刀十九年矣, 所解數千牛矣, 而刀刃若新發於硎. 彼節者有間, 而刀刃者無厚. 以無厚入有間, 恢恢乎其於遊刃必有余地矣. 是以十九年而刀刃若新發於硎. 雖然每至於族, 吾見其難爲, 怵然大戒, 視爲止, 行爲遲, 動刀甚微. 謋然已解, 如土委地. 提刀而立, 爲之四顧, 爲之躊躇. 滿志, 善刀而藏之.
>
> 　文惠君曰, 善哉, 吾聞庖丁之言, 得養生焉.

　어느 날 유명한 요리사 *포정(庖丁)이 양(梁)나라 혜왕(惠王)의 면전에서 소 한 마리를 잡아 배를 갈라 보였다. 포정이 소의 몸에 손을 대었다. 어깨에 힘을 주고 발의 위치를 정하여 무릎으로 소를 누르는가 싶더니 순식간에 살이 뼈에서 떨어져 나갔다. 산뜻한 칼솜씨는 리듬을 타고 마치 *상림무(桑林舞)나 *경수회(經首會)를 방불케 하였다.

"참으로 뛰어난 솜씨로다! 바로 신기(神技)야."

관현악(管弦樂, 樂舞百戲圖)

혜왕은 무의식중에 감탄의 소리를 질렀다. 포정은 그 탄성을 듣고 가만히 칼을 놓으며 혜왕쪽으로 돌아섰다.

"황공하오나 보시온 바는 기(技)는 아니옵니다만, 기의 극치에 다다른 결과이며 '도(道)'이옵니다.

옛날 이 일을 시작할 당시 눈에 비치는 것은 소의 외형뿐이었나이다. 3년쯤 지나자 소의 외형이 아닌 뼈와 살이 보이기 시작했습지요. 지금은 이미 육안에 의지하지 않나이다. 소를 보면 마음이 움직입지요. 이미 감각은 기능을 멈추고, 마음만 활발하게 움직이기 시작하는 것이옵니다. 그 뒤는 자연의 섭리에 따를 뿐입지요. 소의 살결을 따라 저며 나가니만치 그렇게 큰 수고로움은 없거니와, 힘줄이나 살이 뼈와 얽혀 있는 부분에서도 칼날의 이가 빠지지 않나이다. 보통 요리사는 한 달에 한 번 칼을 바꾸며, 솜씨가 뛰어난 사람이라도 한 해에 한 번은 바꾸옵니다. 뼈에 부딪혀 부러뜨리거나 오래 쓰는 동안에 칼날의 이가 빠지기 때문이옵지요. 그러나 이 칼을 좀 보소서 19년 동안이나 계속해서 쓴 것이옵니다. 벌써 수천 마리의 소 배를 갈랐사옵니다만 아직 새것과 같사옵니다. 이렇게 말씀드릴 수 있는 것은 뼈 마디에는 틈이 있지만 칼날에는 두께가 없기 때문이니이다. 두께가 없는 칼날을 틈 사이로 넣는 것이기에 느긋하며 여유가 충분히 있습지요. 그러므로 아무리 사용하여도 날이 빠지는 곳 하나 없는 것이니이다.

그러나 이렇게 말을 하여도 힘줄과 뼈가 얽혀 있는 다루기 힘든 부위를 접하면 바로 여기다 하는 기분으로 항상 많은 긴장을 하옵니다. 눈은 한 곳에 머물고 동작은 차차 둔해져서 저 스스로도 칼이 움직이고 있는지 어떤지 모를 정도가 됩지요. 이때 바스락 하고 소리가 나면 고기 전체가 흙덩이처럼 뼈에서 떨어지옵니다. 그러면 '후유'하고 긴장을 풀면서 저도 모르게 칼을 손에 들고 일어서서 본의 아니게 주위를 한 바퀴 빙 둘러보게 되옵니다. 무엇이라 표현할 수 없는 만족감이 뱃속 깊은 곳에서부터 끓어올라 잠시 그 자리를 뜰 수가 없게 됩지요. 잠시 후에야 냉정을 되찾고서 정중하게 칼을 닦아 칼집에 넣나이다."

혜왕은 감동하여 말했다.

"그 말을 듣고, 나는 생명을 다하는 길을 깨달았도다."

*포정(庖丁)──'庖'는 요리사. '丁'은 인명으로 본래는 '명국丁씨'라는 정도의 의미이었다. 칼쓰기의 명인이라는 데서 어느덧 일본에서는 날붙이의 대명사 포정(庖丁:호초)가 되었다.

*상림무(桑林舞)──은(殷)의 탕왕(湯王)이 기우제(祈雨祭)를 지낼 때 연주한 무도곡(舞蹈曲)이라고 한다.

*경수회(經首會)──요(堯)임금이 사용한 무도곡이라고 한다.

외다리야말로 자유

> 公文軒見右師而驚曰, 是何人也, 惡乎介也. 天
> 與, 其人與. 曰, 天也, 非人也. 天之生是使獨也.
> 人之貌有與也. 以是知其天也. 非人也. 澤雉十步一
> 啄, 百步一飮, 不蘄畜乎樊中. 神雖王, 不善也.

 우사(右師)는 족절형(足切刑)을 당하여 한 쪽 다리를 잃은 사나이다. 이 우사와 몇 년 만에야 만난 친구인 공문헌(公文軒)은 엉겁결에 물었다.
 "대체 어떻게 된 일이오. 그 다리는? 어떻게 할 수도 없었나요. 설마 형벌을 당한 것은 아니겠지요?"
 우사는 대답하였다.
 "전혀 놀랄 것 없소. 보시다시피 나는 형을 받았소. 그러나 지금의 나에게 말하라면 형을 받은 것도 내가 지고 있는 운명의 일부로 사람의 힘으로는 움직일 수 없는 것이라오. 하늘이 나에게 외다리를 타고나게 한 것까지는 운명일 수밖에.
 인간은 외다리로 타고나고자 하여 외다리가 되는 것은 아니지요. 당신의 그 두 다리도 당신이 어떻게 생각하든 하늘이 주신 것이오.
 그러고 보면 내가 외다리가 된 것도 천명으로 인간의 힘으로 어찌 될 수 있는 것이 아니라오.
 당신이 꿩의 기분을 알 수 있을까요. 꿩은 먹이를 찾아 헤매고 물을 찾아 실컷 야산을 뛰어 돌아다니지요. 아무튼 고생스런 생활이지만 그래도 새장 속에서 사육되기를 바라지 않지. 배가 터지게 실컷 먹더라도 새장 속이 비좁다는 것을 알기 때문이오.

외다리가 되어서야 비로소 자유란 어떤 것인가를 깨달았다오."

죽은 자를 애도하는 것은 배리(背理)

> 老耼死. 秦失弔之, 三號而出. 弟子曰, 非夫子之
> 友邪. 曰, 然. 然則弔焉若此可乎. 曰, 然. 始也吾
> 以爲其人也, 而今非也. 向吾入而弔焉. 有老者哭之
> 如哭其子, 小者哭之如哭其母. 彼其所以會之, 必有
> 不蘄言而言, 不蘄哭而哭者. 是遁天倍情, 忘其所
> 受. 古者謂之遁天之刑. 適來夫子時也. 適去夫子順
> 也. 安時而處順, 哀樂不能入也. 古者謂是帝之縣
> 解. 指窮於爲薪, 火傳也不知其盡也.

 진실(秦失)은 연래(年來)의 친구 노담(老耼)의 부고를 받고 조문하러 나섰다. 그는 친구의 영전에서 세 번 소리 내어 곡을 한 후 그대로 자리에서 일어났다. 그의 쌀쌀한 태도를 보고 노담의 제자들이 진실(秦失)을 힐책하였다.
 "당신은 고인과는 오랜 친구지간이 아니오?"
 "그렇고 말고……"
 "친구인 당신이 그렇게 냉정하게 조문해도 되는 겁니까?"
 "되고말고. 나는 일상 여러분의 선생님을 존경하기에 족한 인물이라고 믿고 사귀어 왔소. 그러나 그것은 잘못이었소. 아까 안방 쪽으로 통하여 보았더니 늙은이건 젊은이건 간에 마치 자기의 육친을 여읜 것처럼 울고 있습디다. 당신네들은 그것이 자연의 정이라고 생각하고 있는 것이 틀림없으나 그러나 실은 고인이 평소 당신들의 동정을 끄는 듯한 언동을 취하였기 때문은 아닌지요. 물론 그는 문상의 인사를 말하여 달라고는 하지 않았을 것이며 울어 달라고도 말하지 않았을 테지요. 그러나 결과적으로 그는 무언중에 그것을 구하고 있었던 것이외다. 그는 천리(天理)에서 도망치려 하고 인간의 자연스런 존재방식에 배반한 것이지요. 인간의 생명은 하늘이 내리신 것이라는 점을 잊어버리고 삶에 집착하는 것을 옛사람은 천리에서 벗어나려는 죄라고 하였소. 당신네들의 선생이 이 세상에 태어난 것은 태어나야 할 때에 운명지어졌기 때문이며 이 세상을 떠난 것은 떠나야 할 수밖에 없는 필연에 따른 것뿐이 아닌지요. 때의 운명에 만족하고 자연에 순응하면 일체의 얽매임에서 해방될 수 있을 것이오. 이런 경지에 다다른 인간을 옛 사람은 천제(天帝)로부터 큰칼을 벗도록 허락된 인간이라고 하였소. 하나하나의 장작은 다 타면 버리지만 불은 영원히 타고 있을 것이오."

인간세(人間世)

 맹렬하게 어깨를 재고 남보다 두드러지고자 해 봤자 어찌 되겠는가. 재사(才士)는 재주로 신세를 망치고 책사(策士)는 꾀에 넘어간다. 인간세──인간사회에 살면서 위해를 피하고 천명을 다하기 위해서는 어떻게 하면 좋을까? 본편도 또한 가지각색인 사례에 관하여 '무위(無爲)'를 설명하고 '무용(無用)의 용(用)'을 논한다.

◇ **본편(本篇)의 명언**
- 덕은 명예심 때문에 탕진되고 지식은 경쟁심 때문에 생긴다.
- 오로지 '도'는 공허 속으로 모인다. 이 공허가 곧 심재(心齋)이다.
- 또 재주로 승부를 겨루는 자는 처음에는 정정당당하지만 나중에는 늘 음모를 꾸민다.
- 사마귀는 그의 앞가슴발을 곤두세워 수레에 맞서려고 한다. 그의 힘으로는 감당할 수 없다는 것을 모른다.
- 그 모양이 지리소(支離疏)처럼 몸이 온전하지 못한 자라도 더욱이 몸을 보양(保養)하여 천명을 다할 수 있는데 하물며 그 덕이 삐뚤어진 자에 있어서랴.
- 사람들은 모두 쓸모 있는 것의 쓸모는 알아도 쓸모 없는 것의 쓸모는 모른다.

무심의 경지

1. 안회(顏回)의 패기

> 顏回見仲尼請行. 曰, 奚之. 曰, 將之衛. 曰, 奚爲焉. 曰, 回聞, 衛君其年壯, 其行獨. 輕用其國而不見其過. 輕用民死, 死者以國量. 平澤若蕉, 民其無如矣: 回嘗聞之夫子, 曰, 治國去之, 亂國就之, 醫門多疾. 願以所聞思其則, 庶幾其國有瘳乎.

공자 앞에 제자인 안회가 휴가를 청하여 왔다.
"간다고, 그래 어디로 가는데?"
"위(衛)에 가렵니다."
"무엇하러 가는지 그 의도하는 바를 들려 주게나."
"선생님께서도 들으셨을 것입니다만은 위의 군주는 장년에 접어들면서 점점 더 비행이나 폭력이 심해졌습니다. 전쟁이나 큰 공사를 줏대 없이 일시적 생각으로 시작해 놓고서는 백성을 사지로 몰아넣고 있습니다. 바야흐로 위나라의 국토는 황폐하고 도처에 죽은 사람의 시체가 헤아릴 수 없을 정도로 나뒹굴고 있답니다. 그럼에도 불구하고 위의 임금은 반성의 빛도 없고, 백성은 재난을 피할 방법조차 찾지 못하고 있습니다. 언젠가 선생님께서 말씀하셨습니다. '잘 다스려지는 나라에 볼일은 없다. 어지러운 나라를 위해서만 우리는 일해야 한다. 마치 환자를 위해서 의사가 있는 것처럼……'이라고 말입니다. 저는 선생님의 가르침에 따라 위나라의 어지러움을 바로잡기 위하여 전력을 다할 작정입니다."

2. 잡념을 버리라

仲尼曰, 譆, 若殆往而刑耳. 夫道不欲雜, 雜則多, 多則擾, 擾則憂, 憂而不救. 古之至人先存諸己, 而後存諸人. 所存於己者未定, 何暇至於暴人之所行. 且若亦知夫德之所蕩, 而知之所爲出乎哉. 德蕩乎名, 知出乎爭. 名也者相軋也, 知也者爭之器也. 二者凶器, 非所以盡行也. 且德厚信矼, 未達人氣, 名聞不爭未達人心, 而强以仁義繩墨之言術暴人之前者. 是以人惡有其美也. 命之曰菑人. 菑人者人必反菑之. 若殆爲人菑夫. 且苟爲悅賢而惡不肖, 惡用而求有以異. 若唯無詔, 王公必將乘人而鬪其捷. 而目將熒之, 而色將平之, 口將營之, 容將形之, 心且成之. 是以火救火, 以水救水. 名之曰益多. 順始無窮. 若殆以不信厚言, 必死於暴人之前矣. 且昔者桀殺關龍逢, 紂殺王子比干. 是皆修其身, 以下傴拊人之民, 以下拂其上者也. 故其君因其修以擠之. 是好名者也. 昔者堯攻叢・枝・胥敖, 禹攻有扈. 國爲虛厲身刑戮. 其用兵不止, 其求實無已. 是皆求名實者也. 而獨不聞之乎. 名實者聖人之所不能勝也, 而況若乎. 雖然, 若必有以也, 嘗以語我來.

"그래, 자네도 살해되지 않고는 배기지 못할 텐데. 어쨌든 자네에게 지금부터 이야기하는 것을 생각하여 주었으면 하네.

'도'를 터득하려면 마음에 잡념을 품어서는 안 되네. 잡념을 품고 있으면 마음은 흐트러지고 고뇌가 채워질 것은 당연한 이치야. 마음의 안정을 얻지 못하고서는 '도'에 근접할 수도 없는 게야. 대저 세상에서 성인이라고 불리는 사람들은 우선 자기가 '도'를 터득한 연후에 비로소 남을 인도할 것을 생각하네. 자네처럼 '도'를 터

안회(顏回, 李公麟聖賢圖)

득하지 못하고 있는 사람이 폭군의 교화 따위를 할 수 있겠는가? 우리가 왜 덕을 잃으며, 왜 '지(知)'에 의지하게 되었는지 자네는 알고 있는가? 덕을 잃는 것은 명예심에 사로잡혔기 때문이며 '지(知)'에 의지하게 된 것은 경쟁에 필요하기 때문인 게야. 명예심에 사로잡혀 '지(知)'에 의지하고 있는 한, 인간끼리의 대립 항쟁은 격렬해질 뿐이지. 명예심도 지식도 상대방에게 상처를 입히고 자기 자신을 멸망시키는 흉기인 게야. 흉기에 의존하여 도대체 무엇을 할 수 있겠느냔 말이다. 가령 자네가 이미 충분한 덕을 갖추었고, 그 위에 또 사소한 명예심도 갖지 않았다 하더라도 그것만으로는 아직도 부족한 게야. 상대가 무엇을 바라고 무엇을 생각하고 있는지를, 상대방 심리의 내면에 들어가서 판단하지 않으면 안 되지. 폭군에게 융통성 없이 인의와 덕을 강요하면 어찌 되겠나? 상대방의 눈에는 자네가 남의 결점을 미끼로 하여 자기 혼자 좋은 사람이 되려 한다고 비치지는 않을까? 이래서는 남에게 화근(禍根)거리가 되는 자라고밖에 볼 수 없지. 남에게 화근거리가 되는 자에게는 반드시 그 화가 되돌아오

네. 그러니 자네가 무사할 리가 없지. 그리고 자네가 가서 위나라의 군주가 어진 사람을 존중하고 어리석은 사람을 멀리하고 자네의 의견에 귀를 기울일 만한 인물이라면 이제 새삼스럽게 자네가 갈 것까지도 없네. 위나라에도 인물은 있을 게야. 그러나 손댈 수 없는 폭군이기에 자네의 의견 따위는 들어 줄 리가 만무하네. 자네가 입을 열기 전에 상대방은 권세로 하여금 자네를 단숨에 억누르고자 할 게야. 그리고 자네는 상대의 기분을 상하게 하지 않으려고 오로지 변해(辯解)하기에 바쁘겠지. 그러는 가운데 어느덧 자네는 처음 먹은 마음은 잊어버리고 상대방의 의향에 동조해 버릴 거고. 이래가지고서는 마치 불에 기름을 붓는 것과 같지 않은가. 처음이 이런 형국이면 뒤에는 무한한 후퇴가 따르는 법이지. 그렇다고 하여 상대의 신임도 얻지 못하고 있는데, 거침없이 간(諫)한다면 살해될 것은 불을 보듯 뻔한 노릇이고. 옛날 *관룡봉(關龍逢)은 주군 *걸(桀)에게 살해되고, *비간(比干)은 주군 *주(紂)에게 살해되었는데, 관룡봉과 비간은 둘 다 세상에 알려진 현인이었지. 그들은 신하이면서 임금의 잘못을 힐책하고 백성을 불쌍히 여기니 백성들 사이에 임금을 능가하는 명성을 얻었던 게야. 임금이 그들을 주살한 것은 그들의 훌륭한 인격을 증오하였기 때문이네. 그들 두 사람은 명예심에 얽매였기 때문에 위해를 당하게 되었던 게야. 옛날 요임금은 총(叢)·지(枝)·서오(胥敖)를 토벌하고 우임금은 유호(有扈)를 토벌하였는데, 그 결과 이들 네 나라의 군주는 살해되고, 백성은 떠났으며 나라는 망해 버렸다네. 이들 네 나라의 군주는 이익을 추구한 나머지 그칠 줄 모르는 전쟁을 되풀이하고 있었던 게야. 명예와 이익에 마음을 빼앗긴 것이야말로 그들을 죽음으로 몰아넣은 원인이었어. 이 이야기는 자네도 알고 있겠지. 명예와 이익에 마음을 빼앗겨 버리면, 이를테면 성인의 힘으로도 쉽게 교화할 수 있는 것이 아니지. 하물며 자네의 힘으로는……. 그렇지만 자진하여 위나라에 가는 데는 자네 나름의 심산이 있었을 테니 그것을 들려주게나."

*관룡봉(關龍逢)·걸(桀)·비간(比干)·주(紂) —— 걸(桀)은 하왕조(夏王朝). 주(紂)는 은왕조(殷王朝)의 둘 다 마지막 천자이며, 폭군으로서 이름이 높다. 관룡봉은 걸의 신하이고, 비간은 주의 숙부인데, 관룡봉은 걸에게 간하였다가 참수되고, 비간은 주에게 간하였다가 심장이 도려 내어지는 결과를 낳았다.

3. 패기만으로는 아무 일도 못 한다

> 顏回曰, 端而虛, 勉而一, 則可乎. 曰, 惡, 惡可. 夫以陽爲充, 孔揚, 采色不定, 常人之所不違. 因案人之所感, 以求容與其心. 名之曰日漸之德不成, 而況大德乎. 將執而不化, 外合而內不訾. 其庸詎可乎.

"저는 결코 절개를 굽히지 않을 것이며 군주를 능가하는 따위의 일도 하지 않겠습니다. 그리하여 명예에도 이익에도 마음을 동요시키지 않고 오로지 이상의 실현을 지향하여 노력하겠습니다. 이러면 어떻겠습니까?"
"어리석은 소리. 위나라의 임금은 정력덩어리 같은 인물이라 어지럽도록 마음을 바꾸기 때문에 신하들은 안색 읽기에 급급한 지경이라고 하네. 그것을 기화로 위나라 임금은 더욱더 신하의 의향을 무시하고 내 고집을 끝까지 관철시키고 있는 게야. 폭군을 상대로 그런 방법으로는 큰 덕은 고사하고 조그마한 덕을 성취시키기도 막연하고 분명치 않은 법이네. 자네가 무엇으로 설득하든 위의 임금은 자기를 고치려 하지 않을 게야. 가령 자네에게 기분을 맞춰 준다고 하더라도 그것은 겉면뿐이며 진심으로 반성할 뜻은 없을 게고. 이런 방법으로 어떻게 효과를 기대할 수 있겠는가?"

4. 우회적으로 의견을 말하면

> 曰, 然則我內直而外曲, 成而上比. 內直者與天爲徒. 與天爲徒者, 知天子之與己皆天之所子. 而獨以己言蘄乎而人善之, 蘄乎而人不善之邪. 若然者, 人謂之童子. 是之謂與天爲徒. 外曲者與人之爲徒也. 擎跽曲拳人臣之禮也. 人皆爲之, 吾敢不爲邪. 爲人之所爲者, 人亦無疵焉. 是之謂與人爲徒. 成而上比者與古爲徒. 其言雖教謫之實也, 古之有也, 非吾有也. 若然者雖直不爲病. 是之謂與古爲徒. 若是則可乎.

"내면은 본성을 손상하는 일 없고, 외면은 위왕을 거스르지 않겠습니다. 위왕에 대한 직접적인 비판은 피하고 의견은 모조리 옛 사람의 말을 인용하겠습니다. 이 방법이면 좋지 않겠습니까?. 내면은 본성을 손상하지 않는다는 것은, 하늘에 따르는 것입니다. 하늘에 따르면 임금 자신도 본래 구별이 없다는 것을 알게 됩니다. 그렇게 되면 자기의 의견을 군주가 좋아하건 싫어하건 조금도 개의치 않게 되겠지요. 이 경지에 도달한 자는 동자와 같다고 할 수 있을 것입니다. 하늘에 따른다는 것은 이런 것입니다. 외면은 위왕에게 거스르지 않는다는 것은, 세속에 따른다는 것입니다. 홀(笏)을 손에 들고 무릎을 꿇고 머리를 깊숙이 숙이는 것은 신하의 예의로서 신하된 자 누구나가 행하는 것입니다. 저도 이렇게 할 작정입니다. 왜냐하면 누구나가 하는 것을 하고 있는 한 비난의 여지는 없을 것이기 때문입니다. 세속에 따른다는 것은 이런 것입니다. 옛 말을 인용하여 제 의견을 말한다는 것은 옛 사람에 따르는 것입니다. 실제는 군주를 비난하고 군주의 반성을 촉구하는 말도 옛 사람의 말을 인용하여 발언하면 형식적으로는 옛 사람의 발언이지 저의 발언이라고는 할 수 없습니다. 그렇다고 하면 어지간히 대담한 발언을 하여도 책망받을 일은 없을 것입니다. 옛 사람에 따른다는 것은 이런 것입니다. 이렇게 하면 되지 않겠습니까?"

5. 마음의 제계(齋戒)

仲尼曰, 惡, 惡可. 太多政法而不諜. 雖固亦無罪. 雖然止是耳矣. 夫胡可以及化. 猶師心者也. 顔回曰, 吾無以進矣, 敢問其方. 仲尼曰, 齋. 吾將語若. 有而爲之其易邪. 易之者皡天不宜. 顔回曰, 回之家貧. 唯不飮酒不茹葷者數月矣. 若此則可以爲齋乎. 曰, 是祭祀之齋, 非心齋也. 回曰, 敢問心齋. 仲尼曰, 若一志. 無聽之以耳, 而聽之以心. 無聽之以心, 而聽之以氣. 聽止於耳, 心止於符. 氣也者虛而待物者也. 唯道集虛. 虛者心齋也.

"아직도 충분치 못하다고 말하는 건 너무나 자잘한 논의가 많아서 마음 고생을 할 뿐이기 때문일세. 아닌게 아니라 그 방법으로 하면 문죄(問罪)당하는 일은 면할 수 있겠지. 그러나 상대를 교화한다는 가장 긴요한 목적은 도저히 달성할 수가 없네. '작위(作爲)'에 사로잡혀서는 안 되는 게야."
"이 이상 어떻게 하면 좋겠습니까? 저는 이젠 모르겠습니다."
"제계(齋戒)하는 게 좋겠네. 알겠나. 작위에 의지하고 있다가는 아무것도 성취할 수 없는 게야. 할 수 있다고 생각하는 자는 천리를 배반하고 있는 게야."
"저는 아시는 바와 같은 가난뱅이라 벌써 몇 달 동안이나 술과 고기는 구경도 못했습니다. 오래 전부터 재계하고 있었다고 말할 수 있지 않겠습니까?"
"제사 지낼 때의 재계가 아닐세. 내가 말하는 것은 마음의 재계인 게야."
"마음의 재계라 하시면?"
"일체의 미혹을 떠나 마음을 순일(純一)하게 갖는 것을 말하네. 귀로 듣는 것보다 마음으로 듣고, 마음으로 듣는 것보다 기(氣)로 듣는 것이 좋지. 귀는 소리를 감각적으로 파악하는 데 지나지 않으며, 마음은 사상(事象)을 지각(知覺)하는 것에 지나지 않는 게야. 그러나 기(氣)는 다르지. 기(氣)로 듣는다는 것은 모든 사상(事象)을 있는 그대로 무심히 수용하는 것이야. '도'는 이 무심의 경지에 있어서 비로소 완전히 명백하게 나타나는 게고. 마음의 재계란 이 무심의 경지를 내 것으로 하는 것을 말하는 걸세."

6. 세속에 살며 세속을 잊으라

> 顔回曰, 回之未始得使, 實自回也. 得使之也, 未始有回也. 可謂虛乎. 夫子曰, 盡矣. 吾語若. 若能入遊其樊而無感其名. 入則鳴, 不入則止. 無門無毒, 一宅而寓於不得已則幾矣. 絶迹易, 無行地難. 爲人使易以僞, 爲天使難以僞. 聞以有翼飛者矣, 未聞以無翼飛者也. 聞以有知知者矣, 未聞以無知知者也. 瞻彼闋者, 虛室生白. 吉祥止止. 夫且不止, 是之謂坐馳. 夫徇耳目內通而外於心知, 鬼神將來舍, 而況人乎. 是萬物之化也, 禹舜之所紐也, 伏羲几蘧之所行終, 而況散焉者乎.

"저는 이제까지 너무도 '자기'를 의식하고 있었습니다. 하오나 '도(道)'에서는 자그마한 자아 따위는 그 어디에도 존재하지 않는군요. 가르쳐 주셔서 겨우 눈을 떴습니다. 이 경지는 무심이라 할 수 있겠습니까?"

선생이 대답했다.

"그것으로 됐네. 회(回)여, 세속에 동화돼 있으면서 세속에 있다는 것을 잊어버려야 하네. 위왕이 귀를 기울일 때에는 마음껏 변설을 하는 것이 좋을 게야. 만약 위왕이 귀 기울일 기미가 없으면 입을 다물고 있는 것이 좋을 게고. 마음의 벽을 제거하고 '무'를 나의 마음으로 하여 오로지 자연에 몸을 맡기게나. 자연대로 행동하면 우선 틀림없을 걸세. 걷지 않고 발자국을 남기지 않는 것은 손쉬우나 걷고도 발자국을 남기지 않는 것은 어려운 게야. 평범한 인간으로 머물러 있는 한 작위(作爲)를 떠날 수는 없네. 그에 반하여 하늘에 따르고 자연에 몸을 맡긴다면 '작위'의 뒤끝은 남지 않는 법이야. 날개가 있는 까닭에 새는 하늘을 나네. 그러나 날개를 버림으로써만이 참된 비상(飛翔)이 있는 게야. 지식이 있는 까닭에 사람은 지식을 믿는다. 그러나 지식을 버려야만이 참된 지식이 있는 게고. 방이 텅 비어 넓으면 넓을수록 보다 많은 빛이 내부에 가득 차는 것처럼 마음이 무에 근접하면 근접할수록 '도(道)'의 효능은 뚜렷해지는 게야. 무심의 경지에 도달하지 않는 한 상주좌와(常住坐臥)하는 마음에 휴식 시간은 없네. 외계의 사상(事象)은 이목(耳目)에 잡히는 그대로 수용하는 것이 좋지만, 그것을 지(知)로써 재려고 하여서는 안 되지. 이 경지에 도달하면 귀신을 움직이는 일까지도 할 수 있으며 인간을 감동시키는 것은 말할 것도 없어. 이리하여 만물은 그 덕에 감화되는 걸세. 우·순·복희(伏羲)·궤거(几蘧) 등 여러 성인들조차 무심의 경지에 도달하고자 평생을 두고 노력한 게야. 하물며 성인이 아닌 범인이 이 무심을 목표로 하여야 한다는 것은 말할 나위도 없는 거지."

자연에 살다

1. 사자(使者)의 고뇌(苦惱)

> 葉公子高將使於齊. 問於仲尼曰, 王使諸梁也甚重. 齊之待使者, 蓋將甚敬而不急. 匹夫猶未可動也, 而況諸侯乎. 吾甚慄之. 子嘗語諸梁也. 曰, 凡事若小若大, 寡不道以懽成. 事若不成則必有人道之患. 事若成則必有陰陽之患. 若成若不成, 而後無患者, 唯有德者能之. 吾食也執粗而不臧, 爨無欲淸之人. 今吾朝受命而夕飮氷. 我其內熱與. 吾未至乎事之情而旣有陰陽之患矣. 事若不成必有人道之患. 是兩也. 爲人臣者不足以任之. 子其有以語我來.

초(楚)의 대부(大夫) 섭공자고(葉公子高)는 사자로서 제(齊)에 파견되기에 앞서 공자에게 가르침을 청하였다.
"우리 임금님은 저에게 과분한 사명을 분부하셨습니다. 그렇지만 제나라는 필시 말을 이랬다저랬다 하여 일을 질질 끌어가려고 획책할 것으로 생각됩니다. 범부조차도 마음대로 움직이는 것은 어려운데 하물며 제의 임금을 설복하는 일은 저에게는 짐이 너무 무겁습니다. 지금 저의 처지를 생각하면 불에 태워지는 기분입니다. 저는 언젠가 선생님께 이런 말씀을 들었습니다. '큰 일이든 작은 일이든 성취하는 것보다 더 좋은 일은 없다. 그러나 범인이 그 임무를 맡았을 때 그 일이 실패로 끝나면 문책당하고 처벌의 쓰라림을 맛보지 않으면 안 된다. 설령 성취하였더라도 마음의 무거운 짐을 견디지 못하고 앓아 눕는다. 일의 성패에 관계 없이 항상 무사무재하게 지낼 수 있는 것은 유덕자(有德者)뿐이다.' 라고 말입니다. 저는 평소부터 매우 검소한 생활을 하고 있었기에 몸의 열기를 갖고 있지는 않습니다만 사명을 분부받은 찰나 고열이 나서 얼음물을 마시지 않으면 안 될 형편이었습니다. 아직 제나라로 출발하지도 않았는데 병에 걸려 있습니다. 사명을 완수하지 못하면 문제될 것은 틀림없고, 그렇게 되면 이중으로 화를 입지 않으면 안 됩니다. 신하로서 한심한 일이 아닐 수 없습니다만 그 임무를 감당할 수 없다고 말씀드리지 않으면 안 됩니다. 저는 어떻게 하면 좋을지 선생님의 생각을 들려 주시지 않겠습니까?"

2. 숙명에는 허심(虛心)히 따르라

> 仲尼曰, 天下有大戒二. 其一命也, 其一義也. 子之愛親命也, 不可解於心. 臣之事君義也, 無適而非君也, 無所逃於天地之間. 是之謂大戒. 是以夫事其親者, 不擇地而安之, 孝之至也. 夫事其君者, 不擇事而安之, 忠之盛也. 自事其心者, 哀樂不易施乎前, 知其不可奈何而安之若命, 德之至也. 爲人臣子者固有所不得已. 行事之情而忘其身. 何暇至於悅生而惡死. 夫子其行可矣.

공자는 대답하였다.
"이 세상에는 피할 수 없는 정률이 둘 있습니다. 하나는 숙명인 친자(親子)의 관계가 그것이오. 자식이 어버이를 공경하는 것은 자연의 심정이기에 이 심정을 내버릴 수는 없는 게요, 또 하나는 사회적 규범인 군신의 관계가 그것이오. 어떤 나라에도 반드시 군주는 있습니다. 이 세상에서 사는 한 군신의 관계에서 빠져 나갈 수는 없소. 도망칠 수 없는 정률이란 이 두 가지를 말합니다. 따라서 자식된 자는 어떤 장소에 있어서도 어버이에 따르고 어버이의 안태(安泰)를 도모하여야만이 효(孝)라 말할 수 있습니다. 신하된 자는 어떤 일일지라도 군주의 명령에 따르고 군주의 안태를 도모하여야만이 충(忠)이라 할 수 있소. 타고난 마음에 따르면 어떤 사상(事象)에도 감정이 좌우되는 일이 없을 게요, 또 인간의 힘으로 안 되는 것은 인간의 숙명으로서 허심히 수용할 수밖에 없습니다. 그래야만이 덕이라 할 수 있는 것이오. 사람의 자식이며 신하인 것이 내 숙명이요 필연이라면 나를 잊고 주어진 조건대로 살 수밖에 다른 방법이 없는 것이오. 내 몸의 생사를 걱정하고 있을 겨를이 있을 리 없지요. 아무쪼록 망설이지 말고 취임하시오."

3. 말을 꾸미려고 생각하지 마라

丘請復以所聞. 凡交近則必相靡以信, 遠則必忠之以言. 言必或傳之. 夫傳兩喜兩怒之言, 天下之難者也. 夫兩喜必多溢美之言, 兩怒必多溢惡之言. 凡溢之類也妄, 妄則其信之也莫, 莫則傳言者殃. 故法言曰, 傳其常情, 無傳其溢言, 則幾乎全. 且以巧鬪力者, 始乎陽常卒乎陰, 泰至則多奇巧. 以禮飮酒者,

> 始乎治常卒乎亂, 泰至則多奇樂. 凡事亦然. 始乎諒常卒乎鄙. 其作始也簡, 其將畢也必巨.
> 言者風波也, 行者實喪也. 夫風波易以動, 實喪易以危. 故忿設無由, 巧言偏辭. 獸死不擇音, 氣息茀然, 於是竝生心厲. 剋核太至, 則必有不肖之心應之, 而不知其然也. 苟爲不知其然也, 孰知其所終. 故法言曰, 無遷令, 無勸成. 過度益也, 遷令勸成殆事. 美成在久, 惡成不及改. 可不愼與. 且夫乘物以遊心, 託不得已以養中至矣. 何作爲報也, 莫若爲致命. 此其難者.

공자는 다시 말을 계속하였다.
"내가 견문에서 얻은 지식을 좀더 들어 주오. 나라와 나라가 교섭하는 경우 이웃나라끼리라면 직접적으로 의사를 소통할 수 있습니다. 그러나 멀리 떨어진 나라가 상대라면 서로 사자(使者)를 사이에 두고 말을 타고 왕래하며 서로의 의사를 전달하지 않으면 안 됩니다. 사자에 있어서는 양쪽 모두에게 이(利)가 있는 인사는 괜찮지만, 반대로 양쪽 모두에게 무례한 인사를 전하는 것같이 어려운 역할은 없을 것이오. 양자 모두에게 기분좋은 혹은 양자 모두에게 무례한 말은 여하튼 거짓을 교환하여 진실을 왜곡하기 쉽습니다. 진실에 반하는 말은 분쟁의 근원입니다. 분쟁이 생기면 사자는 죽음을 면치 못하오. 격언에도 '사자는 진실을 운반하는 것. 사자의 과장은 화근을 불러온다.'라고 되어 있지 않습니까. 예를 들면 유쾌하게 시작한 경기도 어느 사이에 싸움이 벌어져 필경엔 이기기 위하여 수단을 가리지 않게 되어 재미 없는 결과로 끝나기 쉽습니다. 장중한 분위기로 시작된 연회도 술이 거나

하게 취함에 따라서 도저히 있을 수 없는 망측한 광태를 연출하고 야단법석을 떨면서 끝나는 경우도 있습니다. 일사가 만사이니 처음엔 신중하여도 어느덧 조잡해지는 것이 인지상정이오. 마찬가지로 처음에는 간단한 것 같아도 어느 사이에 진퇴 양난에 빠지는 것이 세상사의 상례인 게요. 말이란 풍파와 같이 불안정한 것이며, 사람에서 사람으로 전달한 순간에 쉽게 변모합니다. 그것 때문에 말의 전달자는 종종 위험에 빠지는 것입니다. 사람이 분노에 사로잡히는 것은 말이 아첨이나 거짓으로 변모하는 까닭에 그러하오. 짐승은 죽음을 당하게 되었을 때 힘껏 소리 지르며 날뛰오. 인간도 마찬가지지요. 위기에 바싹 몰리면 자기 자신도 모르는 사이에 생각할 수도 없는 폭거가 나옵니다. 한번 폭거를 휘둘러 버리면 이미 머물 곳을 모릅니다. 선철(先哲)은 이렇게도 말하고 있지요. '군명(君命)을 윤색(潤色)하지 말라. 공을 조급히 서둘러 책(策)을 농(弄)하지 말라'라고……. 지나치게 약삭빠르게 굴면 말에 거짓이 섞입니다. 임금의 명령에 살을 붙여 꾸미고, 꾀를 부리고 있다가는 일을 그르칠 뿐이오. 대사는 하루 아침에 이루어지는 것은 아니지만, 조급하면 나쁜 결과를 초래하여 이미 되돌이킬 수 없는 일이 생기고 맙니다. 부디 너그러이 마음을 쓰십시오. 운명에 거스르는 일 없이 스스로를 자연에 맡겨야만이 참된 자유가 있으며 '도(道)'의 기능이 있습니다. 따라서 당신은 사자로서 결과를 걱정하지 말고 단지 주군의 의향을 그대로 전달하면 되는 것입니다."

범을 길들이는 방법

　　顏闔將傳衛靈公太子, 而問於蘧伯玉曰, 有人於此, 其德天殺. 與之爲無方則危吾國. 與之爲有方則危吾身. 其知適足以知人之過, 而不知其所以過. 若然者吾奈之何.

　　蘧伯玉曰, 善哉問乎. 戒之愼之, 正女身哉. 形莫若就, 心莫若和. 雖然之二者有患. 就不欲入, 和不欲出. 形就而入, 且爲顚, 爲滅, 爲崩, 爲蹶. 心和而出, 且爲聲, 爲名, 爲妖, 爲孼. 彼且爲嬰兒, 亦與之爲嬰兒. 彼且爲無町畦, 亦與之爲無町畦. 彼且爲無崖, 亦與之爲無崖. 達之入於無疵. 汝不知夫螳蜋乎. 怒其臂以當車轍. 不知其不勝任也. 是其才之美者也. 戒之愼之. 積伐而美者以犯之幾矣. 汝不知夫養虎者乎. 不敢以生物與之, 爲其殺之之怒也. 不敢以全物與之, 爲其決之之怒也. 時其饑飽達其怒心. 虎之與人異類而媚養己者, 順也. 故其殺者逆也. 夫愛馬者以筐盛矢以蜄盛溺. 適有蚊虻僕緣, 而拊之不時, 則欠銜毀首碎胸. 意有所至而愛有所亡. 可不愼邪.

안합(顏闔)은, 위나라 영공(靈公)의 태자 *괴외(蒯聵)의 교육담당관으로 임명되어 나갈 즈음 위의 대부 거백옥(蘧伯玉)을 방문하였다.

"나는 어떤 사람의 교육을 분부받았습니다. 상대라는 것이 손댈 수도 없는 잔혹한 성질의 소유자입니다. 남의 과오는 무엇 하나 눈감아 주지 않으면서 자기 자신은 어떤 악행을 하더라도 괜찮다고 생각하고 있습니다. 내버려 두자니 나라를 망치는 근원이 될 것이고, 그렇다고 무리하게 가르치려고 하다가는 내가 목숨을 부지할 길이 없는 처지에 놓여 있으니 나로서는 어떻게 대처해야 좋을지 모르겠습니까?"
거백옥(蘧伯玉)은 대답하였다.
"그건 자못 흥미 있는 문제인데요. 우선 모든 행동을 삼가고 과오를 범하지 않도록 노력하지 않으면 안 됩니다. 그런 후 상대에게 다소곳이 행동하면서 생대방과의 융화를 꾀하는 것이 좋겠습니다. 그러나 여기에 함정이 있습니다. 다소곳이 행동하고 있으면 자칫 상대방의 못된 행실에 억지로 끌려들어가게 되고, 융화를 꾀하려고 하면 자칫하다가는 감화시키려는 의도가 드러나게 되오. 상대방의 악행에 끌려들어가면 자기 자신을 파멸시키는 일이 될 것이며, 상대를 감화시키려는 의도가 탄로나면 즉시 화가 미칠 것이오. 상대가 어린애 같은 장난을 하면 같이 어린애처럼 행동하는 것이 좋을 게요. 상대가 방탕한 행동을 하면 같이 방탕하게 행동하고 상대가 무모한 행동을 하면 같이 무모한 행동을 하는 것이 좋. 좋겠소. 어디까지나 다소곳이 행동하면서 나 자신의 덕으로 상대를 감싸고 상대를 자기 자신에게 동화시키는 것이오.
 사마귀의 예를 들어 보지요. 사마귀는 무엇이 접근하면 비록 그것이 전차(戰車)라 할지라도 가슴의 앞발을 치켜들고 맞서 나가오. 어차피 당해 내지도 못하는 주제에 제 자신의 능력에 흠뻑 빠져 있는 게오. 자기 자신의 능력에 빠져서 태자에게 호된 충고 따위를 할 요량이면 사마귀와 같은 운명을 걷지 않으면 안 되오. 십분 삼가는 것이 좋을 게요.

또한 호랑이 사육사의 예를 들어 보지요. 호랑이 사육사는 결코 호랑이에게 산 먹이를 주지 않습니다. 왜냐하면 먹이를 죽이려고 호랑이가 살기를 띠기 때문이오. 또 결코 호랑이한테는 통째로 먹이를 주지 않습니다. 먹이를 물어뜯으려고 호랑이가 살기를 띠기 때문입니다. 호랑이 사육사는 호랑이의 식욕에 응하여 먹이를 가감하면서 어느 사이엔가 호랑이로부터 사나운 살기를 망각시켜 버리게 하는 게요. 그리하여 결국에는 모질고 사나운 호랑이를 완전히 길들여 버리는 거죠. 호랑이의 성질에 따라 처신하기 때문에 그 성질을 고칠 수 있는 것이오. 그것과는 반대로 호랑이에게 물려 죽게 되는 경우는 호랑이의 성질을 거스르는 자입니다.

하여간 말[馬]을 좋아하는 자는 말을 사랑하는 정도가 심해지면 자기의 귀중한 밥그릇을 말의 분뇨받이로 쓸 정도가 됩니다. 아무리 소중히 기르고 있더라도, 등에가 앉았다고 하여 느닷없이 철썩하고 때리면 말은 재갈을 물어뜯고 날뛰며 필경에는 크게 다치게 되지요. 온정이 원수로 변하는 거라오. 이런 전철을 밟지 않도록 당신도 십분 유의하는 것이 좋을 것이외다.

*괴외(蒯聵)──후에 자기의 의모(義母)가 되는 영공부인(靈公夫人) 남자(南子)를 죽이려고 하다가 실패하고 달아남. 영공이 죽은 후 자기 아들이 즉위하자 위나라로 잠입하여 쿠데타를 일으켜, 자기 자식인 출공(出公)을 추방하고 위왕 장공(莊公)이 된 인물

무용(無用)과 유용(有用)

1. 덩치뿐

> 匠石之齊, 至乎曲轅見櫟社樹. 其大蔽數千牛, 絜之百圍. 其高臨山, 十仞而後有枝. 其可以爲舟者旁十數. 觀者如市. 匠石不顧遂行不輟. 弟子厭觀之, 走及匠石. 曰, 自吾執斧斤以隨夫子, 未嘗見材如此其美也. 先生不肯視, 行不輟何邪. 曰, 已矣, 勿言之矣. 散木也. 以爲舟則沈, 以爲棺槨則速腐, 以爲器則速毁, 以爲門戶則液樠, 以爲柱則蠹. 是不材之木也, 無所可用. 故能若是之壽.

목수인 석(石)이 제(齊)나라를 여행하였다. 도중에 때마침 곡원(曲轅)에 당도한바 거기에는 거대한 상수리나무가 있었는데 그 나무를 신목(神木)이라 칭하며 그 나무에 제사를 지내고 있었다. 그 나무의 크기는 그 그늘에서 몇천 마리의 소가 쉴 수 있을 정도였고, 그 나무의 굵기는 백 아름이나 되었다. 높이는 산을 내려다 볼 정도로 지상 7,8십 척이나 되는 곳에 겨우 가지가 갈라져 있었다. 가지라고는 하지만 하나의 가지로 충분히 배를 만들 수 있을 정도로 큰 가지가 몇십 가지나 퍼져 있었다. 이 큰 나무를 한 번 보기만 하면 찾는 자가 끊임없이 모여들어 근방은 마치 시장처럼 왁자지껄하다. 석의 제자들도 숨을 죽이며 넋을 잃고 거목을 보고 있었다.

그런데 석(石)은 눈길도 주지 않고 종종걸음으로 지나쳐 버리는 것이었다. 그러자 간신히 쫓아간 제자들이 물었다.
"어르신, 어르신의 문하생이 된 이래 이런 짜임새 있는 재료는 본 일이 없습니다. 그런데 어른께서는 눈길도 주지 않으시고 가 버리시니 대체 어떠한 이유에서 이십니까?"
"건방진 소리 하지 마라. 저 나무는 아무 쓸모도 없는 게야. 배를 만들면 가라앉아 버리고, 관이나 통을 만들면 곧 썩으며, 가구를 만들면 금방 부숴지고, 문짝을 짜면 진투성이가 되지. 기둥으로 쓰면 밑은 금세 벌레에 파먹히고 말 걸세. 아무 곳에도 쓸모 없는 거목인 게야. 저토록 크게 자랄 수 있었던 것도 근원은 쓸모가 없었기 때문인 걸세."

2. 쓸모 없기 때문에 오래 살 수 있었다

匠石歸. 櫟社見夢曰, 汝將惡乎比予哉. 若將比予於文木邪. 夫柤梨橘柚果蓏之屬, 實熟則剝則辱. 大枝折, 小枝泄. 此以其能苦其生者也. 故不終其天年而中道夭, 自掊擊於世俗者也. 物莫不若是. 且予求無所可用久矣. 幾死乃今得之, 爲予大用. 使予也而有用且得有此大也邪. 且也若與予也皆物也. 奈何哉, 其相物也. 而幾死之散人又惡知散木. 匠石覺而診其夢. 弟子曰, 趣取無用則爲社何邪. 曰, 密, 若無言. 彼亦直寄焉, 以爲不知己者詬厲也. 不爲社者, 且幾有翦乎. 且也彼其所保與衆異, 而以義譽之不亦遠乎.

석(石)이 여행에서 돌아온 날 밤, 꿈속에 상수리나무가 나타나 말을 걸었다.

"당신은 도대체 나를 무엇에 비교하여 쓸모 없다 하는 게요. 필경 인간에게 유용하게 쓰이는 나무와 비교한 거겠지요. 과연 배라든가 유자 등속처럼 열매가 여는 나무는 당신네들에겐 유용한 것인지 모르겠지만, 그 까닭에 과실을 따느라 인간들에 의해 가지가 꺾이고, 흠이 생기지 않으면 안 되지요. 가지는 부러뜨려지고 잡아찢긴 끝에 천수를 다하지도 못하고 시들어 버립니다. 스스로의 장점이 스스로의 생명을 단축하고 있는 게요. 다시 말하면 스스로 만들어 세속에 짓밟히고 있는 거죠. 무릇 이 세상의 사람이나 사물은 모두 쓸모 있고자 하여, 어리석은 짓을 되풀이하고 있소. 그러나 나는 다르오. 나는 오늘날까지 일관되게 쓸모가 없고자 노력하여 왔소. 천수가 다 되어가는 이제와서야 겨우 쓸모 없는 나무가 될 수 있었소. 당신네들에게는 쓸모 없는 것이 내게는 참된 쓸모인 게요. 가령 내가 유용하였으면 벌써 잘려 쓰러졌을 것이오. 또 한마디 해 두겠는데, 당신도 나도 모두 다 자연계의 한 생물에 지나지 않소. 사물이 사물의 가치를 매겨 어쩌겠다는 게요. 가치 매기기를 하면 당신과 같이 유용하고자 하여 자기 자신의 생명을 깎아 먹고 있는 자야말로 실은 무용한 인간인 게요. 무용의 인간이 내가 무용한 나무인지 어떤지 간파할 수 있겠소?"

이튿날 아침에 석이 전날 밤의 꿈 이야기를 하였더니 제자가 말했다.

"그처럼 무용이고자 했으면서 어째서 신목 따위가 되었을까요. 신목이란 것은 백성을 수호하는 역할이 있는데요."

"이 녀석, 터무니없는 소리 마라. 신목은 목표가 아닌 게야.

임시의 거처에 지나지 않는 게지. 이거다 저거다 비판해 봐도 상대는 자기를 이해하지 못하는 자의 잠꼬대라고 흘려 들을 뿐이야. 설사 신목이 되어 있지 않더라도 역시 잘리는 일은 없을 게다. 아무래도 저 나무는 세간의 소망과는 반대로 무용이고자 노력하고 있는 게야. 이런 상대를 세간의 상식으로 재는 것은 터무니없는 착각인 게지."

요술 거목의 수수께끼

> 南伯子綦遊乎商之丘, 見大木焉. 有異. 結駟千乘, 隱將芘其所藾. 子綦曰, 此何木也哉. 此必有異材夫. 仰而視其細枝, 則拳曲而不可以爲棟梁. 俯而視其大根, 則軸解而不可以爲棺槨. 咶其葉, 則口爛而爲傷. 嗅之, 則使人狂酲三日而不止. 子綦曰, 此果不材之木也. 以至於此其大也. 嗟乎神人以此不材.

남백자기(南伯子綦)가 상구(商丘) 지방을 여행할 때 한층 더 눈을 끄는 거목이 있었다. 가까이 다가가서 보니 마차 천 대가 그 그늘에서 쉴 수 있을 만큼 컸다.

'대체 무슨 나무일까. 틀림없이 좋은 재목을 얻을 수 있겠지' 하고 그는 생각하였다. 그러나 자세히 우러러 보니 가지는 꼬불꼬불 구부러져 마룻대로도 대들보로도 쓸 수 있을 것 같지 않았다. 밑은 어떤가 보니 뿌리가 서로 얽혀 관이나 통도 만들 수 있을 것 같지 않았다. 잎을 씹어 보았더니 금세 잎이 짓물러 얼얼 아리다. 또 잎의 냄새를 맡아 보았더니 곧 취기를 발하여 3일간이나 고통을 받아야 했다.

그는 그제서야 깨달았다.

"아무래도 이것은 아무 쓸모 없는 나무인 게요. 그러기에 이렇게 자라날 수 있었던 게지. 아아, 위대하다. 신인(神人)이라고 하는 것도 이 나무처럼 무용을 유용으로 전화(轉化)한 사람의 일이던가."

자라지 않는 양재(良材)

> 宋有荊氏者, 宜楸柏桑. 其拱把而上者, 求狙猴之杙者斬之. 三圍四圍, 求高名之麗者斬之. 七圍八圍, 貴人富商之家求樿傍者斬之. 故未終其天年, 而中道夭於斧斤, 此材之患也. 故解之以牛之白顙者, 與豚之亢鼻者, 與人有痔病者, 不可以適河. 此皆巫祝以知之矣. 所以爲不祥也, 此乃神人之所以爲大祥也.

송나라에 형씨(荊氏)라 부르는 고장이 있어 거기에는 개오동나무와 잣나무, 뽕나무가 잘 자랐다. 그런데 이 나무들이 자라나 한 줌이나 두 줌의 굵기가 되면, 원숭이 부리는 사람이 베어다가 원숭이의 홰로 한다. 세 아름이나 네 아름이 되면 목수가 베어다 마룻대로 쓴다. 일곱 아름, 여덟 아름쯤 되면 부자들이 베어다 관(棺)을 만든다. 그러니 어느 한 그루도 천수를 다하지 못하고 모두 중도에 베어지고 만다. 왜냐하면 이들이 세간의 소용에 닿기 때문이다.

얼굴이 흰 소, 코가 위로 뒤집힌 돼지, 치질을 앓는 사나이 이 세 가지는 결코 강〔河〕의 신에게 바치지 않는다. 이것들은 불길한 것이며 바쳐서는 안 된다는 것을 사제(司祭)가 잘 알고 있기 때문이다. 그러나 이러한 까닭에 이들 세 류(類)는 생명을 다 누릴 수가 있다. 세간에서 불길하다 보는 것이야말로 신인에 있어서는 참된 대길인 것이다.

불구인 덕택에

> 支離疏者頤隱於臍, 肩高於頂, 會撮指天, 五管在上, 兩髀爲脅. 挫鍼治繲足以餬口. 鼓筴播精足以食十人. 上徵武士, 則支離攘臂於其間. 上有大役, 則支離以有常疾不受功. 上與病者粟, 則受三鍾與十束薪. 夫支離其形者, 猶足以養其身終其天年, 又況支離其德者乎.

지리소(支離疏)라는 사나이가 있었다. 등뼈가 지나치게 굽고 머리가 짓눌려 턱이 배꼽에 박혀 있고, 어깨는 정수리보다 위쪽에 솟아 있으며, 상투는 반듯이 하늘을 가리키고 있다. 두 개의 넓적다리는 옆구리 밑에서 갈라지고, 내장은 머리보다 위에 자리잡고 있다. 이런 부자유한 몸으로 재봉과 세탁을 떠맡아 훌륭히 가난을 견뎌 내며 그럭저럭 살아가고 있었다. 거기에다 쌀찧기라도 하면 10인을 양육할 정도는 벌어 들인다. 가령 전쟁이 시작되어 징병이 시행되어도 불구자인 그는 태연하고 여유만만이었다. 큰 공사가 시작되더라도 그는 노역에 강제로 끌려가는 일 없이 징집된 사나이들 사이를 활개치며 걸어도 되는 것이었다. 더구나 위에서 신체 장애자에게 베풀기라도 하면 곡식과 장작을 듬뿍 얻기도 하는 것이다.

이렇게 육체가 소용에 닿지 않는 것만으로도 편안한 생애를 보낼 수가 있다. 하물며 재덕에 있어서 쓸모 없는 인간이 천수를 다하지 못할 도리가 있으랴.

은자(隱者)의 독백(獨白)

> 孔子適楚. 楚狂接輿遊其門. 曰, 鳳兮鳳兮, 何如德之衰也. 來世不可待, 往世不可追也. 天下有道, 聖人成焉, 天下無道, 聖人生焉. 方今之時, 僅免刑焉. 福輕乎羽, 莫之知載. 禍重乎地, 莫之知避. 已乎已乎, 臨人以德. 殆乎殆乎, 畫地而趨. 迷陽迷陽, 無傷吾行. 吾行郤曲, 無傷吾足. 山木自寇也, 膏火自煎也. 桂可食故伐之. 漆可用故割之. 人皆知有用之用, 而莫知無用之用也.

공자가 초나라에 유세 여행을 하던 어느 날, 광접여(狂接輿)라고 불리는 은사(隱士)가 숙소 앞에서 말하는 건지, 노래하는 건지 알 수 없게 이런 말을 엉겁결에 입 밖에 냈다.

"봉황(鳳凰)이여, 봉황이여. 무슨 까닭인가? 그들의 덕이 쇠퇴한 것은. 내일에의 희망은 만족할 수 없는 환상이며 어제의 영광은 지나간 꿈이다. 지금은 다만 오늘의 날들을 살아갈 따름이다. 유도(有道)의 세상은 성인의 다스리는 바 되며, 무도의 세상은 성인의 숨어 사는 바가 되나니라. 이렇게 어지러운 세상이면 무사무재하게 사느니만 못하니라. 행복은 새털보다도 가벼운데 행복을 쥐는 자 무슨 까닭에 그리도 드물꼬. 재화(災禍)는 땅덩이보다도 무거운데 재화를 피하는 자 무슨 이유로 그토록 적을까. 내 가는 길을 인의(仁義)로써 좁히고 내 가는 길을 남에게 강요하는 것은 아아! 참 위험하구나 위험하도다. 지식을 떠나 어리석음이 되고, 세상의 텅 빈 공허에 몸을 맡기라. 그리하면 내몸은 상처입는 일 없으리니. 산의 나무가 베여지는 것은 쓸모 있기 때문이며 *기름이 떨어지는 것은 타기 때문이다. 계피는 베여져서 먹히고, 칠은 찢기어 도료가 된다. 유용(有用)을 구하는 자 이 땅 위에 가득한데, '무용지용(無用之用)'을 깨닫는 자는 무슨 까닭에 그리도 적을꼬."

━━━━━━━

*가령 기름이 떨어지는…… ── 재주를 믿고 스스로 화를 부르는 예. 광접여(狂接輿 : 이 '狂'은 별난 사람이라는 정도의 의미)가 공자를 비판한 이야기는《논어》미자편(微子篇)에도 있다. 거기에서 접여는 세계의 구제를 목표로 한 공자의 노력이 얼마나 위험한 것인가를 호소하여 정치에서 손을 떼고 숨은 선비가 되라고 공자에게 설하고 있다.《논어》의 접여는 미래와의 희망의 연결을 끊고 있지만 여기서 희망 따위는 문제삼고 있지 않다. 공자를 대표할 만한 작위(作爲)에 가득 찬 생활방식을 비판함과 동시에 '무용지용'이라는 가치의 전도를 설명하고 있다. 장자에 있어서는 자연에 동화되어 자연의 삶을 다하는 것이야말로 최고의 가치인 것이다. 봉황이란 성왕이 나타나면 날아온다는 상상의 새인데 여기서는 공자를 빗대어 말하고 있다.

덕충부(德充符)

장자에 있어서 '덕의 충실'이란 일체의 고정관념에서 탈피하여, 나 자신을 공허로 하는 것 바로 그것이다. '덕이 충만한 표시'는 일체를 있는 그대로 수용하는 인간에게만 주어진다. 여기에 묘사된 주인공들은 누구나 다 사상을 형상화한 것이라 할 수 있을 것이다.

◇ **본편(本篇)의 명언**
- 서로 다른 처지에서 이걸 보면 가까이 있는 간과 쓸개도 멀리 떨어져 있는 초나라와 월나라 같고, 같은 입장에서 본다면 만물은 모두 하나이다.
- 사람들은 흐르는 물을 거울삼지 않고 잔잔한 물을 거울삼는다. 예(羿)의 활 사정 거리 안에서 노닐면 한가운데는 명중하는 표적이다. 그런데도 맞지 않는다면 그것은 운명이다.
- 덕이 뛰어나면 외형 따위는 잊어버리게 된다.
- 좋고 나쁨에 의하여 스스로의 몸을 손상시키지 않고 언제나 자연에 따라 부질 없이 삶을 덧붙이려 하지 않는다.

올자(兀者)의 인망(人望)

1. 전과자라도 성인이란?

> 魯有兀者王駘, 從之遊者與仲尼相若. 常季問于仲尼曰, 王駘兀者也. 從之遊者與夫子中分魯. 立不敎, 坐不議, 虛而往, 實而歸. 固有不言之敎, 無形而心成者耶. 是何人也. 仲尼曰, 夫子聖人也. 丘也直後而未往耳. 丘將以爲師, 而況不若丘者乎. 奚假魯國, 丘將引天下而與從之. 常季曰, 彼兀者也而王先生. 其與庸亦遠矣. 若然者其用心也獨若之何. 仲尼曰, 死生亦大矣, 而不得與之變. 雖天地覆墜, 亦將不與之遺. 審乎無假, 而不與物遷. 命物之化, 而守其宗也.

노나라에 왕태(王駘)라는 올자(다리를 절단하는 형에 처해진 사람)가 있었다. 대단한 인망이 있어 공자에게도 뒤지지 않을 정도로 많은 제자가 있었다.

어느 날 공자의 제자 상계(常季)가 공자에게 물었다.

"저 왕태는 다리를 잘린 전과자인 주제에 선생님과 노나라를 양분할 정도의 많은 제자를 거느리고 있습니다. 강의를 하지도 않고 의론도 하지 않고 무엇하나 사람을 지도하는 것 같지 않은데, 그의 앞에 가면 반드시 마음에 얻는 바가 있다고 합니다. 그런 것을 보면 왕태는 육체는 불구라도 마음은 덕으로 충만하여 있어 무언중에 사람들을 교화하고 있다고 할 수 있겠지요. 대체 그는 어떤 인물일까요?"
"그분은 성인일세."
라고 공자는 대답하였다.
"나는 아직도 갈 기회를 놓치고 있으나 언젠가는

공자(孔子, 李公麟聖賢圖)

그분을 찾아 뵙고 가르침을 청할 작정으로 있네. 나도 그렇거늘 하물며 나만 못한 사람들이야 그분을 우러러보는 것이 뭐 그리 이상할 것이 있겠는가. 노나라는 고사하고 온 세상 사람들과 더불어 제자로 입문하고 싶을 만큼 훌륭한 분인 게야."
"전과자인데도 선생님보다 위라고 말씀하시는 것입니까. 저 같은 소인은 좀처럼 이해할 수 없습니다. 그렇지만 그런 훌륭한 분의 마음의 작용은 대체 어떤 것인지요?"
"음! 예컨대 생사는 인간에게 있어서 최대의 문제이지만 그 생사의 막다른 절정에 세워져도 조금도 동요하지 않는 것이지. 비록 천지가 뒤집힌다 할지라도 미동도 하지 않아! 만유의 실상을 통찰하고 개개의 현상에 휘말리지 않는 거지. 일체의 변화를 있는 그대로 수용하여 근원적인 '도'를 놓치지 않는 게야. 왕태(王駘)는 이런 경지에 도달한 분이신 게다."

2. 잔잔한 물은 일체를 감싼다

> 常季曰, 何謂也. 仲尼曰, 自其異者視之, 肝膽楚越也. 自其同者視之, 萬物皆一也. 夫若然者, 且不知耳目之所宜, 而遊心於德之和. 物視其所一, 而不見其所喪. 視喪其足, 猶遺土也.
>
> 常季曰, 彼爲己, 以其知得其心, 以其心得其常心. 物何爲最之哉. 仲尼曰, 人莫鑑于流水, 而鑑于止水, 惟止能止衆止. 受命於地, 唯松柏獨也在, 冬夏靑靑. 受命于天, 惟舜獨也正, 幸能正生以正衆生. 夫保始之徵, 不懼之實. 勇士一人, 雄入于九軍. 將求名而能自要者, 而猶若是, 而況官天地, 府萬物, 直寓六骸, 象耳目, 一知之所知, 而心未嘗死者乎. 彼且擇日而登假. 人則從是也. 彼且何肯以物爲事乎.

상계(常季)는 말했다.

"말씀하시는 바가 잘 이해되지 않습니다."

"결국은 말야. 어떤 사물도 차별상에서 보면 하나도 같은 것은 없다는 것이지. 예를 들면 매우 친밀한 관계에 있는 간장과 담낭조차도, 초나라와 월나라만큼의 먼 거리가 된다는 게야. 그러나 이러한 가지가지의 사물도 그 근원에서 보면 결국은 하나인 게지. 이 원리를 터득한 왕태 같은 사람은 일체의 사물에 취사선택을 가하지 않고 모두를 허심탄회하게 수용해 나가는 게야. 그리고 만유를 대하는 데 있어 하등의 차별을 두지 않고 개개의 득실에 사로잡히지 않지. 그러므로 왕태에게 있어서는 다리 하나 잃은 것이나, 흙덩이를 버리는 것이나 전혀 다를 것이 없는 게야."

"과연 왕태는 그 뛰어난 재주에 의하여 마음의 작용을 조정하고, 그 결과 어떤 것에도 동요하는 일 없는 편안한 경지를 얻은 것이군요. 그러나 그것은 어디까지나 자기 자신을 위한 수양이겠지요. 그런데 그처럼 많은 사람들을 끌어당기는 것은 어떤 까닭일까요?"

"흐르는 물은 거울이 될 수 없지. 그러나 잔잔한 물은 모든 모습을 비춰 낼 수 있어. 왕태는 이를테면 잔잔한 물과 같은 인물인 게야."

"초목 중에서 사계절을 통하여 줄곧 푸르른 것은 소나무와 측백나무뿐이지. 인간 중에서 천성을 바르게 지킬 수 있었던 사람은 순임금뿐이야. 그랬기에 순임금은 만민을 바르게 살도록 할 수 있었지. 사람이 천성을 바르게 가지고 있다는 증거는 어떤 것에도 주춤거리지 않는다는 사실이야. 예컨대 용사는 단 혼자라도 운하(雲霞)와 같은 적군 속으로 쳐들어가지. 무용의 명예를 얻고 싶은 일심으로 두려움을 잊어버리곤 하지 않는가? 더구나 왕태는 천지를 자기 집, 만물을 자기 곳간으로 알고, 육체를 임시의 숙소, 이목을 장식으로 보고 '지식'이 나누는 모든 것을 동일하게 보고 생사마저 초월한 인간이야. 그가 어떤 것에도 멈칫거리지 않는 부동의 경지를 얻고 있다는 것은 말할 나위도 없지. 신선에게도 비견할 만한 왕태와 같은 사람이 어찌 스스로 세간의 평판을 구하겠나. 세상 사람들 쪽에서 왕태를 구하는 게지."

재상(宰相)과 올자(兀者)

申徒嘉兀者也. 而與鄭子産同師于伯昏無人. 子産謂申徒嘉曰, 我先出則子止, 子先出則我止. 其明日, 又與合堂同席而坐. 子産謂申徒嘉曰, 我先出則子止, 子先出則我止. 今我將出, 子可以止乎, 其未耶. 且子見執政而不違, 子齊執政乎.

申徒嘉曰, 先生之門, 固有執政焉如此哉. 子而說子之執政, 而後人者也. 聞之曰, 鑑明則塵垢不止, 止則不明也. 久與賢人處, 則無過. 今子之所取大者先生也. 而猶出言若是. 不亦過乎.

子産曰, 子旣若是矣, 猶與堯爭善. 計子之德, 不足以自反耶. 申徒嘉曰, 自狀其過, 以不當亡者衆. 不狀其過, 以不當存者寡. 知不可奈何, 而安之若命, 唯有德者能之. 遊于羿之彀中, 中央者中地也. 然而不中者, 命也. 人以其全足, 笑吾不全足者衆矣. 我怫然而怒, 而適先生之所, 則廢然而返. 不知, 先生之洗我以善耶. 吾與夫子遊十九年, 而未嘗知吾兀者也. 今子與我遊于形骸之內. 而子索我於形骸之外, 不亦過乎. 子産蹵然改容更貌曰, 子無乃稱.

신도가(申徒嘉)는 올자(兀者)인데, 그와 정(鄭)나라의 재상 자산(子産)과는 같이 백혼무인(伯昏無人) 문하의 동문 사이였다. 그러나 자산은 올자와 동행하는 것이 싫었다. 그래서 어느 날 신도가에게 말했다.

"앞으로 함께 귀가하는 것은 그만두었으면 좋겠네. 내가 귀가할 때에 자네는 잠깐 남아 있어 주지 않겠나. 그 대신 자네가 귀가할 때에는 내가 남기로 하지."

고대 무사지궁도
(古代武士持弓圖)

이튿날 두 사람은 또 백혼무인 면전에서 얼굴을 마주하였다. 자산은 다시 한 번 신도가에게 다짐을 해 두었다.

"어제도 말한 것처럼 귀가는 따로따로 하기로 했으면 좋겠네. 나는 이 길로 갈 테니 자네는 여기에 남아 주겠나. 어쩔 건가? 대체 자네는 일국의 재상에 대하여 지나치게 사양할 줄 모른단 말이야. 자기를 재상인 나와 동등하다고 생각하고 있는 겐가?"

"선생님의 문하에 신분의 차이 같은 것이 있을까? 자네와 같은 인간이 재상의 지위를 내세워 사람을 업신여기리라고는 생각지 않았는데 참으로 뜻밖인데. 사람들은 흔히 '명경은 먼지를 접근시키지 않는다. 먼지가 붙는 것은 녹슬었다는 증거이며 현자와 함께 지내면 과오는 범하지 않는다'라고 말하지. 자네는 지금 선생님을 모시고 배우고 있는 몸이 아닌가. 그런 자네가 이런 언동을 하는 것은 선생님께 대한 막심한 모독이라고 생각지 않는가?"

"허어! 그래. 그런 몰골이 되고도 아직 요임금과 어깨를 나란히 할 기분으로 있는 겐가. 조금은 자기 자신의 덕을 뒤돌아보면 어떨까?"

"대개의 인간은 자기의 행위를 변명하고 다리가 잘린 것을 겉꾸미려고 하네. 한 마디 변명도 하지 않고 과오를 범한 이상 다리를 잘려도 할 수 없다고 하는 심정이 되는 것은 그리 쉬운 일이 아니니 말이네. 그러나 이런 몰골이 되었어도 이것이 자기에게 주어진 운명이라 깨닫고 마음 편히 그 운명을 수용함으로 덕이 있는 인간이라 할 수 있는 걸세. 예컨대 이 현실 속에서 살고 있는 인간은 모두, 활의 명인 예(羿)의 사정거리 안에 놓여 있는 것과 같네. 한가운데 서 있어도 화살에 맞지 않는 자도 있겠지. 그러나 그것은 그 사람의 운명이라고밖에 따로 할 말이 없지 않은가. 화살에 맞는 것도 맞지 않는 것도 각자의 운명에 지나지 않는 게야. 그런데 운이 좋게 자기에게 두 다리가 다 갖추어졌다고 하여 나를 비웃는 패가 왜 그리 많은지. 덜된 나는 웃음거리가 될 때마다 화가 치밀지만 선생님 앞에 가면 그런 기분은 깨끗이 사라져 버리네. 선생님의 위대한 덕이 내 마음을 씻어 주는 것인지도 모르겠어. 선생님의 가르침을 받게 된 지 벌써 19년이 되었지만 그 동안 단 한 번도 선생님 앞에서 자기가 올자인 것을 의식한 적이 없었거든. 지금 우리들은 이 선생님 문하에서 마음과 마음의 교분을 맺고 있는 것이 아닌가? 그런 자네가 나를 외형으로 평가하리라고는……."

자산은 정신이 번쩍 들은 것처럼 태도를 고쳐 말했다.

"이제 그만. 그 이상 말하지 말아 주게."

명성은 하늘의 형벌

> 魯有兀者叔山無趾, 踵見仲尼. 仲尼曰, 子不謹, 前旣犯患若是矣. 雖今來, 何及矣. 無趾曰, 吾唯不知務而輕用吾身, 吾是以亡足. 今吾來也, 猶有尊足者存. 吾是以務全之也. 夫天無不覆, 地無不載. 吾以夫子爲天地. 安知夫子猶若是也. 孔子曰, 丘則陋矣. 夫子胡不入乎. 請講以所聞. 無趾出. 孔子曰, 弟子勉之. 夫無趾兀者也, 猶務學以復補前行之惡. 而況全德之人乎.
>
> 無趾語老耼曰, 孔丘之于至人, 其未耶. 彼何賓賓以學子爲. 彼且蘄以諔詭幻怪之名聞. 不知至人之以是爲己桎梏耶. 老耼曰, 胡不直使彼以死生爲一條, 以可不可爲一貫者, 解其桎梏. 其可乎. 無趾曰, 天刑之, 安可解.

노나라에 숙산무지(叔山無趾)라는 올자가 있었다. 어느 날 이 사나이가 한쪽 발이 잘린 다리를 질질 끌고 공자를 찾은바 공자는 말했다.

"일상의 행동을 삼가지 않았기 때문에 그런 돌이킬 수 없는 신체가 되고 말은 게야. 이제 나에게 와 봐야 때늦은 일이 아니겠는가."

"아무래도 저는 제몸을 함부로 취급한 나머지 다리를 잘리는 처지가 되었습니다. 그렇지만 인간에게는 다리보다도 더

소중한 것이 있습니다. 그 다리보다 소중한 것을 지키고 싶다고 생각한 까닭에 이렇게 찾아온 것입니다. 저는 지금까지 선생님께서는 만물을 포용(包容)하는 천지 같은 분이라고 생각하고 있었습니다만은 아무래도 잘못 생각한 것 같습니다."

"아니, 내가 어리석고 경솔하였던 게요."

하고 공자는 태도를 바꾸었다.

"자아 안으로 들어오십시오. 미거하지만 내가 습득한 바를 말씀 드리지요."

그러나 무지(無趾)는 그대로 떠나가 버렸다. 뒤에 공자는 제자들에게 이렇게 말했다.

"알겠느냐. 너희들도 학문에 힘쓸지니라. 저 무지(無趾)와 같은 올자조차도 학문에 힘써 과거의 과오를 씻으려 하고 있거늘. 하물며 제군들과 같이 결함 없는 인간들이야……."

한편 무지(無趾)는 노담(老聃)에게 이렇게 보고하였다.

"저 공구는 아직도 '도'에는 걸맞지 않은 인물이더군요. 대체 자기가 무엇이길래 저렇게 학자인 체 고고하게 구는지요. 그는 매우 기괴(奇怪)한 명성을 바라고 있겠지만, '도'를 터득한 인간에게 있어서 명성은 수갑과 족쇄 같은 것이라는 걸 모르는 모양입니다."

노담(老聃)이,

"생사를 구분하지 않고 선악을 하나로 보는 만물제동(萬物齊同)의 도리를 설명하여 그 사내의 수갑과 족쇄를 풀어줄 수는 없는 것일까?"

라고 하니 무지(無趾)는 대답하였다.

"그 사람은 하늘의 형벌을 받은 인간이오. 어떻게 수갑과 족쇄를 풀어줄 수 있겠소."

추남 애태타

1. 남자와 여자한테 사모(思慕)받는 추남(醜男)

> 魯哀公問于仲尼曰, 衛有惡人焉, 曰哀駘它. 丈夫
> 與之處者, 思而不能去也. 婦人見之, 請于父母曰,
> 與爲人妻, 寧爲夫子妾者, 十數而未止也. 未嘗有聞
> 其唱者也, 常和人而已矣. 無君人之位以濟于人之
> 死, 無聚祿以望人之腹, 又以惡駭天下, 和而不唱,
> 知不出乎域, 且而雌雄合乎前, 是必有異乎人者也.
> 寡人召而觀之, 果以惡駭天下. 與寡人處不至以月
> 數, 而寡人有意乎其爲人也. 不至乎期年, 而寡人信
> 之. 國無宰, 而寡人傳國焉. 悶然而後應, 氾而若辭.
> 寡人醜乎, 卒授之國. 無幾何也, 去寡人而行. 寡人
> 卹焉若有亡也, 若無與樂是國也. 是何人也.

언젠가 노나라의 애공(哀公)이 공자에게 말했다.
"위나라에 애태타(哀駘它)라는 세상에서 보기 드문 추남(醜男)이 있었습니다. 애태타와 접촉하기만 한 사람들은 사내는 사내대로 그를 그리워하여 떨어지려 하지 않으며, 처녀는 처녀대로 첩이라도 좋으니 곁에 있고 싶다고 부모에게 졸라대는 형편이라고 합니다. 그런데 이 사나이는 남에게 동조할 뿐 무엇 하나 자기의 의사다운 것을 제시한 일이 없다는 것입니다. 부(富)도 없거니와 권력도 없고, 더하여 천하무류의 추남입니다. 어떤 확고한 신념을 가지고 있는 것도 아니며 식견이 넓은 것도 아닙니다. 다시 말하면 세상적으로는 무엇 하나 취할 점이 없는 인간인데도 사내나 계집으로부터 흠모의 정을 한몸에 받고 있다고 합니다. 이는 어딘가 훌륭한 데가 있는 인간임에 틀림없다고 생각하고 불러들여 써 보았습니다. 과연 소문에 듣던 대로 무류의 추남이었습니다. 그런데 이 사내를 곁에 둔 지 한 달도 되기 전에 나는 그의 인품에 호의를 갖게 되었으며, 일 년도 되기 전에 마음속으로부터 신뢰하게 된 것입니다.

마침 노나라에는 재상이 없었던 때기도 하여 나는 애태타에게 국정을 맡기려고 했습니다. 그러나 그는 응하는 것도 아니고 사양하는 것도 아니고, 그런 일에는 도통 관심이 없다는 기색이었습니다. 그 담담무욕한 태도에 나는 자신이 부끄럽게 생각되어 마침내 재상의 자리를 애태타에게 맡겨 버렸지요. 그랬더니 어느새 그는 어디론가 떠나가 버렸습니다. 이후로 나는 마음에 커다란 구멍이 뚫린 것 같은 기분이 들어 견딜 수가 없었지요. 이제 노나라의 번영을 서로 기뻐할 상대가 없다고 생각하니 정치에도 몸담지 못할 형편입니다. 전적으로 불가사의한 사내이니 도대체 어떤 인물일까요?"

2. 겉모양이 아니라 실질이 중요

仲尼曰, 丘也嘗使于楚矣. 適見㹠子食于其死母者. 少焉眴若, 皆棄之而走. 不見己焉爾, 不得類焉爾. 所愛其母者, 非愛其形也, 愛使其形者也. 戰而死者, 其人之葬也不以翣資. 刖者之屨, 無爲愛之.

> 皆無其本矣. 爲天子之諸御, 不爪翦, 不穿耳. 取妻者止
> 于外, 不得復使. 形全猶足以爲爾. 而況全德之人乎. 今
> 哀駘它未言而信, 無功而親, 使人授己國, 唯恐其不受也.
> 是必才全而德不形者也.

공자는 대답하였다.
"언젠가 내가 초나라에 갔을 때 새끼돼지가 죽은 어미돼지의 젖에 매달려 있는 광경을 지켜 보았습니다. 잠깐 매달려 있다가 새끼돼지는 겁먹은 듯이 어미돼지에게서 떨어져 도망갔습니다. 그것은 새끼돼지가 이미 어미돼지의 자애를 느낄 수 없고 살아 있을 때의 어미돼지가 아니라고 눈치챘기 때문입니다. 새끼돼지가 그리는 것은 어미돼지의 형해(形骸)가 아니라 실질인 것입니다. 패배한 군대의 죽은 자의 관에는 삽(翣: 전공을 기리는 장식물)을 꾸미지 않습니다. 또 올자(다리를 잘린 자)는 신발에 집착하지 않습니다. 중요한 건 겉모양이 아니라 실질이지요. 천자의 비빈으로 선택된 부인은 귀밑털을 깎거나 귀에 귀고리의 구멍을 뚫거나 하는 것이 금지되어 있습니다. 신혼인 지아비는 새댁에게 격렬한 노동을 시키지 않습니다. 모두 다 육체를 손상치 않으려는 배려인 것입니다. 인간은 모습이나 모양조차도 다치지 않으려고 이처럼 배려하는 법입니다. 하물며 온전한 덕을 지닌다는 것이 얼마나 중요한지에 대해서는 말씀드릴 것도 없겠지요. 상감 말씀에 의하면 애태타는 자기의 의견을 말하지도 않았건만 믿음을 얻고, 공적이 없는 데도 중요한 자리에 쓰이고, 더구나 국정을 맡고서도 그런 것에 전혀 관심을 표하지 않는다는 것인데, 그런 사람이야말로 천성 그대로 살며, 어떤 것에도 얽매이지 않는 덕의 소유자가 틀림없습니다."

3. 왜 추남에게 매혹되는가

> 哀公曰, 何謂才全. 仲尼曰, 死生存亡, 窮達貧富, 賢與不肖, 毀譽飢渴寒暑, 是事之變, 命之行也, 日夜相代乎前, 而知不能規乎其始者也. 故不足以滑和, 不可入于靈府. 使之和予通而不失于兌. 使日夜無郤, 而與物爲春. 是接而時生於心者也. 是之謂才全. 何謂德不形. 曰, 平者水停之盛也. 其可以爲法也, 內保之而外不蕩也. 德者成和之修也. 德不形者, 物不能離也.
>
> 哀公異日以告閔子曰, 始也, 吾以南面而君天下, 執民之紀, 而憂其死, 吾自以爲至通矣. 今吾聞至人之言, 恐吾無其實, 輕用吾身, 而亡吾國. 吾與孔丘非君臣也, 德友而已矣.

"천성(天性) 그대로란?"
하고 애공이 물었다.
"생사존망(生死存亡), 궁달빈부(窮達貧富), 현우(賢愚), 훼예(毀譽), 기갈(飢渴), 한서(寒暑) 등은 변화하여 마지않는 사상(事象)의 일단으로 인간의 의지로는 어떻게 할 수도 없는 것이죠. 끊임없이 옮아 변하여 아무리 '지(知)'를 써봐도 그것들이 인과관계를 맺게할 수는 없습니다. 따라서 이것들의 변화에 마음을 어지럽히는 일 없이 어떤 사상에 우연히 접할지라도 그것을 자기의 운명으로 알고 즐겨 나갑니다. 그리하여 일체의 사물을 있는 그대로 수용합니다. 이런 인간이야말로 쉴새없이 변화하는 외계의 사상에 응하여 항상 새롭고 더구나 조화 있는 세계를 스스로의 안에서 창조하여 나갈 수 있는 것입니다. 이것이 천성대로라는 것입니다."

"그러면 구애받지 않는 덕이란?"

"잔잔한 물만큼 평평한 것은 없습니다. 그만치 모든 높이를 재는 기준이 되는 것입니다. 왜 평평한가 하면 유동하는 물의 본성을 안에 가지고 있고 밖으로 표출하지 않기 때문이죠. 덕이란 모두를 있는 그대로 수용하여 모든 것을 안으로 감싸는 동작입니다. 구애받지 않는 덕의 소유주는 잔잔한 물과 같은 것입니다. 그러므로 사람들은 떨어질 수 없는 것입지요."

훗날 애공은 공자의 제자인 민자건(閔子騫)에게 이렇게 말했다.

"나는 일국의 군주로서 백성을 비롯하여 백성의 생활을 지키는 일이야말로 지상(至上)의 행위라고 믿고 있었다오. 그러나 공구로부터 지인(至人)의 이야기를 듣고 느낀 것인데, 나는 군주라는 칭함을 가지고 있을 뿐, 덕이 결여되어 있소. 그런 내가 가벼이 행동한다면 나라를 다스리기는커녕 나라를 멸망시키는 결과가 될지도 모르오. 그것을 가르쳐 준 것은 공구였소. 공구를 신하라고 생각하는 것은 미안스럽소이다. 내가 덕을 닦기 위하여 없어서는 안 될 친구이오."

하늘에 의하여 양육된다

> 闉跂支離無脤說衛靈公. 靈公說之, 而視全人, 其
> 脰肩肩. 甕㼜大癭說齊桓公. 桓公說之, 而視全人,
> 其脰肩肩. 故德有所長, 而形有所忘. 人不忘其所
> 忘, 而忘其所不忘, 此謂誠忘. 故聖人有所遊, 而知
> 爲孽, 約爲膠, 德爲接, 工爲商. 聖人不謀, 惡用知.
> 不斲, 惡用膠. 無喪, 惡用德. 不貨惡用商. 四者天
> 鬻也. 天鬻也者, 天食也. 旣受食于天, 又惡用人.
> 有人之形, 無人之情. 有人之形, 故群于人. 無人之
> 情, 故是非不得於身. 眇乎小哉, 所以屬于人也. 謷
> 乎大哉, 獨成其天.

절름발이에다 꼽추이고 게다가 언청이인 이런 불구자 인기지 리무신(闉跂支離無脤)이 위나라의 영공(靈公)에게 '도(道)'를 설명하였다. 영공은 감동하였다. 이후 영공은 이 불구자에게 마음으로부터 매혹되어 온몸이 온전한 사람을 오히려 이상하다고 느끼게 되었다.

또 목에 커다란 혹이 있는 옹앙대영(甕㼜大癭)이 제나라의 환공(桓公)에게 '도(道)'를 설명했다. 이때 환공은 크게 감동하였다. 이후 환공은 이 불구자에게 마음속으로부터 매혹되어 몸이 온전한 사람이 오히려 이상히 여겨지게 되었다.

이들의 예에서와 같이 덕이 깊어짐에 따라 사람은 겉모양을 의식하지 않게 된다. 거꾸로 겉모양만을 의식하며 사는 사람은 덕을 생각하지 않는다. 이것이 바로 참된 망실(忘失)인 것이다.

따라서 온전한 덕을 쌓은 성인은 어떤 것에도 사로잡히지 않으며 '지'를 움돋이와 같은 것으로 본다. 또한 규범(規範)을 아교(갖풀)와 같은 것으로 보고, 세속의 도덕을 보족(補足)으로 보며 작위(作爲)를 상거래로 본다. 성인에 있어서 이것들은 무용지장물(無用之長物)인 것이다.

무엇 하나 의도하지 않는 인간은 '지(知)'를 필요로 하지 않는다. 일체를 분별하지 않는 인간은 아교를 필요로 하지 않는다. 이 '의도하지 않는, 분별하지 않는, 본성을 손상하지 않는, 자기를 매물로 하지 않는' 네 가지를 천육(天鬻)이라 한다. 즉 하늘에 의해 양육되는 것이다. 하늘에 의해 양육되고 있는 만큼 새삼 인위에 의해 양육될 필요가 있겠는가.

성인이란 인간의 겉모양을 갖고 있으면서 인간의 정을 갖지 않은 존재이다. 그는 인간의 겉모양을 갖고 있기 때문에 인간 사회에서 산다. 그러나 인간의 정을 갖지 않았기에 시비에 사로잡히지 않는다. 성인이라 하더라도 하나의 인간으로서는 미미한 존재에 불과하다. 그러나 그만이 자연과 일체화하여 그 한없이 위대함을 내 것으로 할 수 있는 것이다.

정(情)에 대한 문답(問答)

> 惠子謂莊子曰, 人固無情乎. 莊子曰, 然. 惠子曰, 人而無情, 何以謂之人. 莊子曰, 道與之貌, 天與之形, 惡得不謂之人. 惠子曰, 旣謂之人, 惡得無情. 莊子曰, 是非吾所謂情也. 吾所謂無情者, 言人之不以好惡內傷其身, 常因自然而不益生也. 惠子曰, 不益生, 何以有其身. 莊子曰, 道與之貌, 天與之形. 無以好惡內傷其身. 今子外乎子之神, 勞乎子之精, 倚樹而吟, 據槁梧而瞑. 天選子之形, 子以堅白鳴.

혜시(惠施)가 장자에게 의론을 걸었다.

"당신 같은 성인은 정을 갖지 않는다고 하는데 인간이 정을 갖지 않는 것이 가능하다고 생각하는 게요."

"그렇고 말고요."

"인간은 정이 있기 때문에 인간이라 할 수 있는 게요. 정을 갖지 않는 것을 어떻게 인간이라 할 수 있겠소?"

"하늘이 인간의 외형을 주었는데, 인간이라 하지 않으면 무어라고 하겠소."

"인간이라 하는 이상 정을 갖지 않는다는 것은 모순이 아닌 가요?"

"내가 정을 갖지 않는다고 말한 것은 정에 사로잡히지 않는다는 뜻이오. 호악의 감정에 사로잡혀 자기 자신의 몸을 손상하는 일 없이 일체를 자연에 맡기고 인위적인 첨가를 하지 않는 것입니다."

"그러나 일체의 인위를 부정하면 내 몸을 지키는 것조차 불가능하지 않습니까."

"알 수 없는 분이로군. 인간의 존재는 주어진 것이오. 그러므로 호악의 상념에 사로잡혀 자기 자신을 손상하는 일 따위는 하지 말라고 말하고 있는 게요. 그런데 당신은 어떻습니까. 싫증 내는 일 없이 '지(知)'를 좇고 의론에 날이 새고 해가 지며(몰두하여) 자기 자신을 괴롭히고 있소. 모처럼 하늘이 당신이라는 인간의 삶을 주셨는데 어리석게도 의론에 정력을 소모하여 자기 자신을 망치고 있지 않습니까."

대종사 (大宗師)

　　유한한 인간의 경영은 결국에는 하늘에 포섭된다. 하늘과 사람은 구별이 있으면서 구별이 없다. 천인합일의 경지에서 소요하는 '진인'은 '도' 그대로의 존재이다. '도'를 큰 종사(宗師)로 삼아 살아가는 것이야말로 인간이 노력하는 궁극 목표인 것이다.

◇ **본편(本篇)의 명언**
- 샘이 말라 물고기가 땅 위에 올라와 숨쉬기 위하여 서로 축축한 물기를 끼얹어 주고 서로 물거품으로 적셔 주는 것은 드넓은 강이나 호수에서 서로를 잊고 지내는 것만 못하다.
- 온 세상을 온 세상 속에 감춘다면 가져갈 곳이 없게 된다.
- 가령 내 왼팔을 차츰 바꾸어서 닭으로 만든다면 나는 그것으로써 새벽을 알리도록 하겠다.
- 하늘의 입장에서의 소인이 인간세상의 군자이고, 하늘의 군자는 사람의 세계에 있어서는 소인이다.

'도'야말로 참된 스승

1. 지(知)의 한계

> 知天之所爲, 知人之所爲者, 至矣. 知天之所爲者, 天而生也. 知人之所爲者, 以其知之所知, 以養其知之所不知. 終其天年而不中道夭者, 是知之盛也. 雖然, 有患. 夫知有待而後當. 其所待者, 特未定也. 庸詎知吾所謂天之非人乎, 所謂人之非天乎.

하늘(자연) 및 사람(인위)을 지배하는 법칙을 끝까지 연구하는 것이야말로 '지(知)'의 궁극 목표이다. 하늘을 지배하는 법칙을 알아내면 일체의 변화에 순응하며 살 수 있다.

사람을 지배하는 법칙을 알아내면 '지'의 한계 내에서 무리 없이 '지'를 가동시키는 일이 가능해진다.

이렇게 하여 주어진 천수를 다함으로써만이 위대한 지자(知者)라 할 수 있을 것이다.

그렇기는 하지만 가령 이 단계까지 도달할 수 있다고 하더라도 '지'에는 여전히 결함이 남는다. 왜냐하면 지적 인식은 대상을 얻고서야 비로소 확정되는 것이지만 대상이 되는 사상 자체는 끊임없는 변화 속에 있고 하늘이든 사람이든 간에 양자의 경계는 명확하지는 않기 때문이다. 나는 가정적으로 여기서 하늘과 사람을 대립시켜 논하여 왔으나 이 대립조차도 실은 확정적인 것이라고는 할 수 없다.

2. 진인(眞人)의 진지(眞知)

> 且有眞人而後有眞知. 何謂眞人. 古之眞人, 不逆寡, 不雄成, 不謨士. 若然者, 過而弗悔, 當而不自得也. 若然者, 登高不慄, 入水不濡, 入火不熱. 是知之能登假于道也, 若此. 古之眞人, 其寢不夢, 其覺無憂, 其食不甘, 其息深深. 眞人之息以踵, 衆人之息以喉. 屈服者其嗌言若哇. 其耆欲深者其天機淺. 古之眞人, 不知說生, 不知惡死. 其出不訢, 其入不距. 翛然而往 翛然而來而已矣. 不忘其所始, 不求其所終. 受而喜之, 忘而復之. 是之謂不以心損道, 不以人助天. 是之謂眞人. 若然者, 其心忘, 其容寂, 其顙頯, 淒然似秋, 煖然似春. 喜怒通四時, 與物有宜而莫知其極.

그러나 '지'를 초월한 '진지'만은 이 약점을 동반하지 않는다. 이 '진지'를 인격화한 것이 '진인'이다.

태고의 세상에는 '진인'이 있었다. 그는 역경에도 불만을 품지 않으며 영달을 즐거워하지도 않으며, 만사를 있는 그대로 내맡기고 '작위'를 가하려고 하지 않는다. 실패하더라도 속상해하지 않고 성공하더라도 득의양양하지 않는다. 낭떠러지에서도 와들와들 떨지 않으며, 물에도 빠지지 않으며, 불에도 타지 않는다. 이 정도까지 '도'와 일체화돼 있는 것이 '진인'의 '진지'이다. '진인'은 잠을 자도 꿈꾸지 않으며, 깨어 있을 때도 방심상태여서 무얼 먹어도 맛 같은 것을 느끼지 못하며, 발뒤꿈치로부터 깊이 느긋하게 호흡하였다.

그런데 현대에 살고 있는 우리들은 어떤가? 우리들의 호흡에 이르러서는 다만 목 안에서 조급하게 헐떡일 뿐이며 발언에 이르러서는 패잔병의 비명과 흡사하다.

욕망의 깊이가 생명력을 고갈시키고 있는 것이다.

'진인'은 삶에 집착하지 않고 죽음도 불사한다. 이 세상에 태어났다고 하여 즐거워할 것도 없고 이 세상을 떠난다고 하여 슬퍼할 것도 없다. 다만 무심히 왔다가 무심히 떠나갈 따름이다. 자신의 존재조차 하나의 자연 현상으로 보고 이것저것 여러 가지로 마음을 번거롭게 하지는 않는다. 주어진 일체를 솔직히 받아들이고 더욱이 일체에 집착하지 않고 이것을 자연에 되돌린다. '지(知)'에 의하여 '도(道)'를 손상시키지 않고 '인위(人爲)'에 의하여 자연에 상처를 입히지 않는 삶의 방식이란 이것이다. '진인'이란 바로 이런 존재였다.

'진인'의 마음은 '무심' 그 자체이다. 그 거조는 동작의 뒤를 남기지 않으며 그 이마는 훤칠하고 준수하며 가을처럼 엄하고 봄처럼 온화하다. 그 감정의 움직임은 사계절의 추이와 같이 자연스럽고 그 정신의 작용은 변전(變轉)하는 외계의 사상(事象)에 응하여 헤아릴 수 없는 자재함을 나타낸다.

3. 무심이야말로 인격의 표지

> 故聖人之用兵也, 亡國而不失人心, 利澤施乎萬世, 不爲愛人. 故樂通物, 非聖人也. 有親, 非仁也. 天時, 非賢也. 利害不通, 非君子也. 行名失己, 非士也. 亡身不眞, 非役人也. 若狐不偕, 務光, 伯夷, 叔齊, 箕子, 胥余, 紀他, 申徒狄, 是役人之役, 適人之適, 而不自適其適者也.

이 이상적인 인격에 비추어 보면 현대사회에 있어서의 인격 개념은 다음과 같이 수정되지 않으면 안 될 것이다.

만약 무력을 사용하여 타국을 멸망시켰다 하더라도 그 나라의 백성은 나라가 멸망당했다고는 생각하지 않고, 백성에게 은혜를 베풀면서도 백성은 은혜를 입지 않았다고 생각하는 자야말로 성인의 이름에 상당한다. 작위적으로 질서를 형성시키려고 하는 자는 성인이 아니며, 의식적으로 사랑을 실천하려는 자는 인자(仁者)가 아니며, 일부러 자연에 순응하려는 자는 현자가 아니다. 이해에 사로잡혀 이익과 손해가 결국은 동일함을 깨닫지 못하는 자는 군자가 아니며, 명예에 사로잡혀 자기를 잃는 자는 선비가 아니다. 본래의 자기를 잊어버리고 본성을 상실한 인간은 이를테면 노예와 같다.

*호불해(狐不偕)・무광(務光)・백이(伯夷)・숙제(叔齊)・기자(箕子)・서여(胥余)・기타(紀他)・신도적(申徒狄) 같은 사람들은 일견 자기의 신념을 관철한 것처럼 보이나 실은, 타인의 의지에 영합하여 세간의 예측에 질질 끌려 스스로의 주체성을 파기한 패들인 것이다.

＊호불해・무광・백이・숙제・기자・서여・기타・신도적
—— 모두 스스로의 절조를 지킴으로써 저명해진 인물. 호불해는 요임금으로부터 왕위를 물려받는 것을 거절하고 강물에 몸을 던져 죽었다. 무광은 은나라의 탕왕으로부터 천하를 물려받자 여수(廬水)에 돌을 지고 빠져 죽었다. 백이와 숙제는 같은 고죽국(孤竹國)의 공자. 부친 사후에 왕위를 서로 양보하다가 나라를 버리고 주나라에 몸을 의탁하였다. 무왕이 주(紂)를 정벌하려고 하자 간언하였으나

받아들여지지 않고, 주나라의 천하가 된 후 주의 녹을 먹는 것은 깨끗하지 못하다고 하여 수양산(首陽山)으로 들어가 굶어 죽었다. 기자는 은나라의 공자. 주왕의 무도를 우려했으므로 광인을 가장하여 노예로 전락하였다. 서여는 오나라의 오자서(伍子胥)라고 한다. 오왕 부차(夫差)에 충간하다가 죽었다. 기타는 탕왕이 무광에게 천하를 물려주고자 한다는 말을 듣고, 왕명이 자기에게 미칠 것을 두려워하여 제자와 함께 관수(欵水)에 몸을 던져 죽었다. 신도적은 기타의 이야기를 듣고 자기 자신도 돌을 지고 강물에 빠져 죽었다.

4. 천인합일(天人合一)

古之眞人, 其狀義而不朋. 若不足而不承. 與乎其觚而不堅也. 張乎其虛而不華也. 邴邴乎其似喜乎. 崔乎其不得已乎. 滀乎進我色也, 與乎止我德也. 厲乎其似世乎. 警乎其未可制也. 連乎其似好閉也, 悗乎忘其言也. 以刑爲體, 以禮爲翼, 以知爲時, 以德爲循. 以刑爲體者, 綽乎其殺也. 以禮爲翼者, 所以行于世也. 以知爲時者, 不得已于事也. 以德爲循者, 言其與有足者至于邱也. 而人眞以爲勤行者也. 故其好之也一, 其弗好之也一. 其一也一, 其不一也一. 其一與天爲徒, 其不一與人爲徒. 天與人不相勝也, 是之謂眞人.

'진인'은 변전하는 외계의 사상에 자유자재로 대응해 가지만 결코 한패를 만들고자 하지는 않는다. 남보다 앞서려하지는 않지만 그렇다고 하여 의식적으로 남의 밑에 서려하는 것도 아니다. 언제나 독자성을 잃지는 않으나 완고한 것은 아니다. 일체를 수용하는 너그러움을 지니고 있으며 더구나 소박하다. 얼굴빛은 자못 시원시원하여 거북하지는 않은데 동작은 늘 소극적이다. 때에 분연히 얼굴빛을 바꾸는 일이 있어도 그 본성은 하등 손상되는 일이 없다. 자기를 고집하지 않고 세속과 동화하면서도 세속을 훨씬 초월하고 있다. 깊은 사색에 몰입하고 있는 듯이 보이며 무아의 경지를 소요(逍遙)한다.

그는 '신체를 '형(刑)'으로 보고, '예(禮)'를 의복으로 보고, '시(時)' 즉 시시각각의 변화를 '지(知)'로 보고, '순(循)' 즉 자연의 섭리를 덕으로 본다. 또한 신체를 '형(刑)'이라 보고 있기 때문에 죽음을 조용히 받아들인다. '예(禮)'를 의복으로 보기 때문에 세속의 규범에 거스르려고 하지 않으며 '시(時)'를 '지(知)'로 보고 있기 때문에 사상의 변화에 순응할 수 있다. 또, '순(循)'을 덕이라 보고 있기에 아주 손쉽게 자연스런 본성으로 되돌아갈 수 있는 것이다.

'진인'은 이처럼 자연 그대로의 존재이나 다른 눈에는 그것이 노력의 결과로 도달할 수 있었던 경지처럼 비치는 것이다. 노력에 의하지 않고 도달했다고 보는 것은 하늘의 무리이며, 노력의 결과 도달했다고 보는 것은 인간의 무리〔徒黨〕이다. 그리고 하늘의 무리의 방향을 잡든지 인간의 무리의 방향을 잡든지 어느 경우에든지 진인의 경지에 접근하는 것은 가능하다. 왜냐하면 사람인 동시에 하늘이기도 한 존재가 진인이기 때문이다.

*신체를 '형'으로 보고 '예'를 의복으로 보고……'
—— 원문 '以刑爲體 以禮爲翼'. 이 구절은 '형법에 의하여 천하를 다스리고 예의로써 그 보조로 삼는다.' 라고 해석하여, 정치에도 사사로운 뜻을 개입시키지 않는다는 것을 말한 것이, 통설이나 이에 따르지 않았다. 이 해석으로는 '응제왕(應帝王)'편에서 볼 수 있는 것과 같은 무위(無爲)의 다스림의 설과 아무래도 모순이 되기 때문이다.

5. 도(道) 그대로 산다

死生命也. 其有夜旦之常, 天地. 人之有所不得與, 皆物之情也. 彼特以天爲父, 而身猶愛之. 而況其卓乎. 人特以有君爲愈乎己, 而身猶死之. 而況其眞乎. 泉涸, 魚相與處於陸, 相呴以濕, 相濡以沫, 不如相忘於江湖. 與其譽堯而非桀也, 不如兩忘而化其道.

夫大塊載我以形, 勞我以生, 佚我以老, 息我以死. 故善吾生者, 乃所以善吾死也. 夫藏舟于壑, 藏山於澤, 謂之固矣. 然而夜半有力者負之而走, 昧者不知也. 藏小大, 有宜猶有所遯. 若夫藏天下於天下, 而不得所遯, 是恆物之大情也. 特犯人之形而猶喜之. 若人之形者, 萬化而未始有極也, 其爲樂可勝計耶. 故聖人將遊于物之所不得遯而皆存. 善夭, 善老, 善始, 善終, 人猶効之. 又況萬物之所係, 而一化之所待乎.

생사는 주야의 순환과 마찬가지로 하늘의 법칙이다. 만물에 관철되는 법칙은 인위(人爲)로는 어찌할 수가 없다. 그런데 우리들은 이 냉엄한 하늘조차 생부모로 보고 경애하는 마음을 갖는다. 하물며 그 하늘을 낳은 것을 경애하지 못할 까닭이 없다. 또 우리들은 고작 한 나라의 지배자에 지나지 않는 군주조차 웃어른이라 하여 신명을 바치고자 한다. 하물며 만물의 참 주재자(主宰者)에 귀의(歸依)치 못할 까닭은 없다.

바싹 마른 못에서 사는 물고기는 진흙탕 위에 밀려들어 서로의 거품으로 서로를 적시고는 겨우 목숨을 부지하려고 한다. 그러나 물고기들이고 보면 서로 감싸 주고 사랑하며 사는 것보다 넓디넓은 강이나 바다를 자유로이 헤엄쳐 돌아다니는 편이 훨씬 바람직할 것임은 틀림없다. 인간에 있어서도 마찬가지이다. 질서의 틀에 밀어 넣어지고 선을 찬양하고 악을 배척하며 지내기 보다는, 선악을 초월하여 '도(道)' 그대로 사는 편이 훨씬 바람직할 것이다.

인간의 몸이 자신에게 주어지고 생명을 짊어지면서부터 고생은 시작되고 늙음을 맞으면 편안해지며 죽음을 얻음으로써 쉬게 된다. 이것이 인간의 일생이고 보면 생(生)을 좋다고 긍정하는 것과 마찬가지로 사(死)도 또한 좋다고 긍정할 수 있을 것이 아닐까? 그럼에도 불구하고 우리들은 역시 생명에의 집착을 단절하지 못하고 급급하며 생명을 지키고자 힘쓴다. 예를 들면 배를 골짜기에 숨기고 망을 못에 숨기고는 안전하다고 믿어 버리고 있는 어부와 같은 것일 것이다. 아무리 교묘히 숨겼다 하더라도 뛰어난 힘을 가진 누군가가 야음을 틈타 훔쳐 갈지도 모른다. 작은 것을 큰 것 속에 숨기는 방법은 일단 숨길 수는 있다 하더라도 잃어버리지 않는다는 보장은 없다. 그러나 시험삼아 천하를 천하 속에 숨겨 보면 좋으리라. 이리하면 무엇 하나 잃어버릴 것이 없다는 것은 명명백백한 도리이다.

우리들은 단지 인간의 겉모양이 주어졌다는 것만으로 그것을 즐거워하고 소중히 여긴다. 그러나 인간으로서의 겉모양은 또한 사물의 끝없는 변화 속의 한 양상에 지나지 않음을 알고 변화에 몸을 맡겨 버리면 그 즐거움은 끝이 없을 것이다. 그러니만큼 성인은 일체를 있는 그대로에 맡기고 아무것도 잃는 일이 없는 경지에서 소요하고자 한다. 단명도 장수도, 삶도 죽음도, 모두를 다 같이 긍정하기에 사람들의 사표(師表)로 추앙받는 것이다. 그러고 보면 만물을 통괄하고 무궁한 변화를 낳는 '도(道)'야말로 참된 스승이라고 해야 할 것이 아닌가.

6. 도(道)란 무엇인가?

夫道有情, 有信, 無爲, 無形. 可傳而不可受. 可得而不可見. 自本, 自根, 未有天地自古, 以固存. 神鬼, 神帝, 生天, 生地. 在太極之先, 而不爲高, 在六極之下, 而不爲深. 先天地生, 而不爲久, 長于上古, 而不爲老. 狶韋氏得之, 以挈天地, 伏戲氏得之, 以襲氣母. 維斗得之, 終古不忒. 日月得之, 終古不息. 堪坏得之, 以襲崑崙. 馮夷得之, 以遊大川. 肩吾得之, 以處太山. 黃帝得之, 以登雲天. 顓頊得之, 以處玄宮. 禺强得之, 立乎北極. 西王母得之, 坐乎少廣, 莫知其知, 莫知其終. 彭祖得之, 上及有虞, 下及五伯. 傳說得之, 以相武丁奄有天下, 乘東維, 騎箕尾, 而比於列星.

그러면 '도(道)'란 무엇일까?

변전하는 온갖 사상의 근원으로 사고를 거슬러 올라가면 어떻게 해도 '도(道)'의 존재를 부정할 수가 없다. 그러나 그것은 무(無)라고밖에 달리 표현할 방법이 없는 것으로서 마음에 느낄 수는 있어도 감각으로 확인한다는 것은 불가능한 것이다. 다른 어떤 것에도 의존하지 않는 독립적인 것으로서 천지의 개벽에 앞서 존재하였다. 귀신도 상제도, 하늘도 땅도, 그 연원(淵源)은 모두 '도(道)'이다. 하늘의 끝보다도 더 위에 있고 위에 없으며, 대지의 밑바닥보다도 밑에 있고 밑에 없다. 유구한 과거로부터 존재하고 더욱이 존재하지 않으며, 구원의 미래에 존재하고 더욱이 존재하지 않는다.

이 '도(道)'가 주어졌기 때문에 *시위씨(狶韋氏)는 하늘과 땅을 연결시켰다. 복희(伏義)는 음양 두 기운을 관장하였다. 북두(北斗)는 미래 영원한 세월에 걸쳐서 천체 운행의 지표가 되었다. 해와 달은 영원히 만물을 비춰 나가게 되었다. 감배(堪坏)는 '도(道)'를 부여받은 곤륜산(崑崙山)의 신이 되고, 풍이(馮夷)는 황하(黃河)의 신이 되고, 견오(肩吾)는 태산의 신이 되고, 황제(黃帝)는 신선이 되어 승천하고, 전욱(顓頊)은 북방의 현궁(玄宮)에 거처하는 제왕이 되고 우강(禺强)은 북해의 신이 되고, 서왕모(西王母)는 소광산(少廣山)에서 사는 불로 불사의 신선이 되었다. 또 팽조(彭祖)도 '도(道)'를 부여받고 순임금의 시대부터 *오백(五伯)의 시대까지 오래 살고, 부설(傳說)도 은나라의 고종(高宗)을 보좌하여 천하를 평정한 후 승천하여 동쪽 하늘에 반짝이는 별의 하나가 되었다.

＊시위씨 이하의 인명──시위씨・복희・황제・전욱은 어느 사람이나 다 전설상의 상고의 제왕. 감배・풍이・견오・우강・서왕모는 신선. 팽조는 장수한 것으로 유명한 인물로서 8백 살까지 살았다고 한다. 부설은 은나라의 고종 무정(武丁)을 섬긴 명재상이다.

＊오백──제후의 맹주 5인이라는 뜻인데 무엇을 가리키는 것인지는 잘 모른다. 춘추오패(春秋五覇)로 보는 설도 있다. 다만 팽조의 수명을 8백 살이라고 하는 이 설에 따르면 순임금의 시대부터 하(夏)・은(殷)・주(周)의 세 왕조를 걸쳐 춘추 말기까지가 8백 년이 된다는 것이니 약간 짧은 감이 있다.

'도(道)'를 배운다

> 南伯子葵問乎女偊曰, 子之年長矣, 而色若孺子何也. 曰, 吾聞道矣. 南伯子葵曰, 道可得學邪. 曰, 惡, 惡可. 子非其人也. 夫卜梁倚有聖人之才, 而無聖人之道, 我有聖人之道, 而無聖人之才. 吾欲以敎之, 庶幾其果爲聖人乎. 不然, 以聖人之道告聖人之才亦易矣. 吾猶守而告之. 三日而後能外天下. 已外天下矣. 吾又守之. 七日而後能外物. 已外物矣. 吾又守之. 九日而後能外生. 已外生矣而後能朝徹. 朝徹而後能見獨. 見獨而後能無古今. 無古今而後能入於不死不生. 殺生者不死, 生生者不生, 其爲物, 無不將也, 無不迎也. 無不毀也, 無不成也. 其名爲攖寧. 攖寧也者, 攖而後成者也.
>
> 南伯子葵曰, 子獨惡乎聞之. 曰, 聞諸副墨之子. 副墨之子聞諸洛誦之孫, 洛誦之孫聞之瞻明, 瞻明聞之聶許, 聶許聞之需役, 需役聞之於謳, 於謳聞之玄冥, 玄冥聞之參寥, 參寥聞之疑始.

남백자규(南伯子葵)가 여우(女偊)에게 물었다.
"당신은 이제 상당히 나이가 많으실 텐데도 젊은 사람 못지 않게 윤기가 도는 안색이시니 어찌 그렇습니까?"
"그건 도(道)를 배웠기 때문이오."
이 말을 듣고 남백자규는 상체를 앞으로 내밀었다.

"그 '도(道)'라는 것을 저희들도 배울 수 있겠습니까?"
"아니, 도저히 불가능할 게오. 지금 그대의 모양새로는 아무래도 그런 그릇은 아닌 것 같소."
매정하게 거절하고 덧붙여 여우는 말을 이었다.
"복량의(卜梁倚)라는 사내를 알고 있나요? 그는 성인이 될 소질은 있으나 '도(道)'를 닦는 방법을 모르오. 나는 성인이 될 소질은 없으나 '도(道)'를 닦는 방법을 알고 있소. 그래서 그에게 그것을 가르치려고 생각했던 것이오. 그야 그 사람만한 인물이 상대라면 '도(道)'를 머리로 이해시키는 것쯤은 손쉬울 것이지만 과연 '도(道)'를 터득하여 성인이 될 것인지 어쩔지는 불안하였소. 그래서 나는 신중하게 한 걸음 한 걸음 그를 인도하기로 했지요. 그랬더니 우선 3일 후에 그는 인간사회를 잊어버리게 되었소. 다시 큰 일을 갖고 지도하는 중에 7일 후에는 외물을 잊어버리게 되고 다시 9일 후에는 자신의 존재조차 잊을 수 있게 되었소. 자신의 존재를 잊고 무로 되돌아간 마음에는 비치기 시작하는 아침 햇살처럼 만유의 실상이 뚜렷하게 비춰 나온다오. 이리하여 그는 일체의 대립을 초월한 '도(道)'의 존재를 감득하였소. '도(道)'를 감득하고부터 그는 때의 흐름을 느끼지 않게 되고, 필경에는 생사의 구별도 의식하지 않게 되었소. 도대체 사물의 사멸을 관장하는 것이 죽는 것일 수 없고 생성을 관장하는 것이 출생하는 것일 수 없는 것이오. 생사를 초월한 '도(道)'야 말로 생멸하고 오고 가는 삼라만상의 근원인데 그는 마침내 이 '도(道)'와 일체화한 영녕(攖寧)의 경지에 도달한 것이오."
여우가 한 말의 진의를 깨닫지 못한 채, 남백자규는 질문을 거듭하였다.

"그런데 당신은 누구에게서 그 '도(道)'를 배웠습니까?"
"나 말이오? 나는 *부묵(副墨)의 아들에게서 들었소. 부묵의 아들은 다시 낙송(洛誦)의 손자에게서 듣고, 낙송의 손자는 첨명(瞻明)에게서 듣고, 첨명은 섭허(聶許)에게서 듣고, 섭허는 다시 수역(需役)에게서 들었소. 그 수역은 오구(於謳)에게서 듣고, 오구는 현명(玄冥)에게서 듣고, 현명은 삼료(參寥)에게서 들었소. 그리고 삼료로 말하면 의시(疑始)에게서 들은 것이오."

~~~~~~~~~~

*부묵의 …… ── 이 구절은 다음과 같은 의미이다.

서책(副墨)을 배우고, 반복해 독송(洛誦)하고 있는 사이에 환하게 눈이 열리고(瞻明) '과연……'하고 마음속으로 중얼거리며 깨닫고(聶許) 그 깨달음을 실천에 의하여(需役) 뒷받침되면 탄성을 지를 만한 유열(愉悅)을 느낀다(於謳). 그리하여 깊고 그윽하고 어두운 경지(玄冥)에서 다시 허무에 도달하여(參寥) 시간 공간을 초월한 '도(道)'(疑始)와 하나가 될 수 있었다.

부묵(副墨) 낙송(洛誦) 등은 '도(道)'에 이르는 수양의 과정을 의인화(擬人化)한 것이다. 여우(女偊)는 복량의(卜梁倚)의 이야기를 인용하여 암시를 주었는데도 불구하고 남백자규가 어리석은 질문을 되풀이하기 때문에 반 농담조로 대답한 것이다.

전장(前章)에서 장자는 '도(道)'가 의인화된 '진인'의 경지에 접근하기 위해서는 하늘의 무리로서의 방향과 사람의 무리로서의 방향이 있다고 말하였다. 본 장은 사람의 무리의 방향 즉, 노력에 의하여 점차 '도(道)'를 닦는 전형적(典型的)인 과정을 말한 것이다.

생사는 일체

1. 막역한 친구

> 子祀, 子輿, 子犁, 子來, 四人相與語曰, 孰能以無爲首, 以生爲脊, 以死爲尻. 孰知死生存亡之一體者, 吾與之友矣. 四人相視而笑, 莫逆於心. 遂相與爲友.
>
> 俄而子輿有病. 子祀往問之. 曰, 偉哉, 夫造物者, 將以予爲此拘拘也. 曲僂發背, 上有五管, 頤隱於臍, 肩高於頂, 句贅指天. 陰陽之氣有沴. 其心閒而無事, 跰𨇤而鑑于井曰, 嗟乎, 夫造物者, 又將以予爲此拘拘也.
>
> 子祀曰, 汝惡之乎. 曰, 亡. 予何惡. 浸假而化予之左臂以爲雞, 予因以求時夜. 浸假而化予之右臂以爲彈, 予因以求鴞炙. 浸假而化予之尻以爲輪, 以神爲馬, 予因而乘之. 豈更駕哉. 且夫得者時也, 失者順也. 安時而處順, 哀樂不能入也. 此古之所謂縣解也. 縣而不能自解者, 物有結之. 且夫物不勝天久矣. 吾又何惡焉.

자사(子祀)·자여(子輿)·자려(子犁)·자래(子來) 네 사람이 서로 이야기를 나누는 동안에 누구에게선지 모르게 이런 이야기가 나왔다.

"'무(無)'를 머리로 '생(生)'을 등뼈로 '사(死)'를 꽁무니로 여길 인간. 사(死)와 생(生), 존(存)과 망(亡)이 일체인 것을 깨달은 인간. 그런 인간은 없는 것일까. 있으면 반가이 친구가 될 텐데."
 네 사람은 얼굴을 마주 보고 빙긋이 웃으며 *마음과 마음으로 수긍하여 서로간에 친구가 되었다.
 얼마되지 않아, 자여가 병에 걸렸다. 문병하러 온 자사에게 자여는 말을 걸었다.
 "위대한지고 조물주는! 보게나 내 몸뚱이를 봐! 이렇게 지독하게 휘어져 버렸지 뭔가."
 그 모양을 보니 아닌게 아니라 참혹한 모습이다. 등은 심하게 굽고 휘어서 그 때문에 다섯 내장은 위로 기어 올라가고, 턱은 배꼽보다도 낮고 어깨는 정수리보다도 높고 상투는 하늘을 가리키고 있는 상태여서 모든 것이 뒤죽박죽 투성이였다. 그러나 자여는 별로 마음 쓰는 것 같지도 않다. 비틀비틀 우물가로 허든거리고 나아가 물에 비친 자기의 모습을 말뚱말뚱 바라보며 독백했다.
 "어쩌면 이리도 참혹하게 휘어 놓았더란 말인가."
 그 말을 듣고 자사가 물었다.
 "자네도 역시 꼽추가 되는 것은 싫은 게로군."
 "싫을 것이라고? 천만의 말씀일세. 병이 이 이상 무거워져도 상관없네. 이 왼팔이 닭처럼 되어 버리면, 그럼 한번 위세 좋게 시간을 알리도록 해 보자고. 이 오른팔이 활처럼 되어 버리면 새라도 쏘아 잡아서 새구이도 해 먹자고. 꽁무니가 수레바퀴로, 마음이 말이라도 된다면 그걸로 마차를 만들어 주자고. 그리하면 탈것을 세 낼 필요도 없게 될 게야. 생겨야

할 때가 오면 생기고, 죽어야 할 때가 오면 죽는, 이 되어가는 형편에 만족하고 따르고 있으면 희로애락의 정도 파고들 여지가 없는 게야. 이것이 옛 사람이 말한 *'현해(縣解)'의 경지일세. 좌우간 인간이 삶에의 집착에서 자기 자신을 해방하지 못하는 것은 '외물(外物)'에 속박되어 있기 때문이지만 그 '외물'이라도 천리(天理)에는 거역할 도리가 없는 게야. 그러고 보면 내가 무얼 싫어할 까닭이 있겠나."

*마음과 마음으로 서로 수긍하여 —— 원문은 '莫逆於心'. 마음을 서로 허락한 친우 관계를 나타내는 '莫逆之友'라는 말은 본 장(本章)에서 나왔다.

*현해(縣解) —— 항쇄(큰칼)가 풀려 온전한 자유를 획득한다는 뜻. 이 말은 '養生主'편에도 보인다.

2. 무엇으로 다시 태어나더라도

俄而子來有病. 喘喘然將死. 其妻子環而泣之. 子犁往問之曰, 叱, 避, 無怛化. 倚其戶, 與之語曰, 偉哉, 造化, 又將奚以汝爲, 將奚以汝適. 以汝爲鼠肝乎, 以汝爲虫臂乎. 子來曰, 父母於子, 東西南北唯命之從. 陰陽於人, 不翅於父母. 彼近吾死, 而我不聽, 我則悍矣. 彼何罪焉. 夫大塊載我以形, 勞我以生, 佚我以老, 息我以死. 故善吾生者, 乃所以善吾死也. 今大冶鑄金, 金踊躍, 曰我且必爲鏌鎁, 大冶必以爲不祥之金. 今一犯人之形, 而曰人耳人耳, 夫造化者必以爲不祥之人. 今以天地爲大鑪, 以造化爲大冶, 惡乎往而不可哉. 成然寐, 蘧然覺.

오래지 않아 이번에는 자래가 병으로 위독하게 되었다. 할딱할딱 괴로운 듯이 숨을 쉬는 자래를 둘러싸고 처자가 울며 슬퍼하고 있던 참에 자려가 문병하러 찾아왔다.

"조용히! 자, 모두 저쪽으로 가시오. 임종할 때는 거치적거리게 하는 것이 아니오."

처자들을 멀리 물리고, 자려는 창문에 기대어 병상에 누워 있는 자래에게 말을 걸었다.

"위대한 것이로다, 조화의 힘은! 도대체 이번에는 자네를 무엇으로 만들려는 것일까. 쥐의 간이나 아니면 벌레의 다리라도 만들려고 하는 것인지."

이렇게 말하니 빈사상태인 자래가 대답하였다.

"부모의 명령이면 인간은 동서남북 어디에라도 가지 않는가? 하물며 천리는 어버이 이상으로 절대적인 것이네. 그 하늘이 나를 죽게 하려고 하는데 죽고 싶지 않다고 우겨대는 것은 이쪽의 방자함이라고 하는 것이야.

인간으로서의 몸뚱이를 받고 태어나 삶을 짊어져 고생하고, 늙음을 맞이하여 편히 쉬고, 죽음을 기다려 영원한 휴게에 들어가는 이것이 인간의 일생일진대 삶을 좋다고 긍정하는 것과 마찬가지로 죽음도 좋다고 긍정하지 않으면 안 될 것이네.

이를테면 말일세. 주물사(鑄物師)가 동을 녹여 칼을 만들고 있을 때에 동이 버둥버둥 몸부림치며 '나는 어떻게 해서라도 막야(鏌鋣)(전설적인 명검의 이름)와 같은 명검이 되고 싶다'라고 아우성치면 어떻게 되겠나. 주물사는 틀림없이 '벌받을 놈!' 하고 화를 낼 것이네.

우연히 인간의 겉모양을 받고 태어났다고 하여 '어떻게든 인간이 아니면 싫다'라고 떠드는 녀석은·전적으로 이 동과 같은 자일 뿐이어서 조물주가 성을 낼 것은 뻔한 이치라네.

   천지는 이를테면 커다란 용광로(鎔鑛爐), 주물사는 조물주인 셈이지. 그러니 어떤 모양으로 다시 주조되어도 상관없지 않은가."

말을 마친 자래는 새근새근 잠들어 그대로 대왕생(大往生)을 완수하였다.

천(天)의 도(徒)와 인(人)의 도(徒)

1. 죽은 자 앞에서 노래 부른다

> 子桑戶, 孟子反, 子琴張, 三人相與語曰, 孰能相與於無相與, 相爲於無相爲. 孰能登天, 遊霧, 撓挑無極, 相忘以生, 無所終窮. 三人相視而笑, 莫逆於心. 遂相與爲友.
>
> 莫然有閒, 而子桑戶死. 未葬. 孔子聞之, 使子貢往侍事焉. 或編曲, 或鼓琴, 相和而歌曰, 嗟來, 桑戶乎, 嗟來, 桑戶乎, 而已反其眞, 而我猶爲人, 猗. 子貢趨而進曰, 敢問, 臨尸而歌, 禮乎. 二人相視而笑曰, 是惡知禮意.
>
> 子貢反以告孔子曰, 彼何人者邪. 修行無有而外其形骸. 臨尸而歌, 顔色不變. 無以命之. 彼何人者邪. 孔子曰, 彼遊方之外者也. 而丘遊方之內者也. 外內不相及. 而丘使女往弔之. 丘則陋矣. 彼方且與造物者爲人, 而遊乎天地之一氣. 彼以生爲附贅縣疣, 以死爲決疣潰癰. 夫若然者, 又惡知死生先後之所在. 假於異物, 託於同體, 忘其肝膽, 遺其耳目, 反覆終始, 不知端倪. 芒然彷徨乎塵垢之外, 逍遙乎無爲之業. 彼又惡能憒憒然爲世俗之禮, 以觀衆人之耳目哉.

자상호(子桑戶)・맹자반(孟子反)・자금장(子琴張), 이 세 사람이 서로 이야기를 나누고 있는데, 누군가에게서 이런 이야기가 나왔다.
"무심히 사귀고 무심히 행동하는 사람은 없는 것일까. 속세의 티끌에서 떠나 하늘에서 노닐고 생사를 잊어버리고 영원의 세계에 사는 사람은 과연 없는 것일까."
세 사람은 얼굴을 마주보고 빙그레 웃으며 마음으로 수긍하고는 서로 간에 친구가 되었다.
아무 일도 없이 세월은 흘러 자상호가 죽었다. 그런데 장의(葬儀)도 치르지 않은 채 시체는 방치되어 있었다. 그 소식을 들은 공자는 제자인 자공(子貢)을 보내어 장의를 치르도록 할 생각이었다.
자공이 자상호의 집에 와 보니 맹자반과 자금장이 한 사람은 헛간에서 멍석을 엮고, 한 사람은 금(琴)을 타면서 소리를 맞추어 노래를 부르고 있지 않은가.

  아아! 자상호여
  그대는 벌써
  태어난 고향으로 돌아갔는데
  우리들은 아직
  이 세상을 떠돈다.

자공은 서둘러 가까이 다가가 두 사람을 힐책했다.
"시체를 앞에 두고 노래를 부르다니! 죽은 이에 대한 예의를 어떻게 생각하는 게요?"
두 사람은 얼굴을 마주 하고 쓴웃음을 지으며 말했다.

"이 선생은 예의의 정신도 모르는 모양이로군."
이에 질린 자공은 돌아오자마자 공자에게 보고하였다.
"도대체 어떤 무리들일까요. 교양이라고는 손톱만큼도 없고, 예의를 애초부터 무시하여 거리끼지 않습니다. 유해 곁에서 노래를 부르고도 태연합니다. 전혀 이해할 수 없는 작자들입니다. 대체 어떤 사람들일까요?"
공자는 대답하였다.
"그랬었구나. 그들은 세속적인 규범의 밖에서 살고 있는 인간들이었군. 그래, 그러나 나는 그 틀 안에 있는 인간이야. 사는 세계가 전적으로 다름에도 불구하고 조문을 보낸 것은 아무래도 내가 경솔하였구나.

그들은 조물주의 친구가 되고 우주의 근원에서 노닐고자 하는 류의 사람들이야. 삶을 혹이나 사마귀 정도로밖에 생각하지 않고 죽음도 부스럼이 찌부러뜨려진 것쯤으로밖에 여기지 않는 게야.

따라서 삶을 좋아하지도 않지만 죽음을 두려워하지도 않지. 육체를 빌려 쓰는 물건에 지나지 않는다고 달관한 채 간담(肝膽)도 이목(耳目)도 잊어버리고, 생겨나서는 소멸하는 무한한 순환에 몸을 맡긴 것이다.

그리하여 그들은 무심히 속세의 바깥을 방황하고 무위 자연의 경지를 소요하는 것이야. 그러니 악착같이 세속의 예의를 준봉(遵奉)하여 세간의 평판에 영합하고자 할 까닭이 없지 않겠느냐."

2. 하늘의 군자는 세간의 소인

> 子貢曰, 然則夫子何方之依. 曰, 丘天之戮民也.
> 雖然吾與汝共之. 子貢曰, 敢問其方. 孔子曰, 魚相
> 造乎水, 人相造乎道. 相造乎水者, 穿池而養給. 相
> 造乎道者. 無事而生定. 故曰, 魚相忘乎江湖, 人相
> 忘乎道術. 子貢曰, 敢問畸人. 曰, 畸人者畸於人,
> 而侔於天. 故曰, 天之君子人之小人, 人之君子天之
> 小人也.

그들을 찬미하는 것 같은 스승의 말씨가 자공에게는 뜻밖이었다.
"그러면 선생님께서 친히 세속의 규범에 따르고 계신 것은 무슨 까닭이십니까?"
"나는 하늘의 형벌을 받은 인간이다. 따라서 인간 사회의 밖으로는 나가려 해도 나갈 수 없게 운명지워져 있는 게야. 그것은 할 수 없는 일이지만 적어도 그대들과 함께 더욱 얽매이지 않는 삶의 태도를 가질 수 있도록 힘쓰고 싶은 것이지."
"그러기 위해서는 어떻게 하는 것이 좋겠습니까?"
"'물고기는 강이나 호수에서 서로를 잊어버리고 사람은 도가의 방술에서 서로를 잊어버린다.'는 말을 알고 있는가? 물고기를 살리는 것은 물인데, 그와 마찬가지로 인간을 참되게 살리는 것은 '도(道)' 이외에는 없다는 것을 깨달아야 하느니라.
물에서 사는 물고기는 못 속에 놓아 주면 자연히 자라며 '도(道)'를 얻고 사는 인간은 무위(無爲)라야만 천수를 다할 수 있는 게야."

자공은 다시 질문을 계속했다.

"그러면 저런 사람들을 기인(별난 사람)이라고 하는 것은 어떤 까닭일까요?"

"그렇지. 그야 세속의 눈으로 보면 그들은 확실히 별난 사람에 틀림없어. 그러나 그것은 그들이 세속에 속박되지 않는 하늘 그대로의 존재이기 때문이야. '하늘의 군자는 속세의 소인, 속세의 군자는 하늘의 소인.'이라는 말도 있지 않은가."

깨달은 인간

顏回問仲尼曰, 孟孫才, 其母死哭泣無涕, 中心不慼, 居喪不哀, 無是三者, 以善喪蓋魯國. 固有無其實而得其名者乎. 回一怪之.

仲尼曰, 夫孟孫氏, 盡之矣. 進於知矣. 唯簡之而不得, 夫已有所簡矣. 孟孫氏不知所以生, 不知所以死, 不知孰先, 不知孰後. 若化爲物, 以待其所不知之化已乎. 且方將化惡知不化哉. 方將不化惡知已化哉. 吾特與汝其夢未始覺者邪. 且彼有駭形而無損心, 有旦宅而無情死. 孟孫氏特覺. 人哭亦哭, 是自其所以乃. 且也相與吾之耳矣. 庸詎知吾所謂吾之乎.

且汝夢爲鳥而厲乎天, 夢爲魚而沒於淵. 不識, 今之言者其覺者乎, 其夢者乎. 造適不及笑. 獻笑不及排. 安排而去化, 乃入於寥天一.

"저는 아무리 생각해도 납득되지 않습니다."
안회(顏回)가 불만스럽게 공자에게 호소하였다.
"저 맹손재(孟孫才)는 그 모친의 죽음에 즈음하여 관습대로 소리를 높여 곡하는 시늉은 하였습니다만은 눈물 한 방울 흘리지도 않고 담담하게 마음속 깊이 슬퍼하는 기색도 없이, 복은 입었으나 애석의 정을 다하고 있다고는 보여지지 않았습니다. 그런데도 모범적인 장례였다는 평판이 노나라에 퍼

지고 있습니다. 실질이 뒤따르지 않음에도 불구하고, 명성을 얻는 일이 생겨도 좋을까요?"
공자는 고개를 끄덕였다.
"맹손 씨는 우리들의 지식을 초월한 인물이다. 그대에게 납득되지 않는 것도 무리는 아니겠지. 인간의 미망(迷妄) 가운데 가장 큰 것은 삶에 대한 집착이야.

 이것에 대하여 깊이 생각한 끝에 삶도 죽음도 구별은 없다는 결론에 이르는 것은 여간한 인물이 아니고서는 불가능한 것이다. 그러나 이 정도로는 아직도 속박에서 탈각(脫却)하였다고는 할 수 없지.

 맹손 씨 정도의 인물이면 생사는 벌써 염두에 없고 무엇이 좋고, 어떻게 하고 싶다는 것 따위는 일체 생각하지도 않지. 자연의 변화에 따라 무심히 되어가는 형편을 수용할 따름인 게야. 그런데도 지금 나는 변화라는 말을 사용하였는데, 변화든 불변이든 실은 그것을 구분지을 방법도 없지. 이렇게 해서 아직 생사라든가 변화에 얽매어 있는 나도, 그리고 그대도 같이 꿈속을 계속 헤매고 있는 것은 아닐런지. 맹손 씨에 있어서는 겉모양의 변화는 있어도 마음은 움직여질 것 같지 않아. 죽음도 참된 사멸은 아니고 이를테면 이사와 같은 것에 지나지 않을 게야. 맹손 씨는 홀로 깨달은 인간이지. 무슨 일이든간에 거스르지 말고 수용하여 남이 곡할 때는 자기도 곡하여야만 자연히 사람들에게 수용되는 게야."
한숨 돌리고 난 뒤, 공자는 말을 계속하였다.
"우리들은 현재의 겉모양이 자기 자신이라고 믿어 의심치 않지만 과연 그럴까.

 그대가 꿈에 새가 되었다고 한다면 인간이라는 것을 잊고 하늘 높이 날아다니겠지. 꿈에 물고기가 되었다고 한다면 물고기라고 굳게 마음먹고 물속 깊이 숨을 것임이야.

  지금 서로 인간으로서 이야기를 나누고 있는 현실도 과연 현실인지 꿈인지 알 수 있는 것은 아니지. 시비의 구별을 지어서 남을 비난하는 것보다는 웃으며 이를 용서하는 편이 났네. 또한 웃고 남을 용서하는 것보다는 자타의 구별을 버리고 자연의 변화에 몸을 맡기는 것이 더욱 좋아. 자연의 변화에 몸을 맡기고 변화조차도 잊어버렸을 때야말로 모든 대립을 초월한 '도(道)'와 하나가 되는 게야."

문신을 지운다

> 意而子見許由 許由曰, 堯何以資汝, 意而子曰, 堯謂我, 汝必躬服仁義, 而明言是非. 許由曰, 而奚來爲軹. 夫堯旣已黥汝以仁義, 而劓汝以是非矣. 汝將何以遊夫遙蕩恣睢轉徙之塗乎. 意而子曰, 雖然吾願遊其藩.
>
> 許由曰, 不然. 夫盲者無以與乎眉目顔色之好, 瞽者無以與乎靑黃黼黻之觀. 意而子曰, 夫無莊之失其美, 據梁之失其力, 黃帝之亡其知, 皆在鑪錘之間耳. 庸詎知夫造物者之不息我黥而補我劓, 使我乘成以隨先生邪. 許由曰, 噫, 未可知也. 我爲汝言其大略. 吾師乎, 吾師乎. 鰲萬物而不爲義. 澤及萬世而不爲仁. 長於上古而不爲老. 覆載天地, 刻雕衆形而不爲巧. 此所遊已.

의이자(意而子)에게서 가르침을 청탁받고, 허유(許由)는 거꾸로 되물었다.

"자네는 요(堯)에게서 가르침을 받았다고 했는데, 무엇을 배워 왔는가?"

"인의의 덕을 실천하는 데 힘쓰고, 시비 선악의 구분을 명확히 하라고 배웠습니다."

"아아, 어째서 이제야 내게로 찾아온 것인가? 요가 자네의 이마에 인의 자(字)를 문신하고, 시비의 칼로 자네의 코를 베어 버린 것을 이제 와서 자유무애(自由無碍)의 대도(大道)로 인도하려고 해도 때늦은 게야."
그러나 의이자는 기죽지 않았다.
"옳은 말씀입니다만 설령 '도(道)'에는 이르지 못하더라도 하다 못 해 그 곁에서라도 노닐고자 합니다."
"아니네, 소경은 미인 앞에 섰다고 하더라도 그 고움을 알지 못할 것이며, 비단 수를 손에 들은들 그 아름다움을 알지 못할 게야. 자네는 어차피 '도(道)'와는 인연이 없는 인간이 되어 버렸어.
"옛날 미녀 무장(無莊)이 그 아름다움을 잊어버리고, 용자(勇者) 거량(據梁)이 그 힘을 잊어버리고, 지자(知者) 황제(黃帝)가 그 지(知)를 잊어버린 것은 어느 것이나 '도(道)'의 불꽃에 달구어져 다시 단련되었기 때문이라고 듣고 있습니다. 그렇게 보면 조물주가 나의 문신을 지우고 코를 본래대로 붙이고 선생님의 가르침을 이해할 수 있도록 해 주시지 못할 것도 없지 않겠습니까."
"아, 그렇다면 자네의 기대대로 될지 어떨지는 모르겠으나 그렇게까지 원하니 대강의 것을 이야기해 주지. 내가 스승으로 우러러 받드는 '도(道)'는 만물에 제각각의 자리를 차지하게 하고 무한한 은혜를 베풀면서도 스스로는 무심하여 은혜를 주고 있다고는 의식하지 않네. 유구한 과거로부터 영겁(永劫)의 미래에 걸쳐서 천지를 뒤덮고 삼라만상을 생성하기를 계속하면서도 그 힘을 자랑하는 것도 아니네. '도(道)'는 이처럼 위대한 존재이지만 나도 이 스승에게 인도되어 '무(無)'의 경지에서 소요하고자 하는 것일세."

좌(坐) 망(忘)

> 顏回曰, 回益矣. 仲尼曰, 何謂也. 曰, 回忘仁義矣. 曰, 可矣, 猶未也. 他日復見曰, 回益矣. 曰, 何謂也. 曰, 回忘禮樂矣. 曰, 可矣, 猶未也. 他日復見曰, 回益矣. 曰, 何謂也. 曰, 回坐忘矣.
>
> 仲尼蹵然曰, 何謂坐忘. 顏回曰, 墮枝體, 黜聰明, 離形, 去知, 同於大通. 此謂坐忘. 仲尼曰, 同則無好也. 化則無常也. 而果其賢乎. 丘也請, 從而後也.

안회가 공자에게 고하였다.
"제 수양도 상당히 깊어졌다고 생각합니다."
"어째서 그리 말할 수 있는 게지?"
"저는 인의를 잊을 수 있게 되었어요."
"정말 그건 훌륭한 일이지만 아직 충분하다고는 할 수 없어."
훗날 안회는 재차 공자에게 고했다.
"저는 한층 더 진보하였습니다."
"그래서?"
"저는 예악(禮樂)을 잊을 수 있게 되었습니다."
"좋아, 그렇지만 아직 충분하지 않아."
훗날 안회는 세 번째 공자에게 고했다.
"저는 다시 진보하였습니다."
"그래서?"
"저는 좌망(坐忘)할 수 있습니다."

"좌망?"
공자는 퍼뜩 태도를 고쳐 되물었다.
"그건 어떤 것인가?"
"몸에서 힘을 빼내고 일체의 감각을 없애고 몸도 마음도 텅 빈 공동(空洞)으로 만들어 버리고 '도(道)'의 작용을 수용하는 일입니다."
공자는 크게 고개를 끄덕였다.
"'도(道)'의 작용을 수용하면 시비호악의 생각에 사로잡히는 일도 없고 '도(道)'와 함께 변화하여 무한한 자유를 획득할 수가 있을 게야. 그건 그렇다치고 그대가 거기까지 진보하였던가. 나도 늦지 않도록 해야 되겠구먼."

하늘이냐 사람이냐

> 子輿與子桑友. 而霖雨十日, 子輿曰, 子桑殆病矣. 裹飯而往食之. 至子桑之門則若歌若哭. 鼓琴曰, 父邪母邪, 天乎人乎. 有不任其聲而趨擧其詩焉. 子輿入曰, 子之歌詩, 何故若是. 曰, 吾思夫使我至此極者而弗得也. 父母豈欲吾貧哉. 天無私覆, 地無私載. 天地豈私貧我哉. 求其爲之者而不得也. 然而至此極者命也夫.

자여(子輿)와 자상(子桑)은 마음을 서로 터놓는 사이였다. 비가 10일간이나 계속 내린 어느 날, 자여는 문득 생각하였다.

'자상 녀석, 먹을 것이 없어서 지쳐 버렸을 게 틀림없어.'

그가 밥 꾸러미를 들고 자상의 집 앞까지 오니 안에서 노래를 부르는지 우는지 알 수 없는 기묘한 소리가 거문고 소리와 함께 들려 온다.

"아버지냐, 어머니냐, 하늘이냐, 사람이냐……."

굶주린 탓인지 숨결도 끊일 듯 말 듯하게 이런 문구를 반복하고 있을 뿐이다. 자여가 안으로 들어가,

"묘한 노래를 부르고 있지 않은가. 무슨 까닭인가?"

자상은 대답하였다.

"나는 무슨 원인으로 이렇게 가난하게 되었는지 생각하여 보았으나 도무지 짐작이 가지 않아. 설마 부모가 자식의 가난을 바랄 리는 없을 테고 하물며 공평무사한 천지가 나만을

차별대우할 리도 없지. 여러 가지로 생각해 보았으나 아무리 해도 모르겠네. 누가 그런 것도 아닌데 이렇게 가난한 것은 역시 '운명'이라는 것이겠지, 뭐."

천자는 어찌 나를 가난하게 하는가. '대종사(大宗師)'편의 모두(冒頭)에 기술되어 있는 바와 같이 하늘과 사람과의 경계는 명확하지 않다. 장자는 자상의 입을 빌려 일체는 운명이라고 체념하고 있으나 그 뒤안에는 사람의 영위(營爲)도 궁극에 있어서는 하늘에 포괄(包括)된다는 인식이 비장(秘藏)되어 있는 듯하다.

응제왕(應帝王)

지도자의 조건이란 무엇인가? 지도하려고 하는 따위의 근성을 버리고 지도자인 체하지도 않고 재주 따위를 부리지도 않는 것이다. 장자의 입장에서 보면 왕이 어진 정치에 힘쓰고 백성이 왕을 우러러 따르도록 한다는 유가적 정치 이상은 인위에 사로잡힌 가엾은 상태에 불과하다. 무위이면서 변화하는 것이야말로 제왕된 자가 마땅히 지켜야할 도리인 것이다.

◇ **본편(本篇)의 명언**
- 훌륭한 왕의 정치는 그 공적이 온 세상에 미치면서도 자신에 의한 것이 아닌 것처럼 하는 것을 말한다.
- '지인(至人)'의 마음의 작용은 거울과 같다. 사물을 보내지도 맞아들이지도 않는다. 그러므로 사물에 잘 견뎌 자기 자신을 손상시키지 않는다.

무지(無知)의 지(知)

> 齧缺問於王倪. 四問而四不知. 齧缺因躍而大喜,
> 行以告蒲衣子. 蒲衣子曰, 而乃今知之乎. 有虞氏不
> 及泰氏. 有虞氏其猶藏仁以要人, 亦得人矣. 而未始
> 出於非人. 泰氏其臥徐徐, 其覺于于, 一以己爲馬,
> 一以己爲牛. 其知情信, 其德甚眞, 而未始入於非
> 人.

설결(齧缺)이 스승인 왕예(王倪)와 *철학문답을 하였다. 그런데 어떤 질문을 해도 스승의 대답은 단 한 마디로 '모른다'였다.

문득 깨달은 설결은 뛸 듯이 기뻐하며 당장 포의자(蒲衣子)에게 달려가서 보고하였다.

이를 듣고 난 포의자는 말했다.

"그래 이제 겨우 그걸 알았는가. 같은 제왕이라도 지금 성천자로 우러러지고 있는 순 등은 옛적의 태씨(泰氏)의 발밑에도 못 미친 게야.

과연 순은 인과 덕으로 사람들을 회유하고자 하여 바라는 대로의 결과를 얻었지만 이 방식은 어차피 작위의 세계에서 한 걸음도 벗어나는 것은 아니라네.

이에 반하여 태씨는 잘 때나 일어났을 때나 편안함, 바로 그것으로 전혀 거북한 것이 없다네.

사람들이 말이라 하든 소라 하든 조금도 개의치 않고 내버려 두지. 그러니 '무지의 지' '무위의 덕'을 겸비하여 작위의 세계에 잘못 들어가는 일은 결코 없는 게야."

＊철학문답──설결과 왕예의 문답은 '제물론' 편에 있는데 그것을 가리키고 있는 것인지 아닌지는 모르겠다.

쓸데없는 참견은 필요 없다

> 肩吾見狂接輿. 狂接輿曰, 日中始何以語汝. 肩吾曰, 告我君人者以己出經式義度, 人孰敢不聽而化諸. 接輿曰, 是欺德也. 其於治天下也, 猶涉海鑿河, 而使蚊負山也. 夫聖人之治也, 治外乎. 正而後行, 確乎能其事者而已矣. 且鳥高飛以避矰弋之害, 鼷鼠深穴乎神丘之下, 以避熏鑿之患. 而曾二蟲之無知.

일중시(日中始)의 제자인 견오(肩吾)가 별난 사람이라는 평판이 있는 접여(接輿)에게 가르침을 청했다.

접여는 우선 물었다.

"일중시에게서 어떤 것을 배웠는고?"

"선생님께서는 이렇게 가르쳐 주셨습니다. '군주인 자는 스스로 모범이 되고 솔선하여 사회질서를 정돈해 가야 한다. 그래야만 모든 백성에게 앙모(仰慕)되어 천하를 다스려 나갈 수 있다'라고 말입니다."

"그건 겉모양뿐이로군. 그걸로 천하를 다스리고자 한다는 것은, 예를 들어 보면 한 줄기 내를 파서 대해의 물을 전부 흘러들어오게 하려 하거나, 한 마리 모기의 등에 큰 산을 지게 하는 것과 같소.

성인은 남을 어떻게 하려는 따위의 생각은 안 하는 법이지. 우선 나 자신의 천성을 바르게 펴고 백성에게도 각자에게 걸맞은 생활방식으로 살도록 하는 이것이 성인의 정치라고 하는 것이라네.

저 새를 보게. 하늘 높이 날아 화살의 위험을 정확히 피하고 있지 않은가. 또 생쥐는 제단의 안쪽 깊은 곳에 집을 만들어 정확히 제 몸을 지키고 있지. 새나 쥐조차도 배운 일없이 이런 것쯤은 알고 있다네. 그러한즉, 인간은 곁에서 쓸데없는 참견을 하지 않아도 스스로 빈틈 없이 살아갈 수 있는 게야."

무명인의 가르침

> 天根遊於殷陽, 至蓼水之上. 適遭無名人而問焉
> 曰, 請問爲天下. 無名人曰, 去. 汝鄙人也, 何問之
> 不予也. 予方將與造物者爲人. 厭則又乘夫莽眇之
> 鳥, 以出六極之外, 而遊無何有之鄕, 以處壙埌之
> 野. 汝又何帠以治天下感予之心爲. 又復問. 無名人
> 曰, 汝遊心於淡, 合氣於漠, 順物自然而無容私焉,
> 而天下治矣.

천근(天根)이 은산(殷山)의 남쪽을 여행하고 있을 때, 요수(蓼水) 강가에서 무명인(無名人)이라는 사나이와 만났다. 상대의 비범함을 알아챈 천근은 느닷없이 물었다.

"천하를 다스리는 방도를 가르쳐 주십시오."

"당장 물러가라! 이 속물스런 녀석 같으니라고."

무명인은 호통을 쳤다.

"갑자기 무슨 소리를 하는가 하였더니 쓸데없는 소리를 하는구나. 나는 말이야, 지금 조물주를 벗삼아 노닐고 있던 참이야. 그게 싫증이 나면, 아득히 높이 나는 새를 타고 우주 밖으로 날아가곤 한다. 거기에는 아무것도 없는 고장이 있고 한없이 드넓은 들판이 있다. 나는 거기서 마음껏 노닐까 한다. 자네는 뭔가. 천하를 다스리는 것 따위의 쓸데없는 일로 나의 흥을 깨버리고 있으니."

그래도 천근은 단념하지 않고 거듭 가르침을 청했다. 무명인은 한 마디만 대답하였다.

"마음속에 있는 일체를 버리고 무심으로 돌아가라. 만물을 있는 자체에 맡기고 작위를 모두 버리거라. 그리하면 천하는 다스려지느니라."

재능은 몸을 망친다

> 陽子居見老聃曰, 有人於此. 嚮疾彊梁, 物徹疏明. 學道不倦. 如是者可比明王乎. 老聃曰, 是於聖人也, 胥易技係, 勞形怵心者也. 且也虎豹之文來田, 猨狙之便執斄之狗來藉. 如是者可比明王乎. 陽子居蹴然曰, 敢問明王之治. 老聃曰, 明王之治功蓋天下而似不自己. 化貸萬物而民弗恃. 有莫擧名, 使物自喜. 立乎不測而遊於無有者也.

양자거(陽子居)가 노담(老聃)에게 물었다.
"이런 인물이 있다고 합시다. 민첩하고 과감한 행동력과 투철한 통찰력을 겸비하고 게다가 게으름도 피우지 않고 '도(道)'를 배워 나가는 그런 인물 말이오. 이런 사람이면 태고의 성왕에도 필적하지 않겠습니까?"
노담은 고개를 저었다.
"뭐요. 성인에 견준다고? 그런 자는 고작 말단 벼슬아치에 지나지 않을 것이오. 약간의 재능밖에 갖지 못하고 더구나 그것에 얽매여 몸도 마음도 지쳐 있는 불쌍한 녀석이오. 그런데도 섣불리 그런 재능 따위를 갖게 되면 오히려 몸을 망치는 근원이 되오. 호랑이나 표범은 아름다운 모피 탓으로 사냥의 대상이 되고 원숭이나 사냥개는 그 재빠른 탓에 노끈에 묶이게 되오. 그런 녀석이 어떻게 태고의 성왕과 비교할 바가 되겠소."

양자거는 크게 부끄러워하여 위축되었다.
"그러면 태고의 성왕의 정치란 어떤 것이었습니까?"
"그 공덕은 천하를 온통 뒤덮고 있으나 일반 백성의 눈에는 그와 아무런 관계가 없는 것처럼 보이오. 그 교화는 만물에 미치고 있으나, 백성은 전혀 그걸 눈치채지 못하오. 천하를 다스리고는 있어도 시책의 뒤끝을 남기지 않소. 그로 인하여 만물에 제각기 설 곳을 얻게 하오. 그리고 자신은 그 누구도 짐작을 못 하는 허무의 세계에서 노니오. 이것이 태고의 성왕의 정치라고 하는 게요."

도망간 점쟁이

　鄭有神巫, 曰季咸. 知人之死生存亡禍福壽夭. 期以歲月旬日若神. 鄭人見之皆棄而走. 列子見之而心醉, 歸以告壺子曰, 始吾以夫子之道爲至矣. 則又有至焉者矣. 壺子曰, 吾與汝旣其文, 未旣其實. 而固得道與. 衆雌而無雄, 而又奚卵焉. 而以道與世亢必信夫. 故使人得而相汝. 嘗試與來以予示之.
　明日列子與之見壺子. 出而謂列子曰, 嘻, 子之先生死矣. 弗活矣. 不以旬數矣. 吾見怪焉, 見濕灰焉. 列子入泣涕沾襟以告壺子. 壺子曰, 鄕吾示之以地文. 萌乎不震不止. 是殆見吾杜德機也. 嘗又與來.
　明日乃與之見壺子. 出而謂列子曰, 幸矣. 子之先生遇我也有瘳矣. 全然有生矣. 吾見其杜權矣. 列子入以告壺子. 壺子曰, 鄕吾示之以天壤. 名實不入, 而機發於踵. 是殆見吾善者機也. 嘗又與來.
　明日又與之見壺子. 出而謂列子曰, 子之先生不齊, 吾無得而相焉. 試齊, 且復相之. 列子入以告壺子. 壺子曰, 吾鄕示之以太冲莫勝. 是殆見吾衡氣機也. 鯢桓之審爲淵, 止水之審爲淵, 流水之審爲淵. 淵有九名, 此處三焉. 嘗又與來.
　明日又與之見壺子. 立未定, 自失而走. 壺子曰, 追之. 列子追之不及. 反以報壺子曰, 已滅矣, 已失

> 矣. 吾弗及已. 壺子曰, 鄕吾示之以未始出吾宗. 吾與之
> 虛而委蛇. 不知其誰何. 因以爲弟靡, 因以爲波流. 故逃
> 也.
>
> 然後列子自以爲未始學而歸, 三年不出. 爲其妻爨, 食
> 豕如食人, 於事無與親. 雕琢復朴, 塊然獨以其形立. 紛
> 而封哉, 一以是終.

 정(鄭)나라에 계함(季咸)이라는 신통력을 갖춘 점쟁이가 있었다. 사람의 생사 길흉을 미리 알고 연, 월, 일까지를 정확히 알아맞혔다. 정나라 사람들은 그의 모습을 언뜻 보기만 하여도 불길한 예언을 듣는 것이 두려워서 쏜살같이 도망칠 정도였다.
 어느 때, 이 계함을 만나게 된 열자(列子)는 단번에 그 점술에 심취하여 버렸다. 스승인 호자(壺子) 앞으로 돌아오자 열자는 당장 말했다.
 "저는 지금까지 선생님께서 설교하시는 '도(道)'야말로 지상(至上)의 것이라고 믿고 있었습니다만, 세간에는 뛰는 것 위에 더 뛰어난 것이 있더군요."
 이런 열자를 호자는 조용히 타일렀다.
 "자네에게 이제까지 '도(道)'에 대하여 말로는 매우 많이 가르쳐 왔으나 '도(道)' 그 자체는 아직 가르치지 않았네. 그런데 자네는 훌륭히 '도(道)'를 체득했다는 심산으로 있는 모양이로군. 그러나 아무리 암탉이 많이 있어도 수탉이 없으면 생명이 있는 알은 얻지 못하는 게야. 대체 그런 무정란 같은 '도(道)'를 과시하고 남과 경쟁하여 세간의 신용을 얻으려고 하니까 점쟁이처럼 보여지는 게지. 말하자면 일은 겪어 봐야 아는 것. 한번 그 사나이를 데리고 와서 나를 점치게 하게."

이튿날 열자는 계함을 데리고 와서 호자를 만나게 했다. 호자의 인상을 보고 방에서 나온 계함은 열자에게 말했다.
"가엾게도 당신의 선생은 죽소. 이제 길지는 않소. 기껏 열흘이오. 기괴한 상(相)이 나타나 있소. 마치 물에 젖은 재처럼 생기를 잃어버린 상이……."
열자는 깜짝 놀라 방으로 뛰어들어가 눈물을 주르르 흘리며, 이 말을 호자에게 전했다. 그러나 호자는 태연히 말했다.
"그럴 걸세. 아까 나는 저 사내에게 대지〔地文〕의 상(相)을 나타내 준 것일세. 꼼짝도 않는 부동의 대지상(大地相)을 말야. 녀석은 나의 생기가 완전히 닫혀 있는 것을 간파했을 것이네. 그런 일은 해봐야 아는 게야. 한 번 더 그 사내를 데리고 오게."
이튿날 열자는 재차 계함을 데리고 와서 호자를 만나게 했다. 방에서 나온 계함은 이번에는 열자에게 이렇게 말했다.
"운이 좋았소. 당신의 선생은 나를 만난 덕택으로 완전히 회복되었으니 이젠 염려 없소. 막혀 있던 생기가 움직이기 시작하는 것이 보였소."
열자는 기분이 좋아서 즉시 호자에게 보고하였다. 그러나 호자는 여전히 태연하게 말했다.
"그렇겠지. 아까 나는 저 사내에게 '천지(天地)의 상(相)'을 나타내 주었던 것일세. 무어라 불러야 좋을지 모르는, 그러면서도 분명히 움직이기 시작한 생기가 발뒤꿈치 근처에서 피어오르는 그런 상(相)을 말일세. 마치 하늘과 땅이 교감하여 만물을 만들어 낼 때와 같은 생기이네. 녀석은 내 몸 속의 생성작용을 간취(看取)했을 게야. 시험삼아 한 번 더 그 사내를 데리고 오게."

이튿날 열자는 또다시 계함을 데리고 왔다. 그리고 호자의 인상을 보고 난 계함은 자꾸만 고개를 갸우뚱하면서,
　"당신의 선생은 만날 때마다 인상이 변하고 있소. 이래서는 아무리 나라고 하더라도 꿰뚫어볼 수가 없소. 우선 마음을 조용히 가라앉힐 일이오. 그리하면 다시 점쳐 드리리다."
열자가 이 말을 전하니 호자는,
　"흠, 그래. 아까 나는 그 사내에게 '차별이 없는 허무의 상 (太冲莫勝之 相)'을 나타내 주었던 것일세. 대립이나 항쟁의 일체가 사라져 버린 '태허(太虛)의 상(相)'을 말이야. 그 사나이는 내 몸 속의 모든 것이 절대의 조화를 유지하고 있는 것을 간취한 것일 게야.
　내 마음은 하천의 깊은 웅덩이 같은 것이지. 소용돌이치는 물, 처음부터 움직이지 않는 물, 흘러 그치지 않는 물, 그 어느 것이나 웅덩이를 만들어 조용하고 깊이를 모르는 심연이 되는 게야. 대충 심연에는 아홉 개의 모습이 있는데, 나의 마음도 여러 모습을 품고 더욱이 움직이지 않는 것으로 되어 있네. 나는 그 사나이에게 아직 그 가운데 세 개밖에 보이지 않았어. 시험삼아 한 번 더 데리고 오게."
　이튿날 열자는 또 계함을 데리고 왔다. 그런데 계함은 호자의 얼굴을 보자마자 깜짝 놀라더니 뒤도 돌아보지 않고 도망쳤다.
　"쫓아가라!"
하는 호자의 명에 따라 열자는 바로 뒤를 쫓았으나 홀연히 사라져 놓쳐 버렸다. 풀이 죽어 되돌아온 열자가 말했다.
　"벌써 그림자도 보이지 않습니다. 도저히 따라잡지 못하겠습니다."

"그걸로 됐네. 아까 나는 그 사내에게 내 본질(本質) 그대로의 상을 나타내 주었던 것일세. 내 뜻을 완전히 없애 버리고 무심히 상대의 움직임에 순종하였으므로 그는 내 실체(實體)를 파악하지 못한 것이지. 바람이 불면 나부끼고 물결이 치면 떠다니는 그런 상태로 상대의 움직임대로 움직이므로 녀석은 자기의 모습이 드러난 것 같으니까 두려워져서 도망친 게야."

이 일이 있은 후부터 열자는 곰곰이 생각하여 자기의 미숙함을 알게 되었다. 그는 고향에 틀어박혀 수년간 한 걸음도 집을 나오지 않고 오로지 수양에 힘썼다. 아내를 대신하여 밥을 짓고 돼지를 기르는 데도 인간과 같이 취급하는 등 일체의 차별을 버렸다. 허식을 떠나 소박함으로 돌아가서 초연히 세속을 등졌다.

이리하여 그는 만물을 있는 그대로 내맡겨 작위를 더하지 않고 그대로 편안하게 일생을 마쳤다.

거 울

> 無爲名尸. 無爲謀府. 無爲事任. 無爲知主. 體盡無窮, 而遊無朕, 盡其所受乎天, 而無見得. 亦虛而已. 至人之用心若鏡. 不將不迎, 應而不藏. 故能勝物而不傷.

명성에서 멀어져라. 재각(才覺)을 부려먹지 마라. 책임자가 되지 마라. 영원한 것과 일체가 되어 허무의 세계에 노닐어라. 자기에게 주어진 천성(天性)을 다하는 것만으로 족한 것이다. 그 이상 첨가하려고 하지 마라. 한마디로 말하면 마음을 비우는 일이다. 지인(至人)의 마음은 거울과 같은 것이다. 자기는 꼼짝도 않고 움직이지 않는다. 오는 것은 그대로 비추지만, 가 버리면 아무런 흔적도 남기지 않는다. 따라서 어떤 것에도 대응할 수 있고 더구나 상처 입을 일은 전혀 없다.

혼돈(渾沌)의 죽음

> 南海之帝爲儵, 北海之帝爲忽, 中央之帝爲渾沌.
> 儵與忽時相與遇於渾沌之地. 渾沌待之甚善. 儵與忽
> 謀報渾沌之德. 曰, 人皆有七竅, 以視聽食息. 此獨
> 無有. 嘗試鑿之. 日鑿一竅. 七日而渾沌死.

남해의 제왕을 *숙(儵)이라 하고, 북해의 제왕을 *홀(忽)이라 하고, 중앙의 제왕을 *혼돈(渾沌)이라 한다. 숙과 홀은 때때로 혼돈의 영역에서 회합하였으나 그때마다 융숭한 대접을 받았다. 혼돈의 후의(厚意)에 감명을 받은 두 사람은 무엇인가 사례를 하자고 상의하였다.

"어떻소. 인간에게는 모두 이목구비를 합하여 일곱 개의 구멍이 있어 그걸로 보거나 듣거나 먹거나 숨을 쉬거나 하는데 혼돈은 그것이 없소. 얼굴에 구멍을 뚫어 주면 어떻겠소."

이야기가 정해지자 두 사람은 하루에 하나씩 구멍을 뚫어 나갔다. 그러자 혼돈은 7일 만에 죽어 버렸다.

*숙(儵) 홀(忽), 혼돈(渾沌)──'숙(儵)' '홀(忽)'은 어느 것이나 '잠깐 동안'이라는 의미로서 '인지(人知)의 비소(卑小)함'을 우의(寓意)한다. '渾沌'은 混沌과 같다. 무한정 무질서한 '원생명(原生命)' 혹은 '도(道)'를 표시함.

외 편(外篇)

◇ **본편(本篇)의 명언**
- 성인이 천하를 이롭게 하는 일은 드물고, 천하를 해치는 일은 많다.
- 입술이 없으면 이가 시리고, 노나라의 술이 싱거우면 한단(邯鄲)이 포위된다.
- 온 세상이 캄캄해져서 큰 혼란에 빠지게 되는데 그 죄는 지식을 좋아하는 점에 있다.
- 당신이 나를 소라고 부른다면 소라고 해 둡시다. 말이라고 부른다면 말이라고 해 둡시다.
- 외물(外物)에 마음을 사로잡혀 자기 자신의 아둔함을 몰랐으며 탁류에 넋을 잃고 있다가 맑은 웅덩이에 자기 모습을 비춰 보는 것을 잊고 있었다.
- 아름다운 사람은 스스로 아름다움을 뽐내지만 나는 그가 아름다운 줄 모르겠으며, 모진 사람은 스스로 모질다고 자처하지만 나는 그가 모진 줄을 모르겠다.
- 군자로서 도를 터득한 자라고 하여 반드시 유복(儒服)을 걸치고 있는 것은 아니며, 또 그것을 걸치고 있는 자라고 하여 반드시 도를 안다고 할 수는 없는 것이다.
- 의전(儀典) 담당관이 돼지의 살집을 보는 방법을 시장 감독에게 물었더니 돼지의 몸 아래쪽으로 내려가면 내려갈수록 더욱 잘 알 수 있다고 하였다.
- 사물을 사물답게 하는 도는 사물 그 자체 속에 널리 들어 있으며 사물과 사물 사이에는 차별이나 대립은 없는 것이다.

위험한 성인

1. 큰 도둑의 예측

> 將爲胠篋探囊發匱之盜而爲守備, 則必攝緘縢, 固扃鐍. 此世俗之所謂知也. 然而巨盜至, 則負匱揭篋担囊而趨, 唯恐緘縢扃鐍之不固也. 然則鄕之所謂知者, 不乃爲大盜積者也. 故嘗試論之. 世俗所謂知者, 有不爲大盜積者乎. 所謂聖者, 有不爲大盜守者乎. 何以知其然邪. 昔者齊國, 隣邑相望, 鷄狗之音相聞, 罔罟之所布, 耒耨之所刺, 方二千余里, 闔四竟之內, 所以立宗廟社稷, 治邑屋州閭鄕曲者, 曷嘗不法聖人哉. 然而田成子一旦殺齊君而盜其國. 所盜者, 豈從其國邪, 幷與其聖知之法而盜之. 故田成子有乎盜賊之名, 而身處堯舜之安, 小國不敢非, 大國不敢誅, 十二世有齊國. 則是不乃竊齊國, 幷與其聖知之法, 以守其盜賊之身乎.
>
> (中略)

재물을 도둑으로부터 지키려면 주머니의 입구를 단단히 묶고 금궤나 함에는 자물쇠를 단단히 채워야 한다. 이것이 세상 사람들이 생각하는 이른바 지혜라는 것이다. 그러나 좀도둑은 제쳐두고 큰 도둑이라면 이거야말로 바라는 바일 것이다. 왜냐하면 그릇째 짊어지고 가 버리면 되는 것이니 만큼 새끼줄이나 자물쇠가 튼튼하면 튼튼할수록 고마울 따름이다.

그러고 보니 세간에서 통용되는 지혜라는 것은 큰 도둑을 도와주고 훔칠 거리를 챙겨 주는 꼴이 아닌가! 생각해 보면 성인이니 지자이니 하고 떠들어 대는 무리들 치고 큰 도둑에게 봉사하지 않은 자가 있을까. 다음의 사실을 보는 게 좋겠다.

일찍이 제나라에서는 이웃 마을이 서로 바라다보이고, 닭의 울음소리와 개의 짖는 소리가 들리고, 그물을 쳐서 고기를 잡는 곳과 쟁기나 괭이로 갈고 일구는 땅이 사방 2천 리나 되었다. 조상의 종묘(宗廟)와 제신(諸神)의 사직(社稷)을 세우고 *읍(邑)・옥(屋)・주(州)・여(閭)・향(鄕)・곡(曲) 등 행정구역의 다스림에 이르기까지 성인이 규정한 방법에 따랐다.

그런데 어느 날 갑자기 이 나라의 대부인 *전성자(田成子)가 주군 간공(簡公)을 죽이고 나라를 훔쳐 버렸다. 나라만 훔친 것이 아니라 성인의 정치 방식까지 몽땅 받아서 민심을 장악했다. 그랬기에 전성자는 나라를 훔친 도둑이었는데도 불구하고, 요순에 못지않은 안정된 지위를 누릴 수 있었다.

그 불의(不義)를 탓하는 나라도 없거니와 주벌(誅伐)의 군대를 일으키는 나라도 없었으므로 그 자손은 12대에 걸쳐 오랫동안 제나라를 지배할 수 있었다.

이것이야말로 나라를 훔친 대도적에게 성인과 지자들이 봉사한 좋은 예라고 할 수 있지 않은가!

---

*읍(邑)・옥(屋)…… ── 읍(邑)・옥(屋)・주(州)・여(閭)・향(鄕)・곡(曲) 등은 면적 호수를 기준으로 정한 행정 단위. 3백 묘(畝)를 옥(屋)이라 하고 12옥을 읍(邑)이라 하며, 25호(戶)를 여(閭)라 하고 백 려를 주(州)라 하고 5주

(州)를 향(鄕)이라 한다. 곡(曲)은 부락
*전성자(田成子)──제나라의 대부. 전상(田常)을 말함. 주군〔簡公〕을 죽이고 제나라의 실권을 장악하였으나 정식으로 제나라의 군주가 된 것은 그의 증손인 전화(田和)부터이다. 전성자는 제의 대신이 된 뒤에, 백성에게 곡물을 빌려 줄 때에는 큰 말(斗)로 되서 주고, 백성이 갚을 때에는 작은 말(斗)로 되서 받는 방법으로 의도적인 인정(仁政)을 베풀어 민심을 샀다고 한다.

2. 성인을 없애 버리면 천하는 태평

> 故跖之徒問於跖曰, 盜亦有道乎. 跖曰, 何適而無有道邪. 夫妄意室中之藏, 聖也, 入先, 勇也, 出後, 義也, 知可否, 知也, 分均, 仁也. 五者不備而能成大盜者, 天下未之有也. 繇是觀之, 善人不得聖人之道不立, 跖不得聖人之道不行, 天下之善人少而不善人多, 則聖人之利天下也少而害天下也多. 故曰, 脣竭則齒寒, 魯酒薄而邯鄲圍, 聖人生而大盜起. 掊擊聖人, 縱舍盜賊, 而天下始治矣. 夫川竭而谷虛, 丘夷而淵實. 聖人已死則大盜不起, 天下平而無故矣.

언젠가 대도적 *도척(盜跖)에게 졸개가 물었다.
"도둑에게도 '도(道)'란 것이 필요합니까?"
"당연하지."
라고 척은 대답했다.
"인간이 무엇을 하든 '도(道)'는 필요한 것이지. 우리들에게 있어서 훔칠 것의 소재를 알아차리는 것이 성(聖)이고, 맨 먼

저 침입하는 것이 용기이며, 후미를 지키면서 철수하는 것이 의리이고, 진퇴를 그르치지 않도록 상황을 정확히 판단하는 것이 지혜이며, 훔친 것을 공평하게 나누는 것이, 즉 인(仁)이니라. 이 다섯 가지 덕을 몸에 익히지 않고서 큰 도둑이 된 예가 없는 게야."

이처럼 성인의 도에 의존하는 것은 착한 사람에게만 한하는 것은 아니다. 도척과 같은 큰 도둑일지라도 성인의 도에 의하지 않으면 대도적이 될 수 없는 것이다. 더구나 착한 사람은 적고, 악한 사람이 많은 것이 세상의 상사(常事)가 아닌가. 그러고 보면 성인은 사회에 공헌하기보다도 해독을 끼치는 쪽이 훨씬 많다고 하지 않을 수 없다.

*입을 벌리면 이가 시리고, *노나라의 술이 싱거우면 조나라의 수도 한단이 포위된다. 성인과 대도적과의 사이에도 이와 같은 인과 관계가 있다. 성인이 있기에 성인의 지혜를 훔치는 대도적이 나타나는 것이다.

따라서 태평한 세상을 실현시키고자 하면 도둑 따위는 염두에 두지 말고 우선 성인부터 없애 버릴 일이다. 시냇물이 마르면 골짜기의 초목은 시들고 언덕이 무너지면 웅덩이는 메워진다. 마찬가지로 성인이 없어지면 대도적도 그림자를 감추게 되고 태평무사한 세상이 올 것이다.

＊도척(盜跖)── 춘추 시대의 대도적. 그 소행은 잡편(꼼짝 못하고 당한 공자)에 상세하다.

＊입을 벌리면 이가 시리고 ── 원문은 '脣竦則齒寒'이다. 입을 벌리는 것은 말하거나 먹거나 하기 위해서이지 이를 시리게 하기 위한 것은 아니다. 그럼에도 불구하고 이는 시

리다. 간접적인 인과 관계를 나타내는 말로서 자주 사용
되고 있다.

*노나라의 술이 싱거우면 —— 원문은 '魯酒薄而邯鄲圍'이다.
노나라의 술이 엷으면 한단이 포위된다는 뜻이다.

초(楚)나라의 선(宣)왕이 제후(諸侯)를 소집하였을 때,
노(魯)나라의 공공(恭公)은 늦게 참석한 데다 싱거운 술을
헌상(獻上)하였다. 그래서 선왕이 노하여 노나라를 치려
고 군사를 일으켰다. 이무렵 위(魏)나라의 혜왕은 조(趙)
나라를 치려고 노리고 있었으나 노나라가 조나라를 지원
하는 지라 실행하지 못하다가, 초나라와 노나라가 전쟁을
시작하였기에 이 때를 틈타 조나라로 쳐들어가 그 수도 한
단을 포위하였다.

[解說]

도둑이 나타나는 것은 성인이 있기 때문이라고 성인과
도둑을 나란히 놓고 이를 인과 관계(因果關係)에서 살펴본
것이다.

자연스런 생활에 인위적(人爲的)인 제약을 가하기 때문
에 오히려 무법 현상이 일어나는 것이다. 즉 선(善)을 내
세울수록 악(惡)도 따라서 기승을 부리게 되는 법이다. 그
러니 그런 차별이나 상대적인 지혜를 버리고 절대 자유의
경지, 즉 자연 그대로의 만물 제동(萬物齊同)의 세계로 돌
아가야 한다는 뜻이다.

3. 좀도둑은 사형이고, 나라를 훔친 큰 도둑은 출세

> 聖人不死, 大盜不止. 雖重聖人而治天下, 則是重利盜跖也. 爲之斗斛以量之, 則幷與斗斛而竊之, 爲之權衡以稱之, 則幷與權衡而竊之, 爲之符璽以信之, 則幷與符璽而竊之, 爲之仁義以矯之, 則幷與仁義而竊之. 何以知其然邪. 彼竊鉤者誅, 竊國者爲諸侯. 諸侯之門而仁義存焉, 則是非竊仁義聖知邪. 故逐于大盜揭諸侯竊仁義, 幷斗斛權衡符璽之利者, 雖有軒冕之賞弗能勸, 斧鉞之威弗能禁. 此重利盜跖而使不可禁者, 是乃聖人之過也. (中略)

*성인이 존재하는 한, 큰 도둑은 없어지지 않는다. 그것을 막으려고 기를 쓰고 성인의 지혜를 동원하면 할수록 큰 도둑은 더욱 살찔 따름이다.

성인이 되의 분량을 정하고 저울을 만들면 이것을 송두리째 훔쳐 버린다. 계약 증서나 증거의 도장을 만들면 이것을 또 모조리 훔쳐 버린다. 인의(仁義)를 설명하면 이 인의마저 모조리 훔칠 것이다. 허리띠의 조그만 장식과 고리를 훔치는 자는 극형에 처해지지만 나라를 훔친 자는 제후가 된다. 나라 도둑들은 모두 인의를 간판으로 내세워 제후의 자리에 올라 있지 않은가! 그러니 인의성지(仁義聖知)를 훔쳤다고 하지 않으면 무어라고 하랴!

인의를 훔치고 나라를 다스리는 방법을 훔치는 큰 도둑의 소행이 천하에 공인되고 있는 시대에 은상(恩賞)이나 형벌이 얼마만큼의 효과가 있을까? 기껏 좀도둑을 방지하는 정도의 쓸모

밖에는 없을 것이다.

이처럼 대도적을 점점 살찌게하고 악을 억제할 방법을 없애 버린 것은 다름아닌 성인의 책임인 것이다.

＊성인이 존재하는 한, 큰 도둑은 ……──이 한 마디는 얼마나 역설적이면서도 뜻깊은 경구(警句)인가!

4. 자신의 귀로 들으라

> 故絶聖棄知, 大盜乃止. 擿玉毀珠, 小盜不起. 焚符破璽, 而民朴鄙. 掊斗折衡, 而民不爭. 殫殘天下之聖法, 而民始可與論議. 擢亂六律, 鑠絶竽瑟, 塞瞽曠之耳, 而天下始人含其聰矣. 滅文章, 散五采, 膠離朱之目, 而天下始人含其明矣. 毀絶鉤繩, 而棄規矩, 攦工倕之指, 而天下始人有其巧矣. 故曰, 大巧若拙. 削曾史之行, 鉗楊墨之口, 攘棄仁義, 而天下之德始玄同矣. 彼人含其明, 則天下不鑠矣. 人含其聰, 則天下不累矣. 人含其知, 則天下不惑矣. 人含其德, 則天下不僻矣. 彼曾史楊墨師曠工倕離朱者, 皆外立其德而以爚亂天下者也, 法之所無用也.

따라서 ＊성인의 지혜를 버리면 대도적은 모습을 감춘다. 보물을 때려 부숴 버리면 좀도둑은 없어진다. 계약증서를 태워버리고 도장을 망가뜨리고 되를 쪼개고 저울을 꺾어 버리면 민중도 소박한 본성으로 돌아가 평화로운 사회가 실현된다. 이렇게 성인이 정한 법도를 전폐해야만 비로소 사람들은 자기 자신으로 되돌아가 자기의 말로써 서로 얘기를 나눌 수 있는 것이다.

소리의 음계의 구분을 버리고 악기를 깡그리 태워 버리고 사광(師曠)의 귀를 막아야만 사람들은 참으로 자신의 귀로 들을 수 있다.

꾸밈을 버리고 색채를 잊고 이주(離朱)의 눈을 가리고서야 사람들은 참으로 자신의 눈으로 볼 수 있다.

먹줄을 끊고 곱자를 꺾고 공수(工倕)의 손가락을 으깨야만 사람들은 참으로 자신의 손으로 만들 수 있다. *대교약졸(大巧若拙)이라고 하지 않았던가?

증삼(曾參)·사추(史鰌)의 덕행을 배제하고 양주(楊朱)·묵적(墨翟)의 변설을 봉쇄하고 인의를 털어내 버려야만 사람들은 참된 덕으로 되돌아갈 수 있다.

참된 총명을 가지고 있는 한 외물에 현혹되는 일은 없다. 참된 지혜를 품고 있는 한 미망에 빠지는 일은 없다. 참된 덕을 갖추고 있는 한 자신을 시야에서 놓치는 일은 없다. 저 *증삼(曾參)·사추(史鰌)·*양주(楊朱)·묵적(墨翟)·*사광(師曠)·이주(離朱)·공수(工倕)· 등의 무리는 자기 자신의 덕을 자랑하고 세간에 모범을 보이고자 한 것만으로 큰 혼란에 빠져 버린 것이다. 그들의 가르침에서 무슨 취할 바가 있겠는가?

----

*성인의 지혜를 …… —— 원문은 절성기지(絶聖棄知)로서 《노자》 19장에 있는 말. '성지(聖知)를 여기서는 성인의 지혜라고 번역하였으나 본래의 의미는 '지극히 훌륭한 지혜'이다.

*대교약졸(大巧若拙)—— 참된 기교는 치졸과 같다. 《노자》 제45장에 있는 말이다.

*증삼(曾參)·사추(史鰌)—— 양자 모두 공자의 제자이다. 증

삼은 부모에 대한 효행으로 이름이 높다. 사추는 위나라의 대부로서 주군인 영공(靈公)에게 충고한 까닭에 자살하게 된다.

＊양주(楊朱)・묵적(墨翟)──양주는 전국 시대의 위나라 사람으로 철저한 개인주의를 부르짖었다. 묵적 즉 묵자(墨子)는 전국 시대의 노나라 사람으로 양주와는 대조적으로 철저한 박애주의를 부르짖어 반전(反戰), 검약을 설파하며 돌아다녔다.

＊사광(師曠)・이주(離朱)・공수(工倕)──사광은 춘추 시대의 진(晋)나라의 명악사로 소리를 듣고 길흉을 판단했다고 한다. 이주는 황제를 섬겼다는 전설상의 인물로서 우수한 시력을 가지고 있어서 백 보나 떨어진 곳의 털끝을 분별했다고 한다. 《맹자》에서는 이루(離婁)라 부르고 있다. 공수는 요임금을 섬긴 명목수로서 역시 전설상의 인물이다.

5. 약은 체하다

子獨不知至德之世乎. 昔者容成氏大庭氏伯皇氏中央氏栗陸氏驪畜氏軒轅氏赫胥氏尊盧氏祝融氏伏羲氏神農氏, 當是時也, 民結繩而用之, 甘其食, 美其服, 樂其俗, 安其居. 隣國相望, 鷄狗之音相聞, 民至老死而不相往來. 若此之時, 則至治矣. 今遂至使民延頸擧踵, 曰, 某所有賢者, 羸糧而趣之. 則內棄其親, 而外去其主之事, 足跡接乎諸侯之境, 車軌結乎千里之外, 則是上好知之過也. 上誠好知而無道, 則天下大亂矣. 何以知其然邪. 夫弓弩畢弋機變之

> 知多, 則鳥亂於上矣. 鉤餌罔罟罾笱之知多, 則魚亂於水矣. 削格羅落罝罘之知多, 則獸亂于澤矣. 知詐漸毒頡滑堅白解垢同異之變多, 則俗惑於辯矣. 故天下每每大亂, 罪在于好知. (後略)

참된 덕이 지켜지던 태고의 세상은 과연 어떠했던가?
*용성씨(容成氏)로부터 대정씨(大庭氏)·백황씨(伯皇氏)·헌원씨(軒轅氏)·혁서씨(赫胥氏)·존노씨(尊盧氏)·축융씨(祝融氏) 복희씨(伏羲氏)를 거쳐 신농씨(神農氏)에 이르기까지 오랜 시대를 통하여 *사람들은 문자를 갖지 않고 새끼줄을 옭매어 기억의 보조로 삼았다. 누구나가 있는 그대로의 생활에 만족하고 무엇하나 욕망을 품지 않았다. 따라서 닭의 울음소리가 들려올 만큼 이웃 나라가 가까워도 사람들은 왕래하지 않았다. 이런 시대야말로 참으로 세상이 잘 다스려졌었다고 할 수 있는 것이다.

그와는 반대로 현대의 인간은 지(知)에 의지하고 이익을 추구하며 두리번거리고 침착하지 못하다. 어진 이의 소문을 들으면 먼 길도 마다하지 않고 곡식을 둘러메고 찾아간다. 결국 안으로는 어버이를 버리고 밖으로는 왕명을 내던지고서라도 달려가고자 한다. 사람들은 어진 이를 만나고자, 여러 나라를 돌아다니므로 그 수레바퀴의 자국은 천 리 먼 곳까지도 미치는 형편이다. 그것은 지배자가 '지'를 존중한 때문이다. 지배자가 '지'를 존중하고 '도'를 무시했기 때문에 사람들은 본래의 자기를 잃어버리고 세상은 어지러워질 대로 어지러워진 것이다.

새를 잡으려고 우리들이 *노(弩)라든가 *필(畢) *살(弋) 같은 도구를 만들면 만들수록 새는 그 자연에 편안하게 있을 수 없지 않은가? 또 낚싯바늘이나 어살 같은 어구를 만들면 만들수록 물고기는 그 자연에 안전하게 있을 수 없지 않은가? 또 망이나 덫과 같은 엽구를 만들면 만들수록 짐승은 그 자연에 안전하게 있을 수 없지 않은가? 인간에게도 같은 말을 할 수 있다. 작위를 부려서 궤변을 농하고 약삭빠른 잔꾀를 부리는 자가 있으면 있을수록 사람들은 본래의 자기를 잃어버리고 만다. 세상이 구출하기 어려울 정도로 어지러워진 것도 근본을 따지고 보면 지배자가 '지(知)'를 존중하였기 때문이다. (胠篋)

신농씨(神農氏)

* 용성씨(容成氏)로부터——이하 대정씨(大庭氏) 백황씨(伯皇氏)・헌원씨(軒轅氏)・혁서씨(赫胥氏)・존노씨(尊盧氏)・축융씨(祝融氏)・복희씨(伏羲氏)・신농씨(神農氏) 등은 모두 중국 고대(古代)의 제왕이라고 한다.

* 사람들은 문자를……왕래하지 않았다——《노자》의 제80장, 무위의 다스림이 있는 이상향을 묘사한 문장이 그대로 여기에 사용되고 있다.

* 노(弩)——쇠뇌(여러 개의 화살이나 돌을 잇따라 쏘게 된 큰 활)

* 필(畢)——새 또는 토끼를 사냥할 때 쓰는 긴 자루가 달린 작은 그물

* 살(弋)——주살(오늬에 줄을 매어 쏘는 화살)

〔解說〕
　자연 그대로의 행복한 생활을 파괴하는 것은 바로 인간의 알팍한 지혜라고 장자는 말한다. 자연과 대립되는 지혜는 인간을 불행하게 만든다. 따라서 지혜에 집착하는 한 혼란을 면할 길은 없다 이 지혜를 부정할 때 유연(悠然)한 자연이 되살아나고 인간의 행복이 구현된다. 혼란하기 그지없던 전국시대에 살았던 장자가 그렇듯 태고의 순박한 시대를 예찬하는 심경을 알 만하다.

군자도 소인도 모두 노예

> 臧與穀二人相與牧羊而俱亡其羊. 問臧奚事, 則挾
> 筴讀書. 問穀奚事, 則博塞以遊. 二人者, 事業不同,
> 其於亡羊均也. 伯夷死名於首陽之下, 盜跖死利於東
> 陵之上. 二人者, 所死不同, 其於殘生傷性均也. 奚
> 必伯夷之是而盜跖之非乎. 天下盡殉也. 彼其所殉仁
> 義也, 則俗謂之君子. 其所殉貨財也, 則俗謂之小
> 人. 其殉一也, 則有君子焉, 有小人焉. 若其殘生損
> 性, 則盜跖亦伯夷已. 又惡取君子小人於其間哉.

 *장곡(臧穀) 두 명의 노예가 양을 지켰는데 두 사람 모두 양을 잃어버렸다. 주인이 그 이유를 캐묻자 남자 쪽은 '책을 읽고 있었습니다.' 하고 대답했으며, 여자 쪽은 '주사위 놀음을 하고 있었습니다.'라고 대답했다고 한다. 이 두 사람의 행동에는 분명한 차이가 있지만 양을 잃었다고 하는 근본적인 과실에 있어서는 아무런 차이가 없다.
 의사(義士)로 알려진 *백이(伯夷)와 유명한 흉적(凶賊)인 도척의 경우도 이와 같다고 할 수 있다. 백이는 대의 명분을 고집하여 수양산에서 굶어 죽고 도척은 이욕에 사로잡혀 *동릉산(東陵山)에서 헛되이 죽었다.
 두 사람의 죽음의 유래는 각기 다르지만 가장 소중한 생명을 해치고 자연스런 본성을 왜곡한 점에 있어서는 하등 다를 것이 없다. 그렇게 보면 백이는 옳고 도척은 그르다는 평가를 내릴 수는 없는 것이다.

오늘날 세상 사람들은 모두 본래의 자기를 잊어버리고 외물의 노예로 전락했다. 그리하여 그 노예가 될 대상이 인의(仁義)이면 군자로 존경받고, 대상이 재물(財物)이면 소인이라고 경멸당한다. 그러나 양자 사이에 도대체 어느 만큼의 차이가 있다는 것일까!

앞에서도 말한 것처럼 생명을 해치고 본성을 왜곡하였다는 근본적인 한 가지 일에 있어서는 백이도 도척과 다를 바 없다. 군자니 소인이니 하고 격을 붙여 봐야 대단한 의미는 없는 것이다.

*장곡(臧穀)──둘 다 종(노예)을 말함. 장(臧)은 사내종(奴僕) 곡(穀)은 계집종(奴塊)임.

*백이(伯夷)──성은 묵태(墨胎) 이름은 윤(允). 자는 공신(公信)이며, 이(夷)는 시호임. 백(伯)은 맏형의 뜻. 은나라 말기 고죽군(孤竹君)의 아들. 동생인 숙제(叔齊)와 왕위를 서로 양보하다 함께 나라를 떠나 주나라의 문왕에게로 갔으나 때마침 문왕이 죽고, 그 아들인 무왕(武王)이 은(殷)나라의 주왕(紂王)을 토벌하러 가려던 참이었다. 백이와 숙제는 이를 간하였으나 받아들여지지 않자 수양산으로 들어가 굶어 죽음.

*동릉산(東陵山)──산동성(山東省)에 있는 태산(泰山)

〔解說〕

세상 사람들은 도덕하면 곧 인의(仁義)를 들고 나와 그것을 좇기에 여념이 없다. 그러나 참된 도덕은 그런 인위적인 규범에 있는 것이 아니다. 속박이 없는 자유로운 생활, 인간의 본성을 지키고 생명을 해치지 않는 생활이 곧 참된 도덕에 알맞는 것이다. 인의의 테두리 속에서 '군자 다 소인이다'하고 구별하는 따위의 세속적인 편견에 대하여 장자는 서슴없이 조소를 보내고 있는 것이다.

야단 맞은 성인

> 堯觀乎華. 華封人曰, 嘻, 聖人, 請祝聖人. 使聖人壽. 堯曰, 辭. 使聖人富. 堯曰, 辭. 使聖人多男子. 堯曰, 辭. 封人曰, 壽富多男子, 人之所欲也. 女獨不欲, 何邪. 堯曰, 多男子則多懼, 富則多事, 壽則多辱. 是三者非所以養德也, 故辭. 封人曰, 始也我以女爲聖人邪, 今然君子也. 天生萬民, 必授之職. 多男子而授之職, 則何懼之有. 富而使人分之, 則何事之有. 夫聖人鶉居而鷇食, 鳥行而無彰. 天下有道, 則與物皆昌, 天下無道, 則修德就閒. 千歲厭世, 去而上僊. 乘彼白雲, 至於帝鄕. 三患莫至, 身常無殃. 則何辱之有. *封人去之. 堯隨之, 曰, 請問. 封人曰, 退已.

  요임금이 민정을 살피기 위하여 화(華)라는 고장을 *미복잠행〔微服潛行〕한 때의 일이다.
  화의 국경을 지키던 *봉인〔封人〕이 요임금을 얼핏 보자마자,
  "아, 당신은 틀림없는 성인이시군요. 당신의 장래를 위해 축복하게 허락하여 주십시오. 아무쪼록 장수하시기 바랍니다."
라고 말했지만 요임금은 사절했다.
  "그러시면 당신께서 부자가 되시길."
  요임금은 그것도 사절했다.
  "그러시면 당신께 많은 아들이 점지되시기를."

요임금은 이번에도 사절하였다. 국경 수비원은 참으로 뜻밖이라는 표정으로 말했다.
"이는 또 어찌 된 까닭이십니까? 장수와 부귀와 다남은 누구나 바라는 바인데요!"
"아들이 많으면 걱정거리가 끊이지 않으며, 부자가 되면 귀찮아 견디기 어렵게 되오. 오래 살면 그만큼 욕된 일도 많게 되고. 그런 것은 덕을 닦는 데 방해가 될 뿐이오. 그래서 모처럼의 말씀인데 사양한 것이오."
그랬더니 국경 수비원은 싹 태도를 바꾸어,
"어쩐지 내가 잘못 생각한 것 같소. 당신은 고작 군자에 지나지 않는구려. 인간은 모두 하늘로부터 생명을 타고 났소. 따라서 각자에게 어울리는 일터가 있는 것이오. 아들이 몇 명이 있든지 각자 본래 타고난 자질에 알맞은 도(道)를 닦아 나가면 걱정거리 같은 것은 생길 리가 없소. 또 아무리 많은 부를 누린다 하더라도 그것을 사람들에게 나누어 주면 귀찮은 일은 없을 것이오. 성인이란 메추라기(메추리)처럼 장소를 가리지 않고 아무 곳에서나 살며, 새끼 새처럼 먹여 주는 것만 배불리 먹지 않으며, 하늘을 나는 새처럼 발자국을 남기지 않소. 바꾸어 말하면 모든 것을 되어 가는 추이(推移)에 맡기고 작위를 덧붙이지 않는 인간이죠. 올바른 '도(道)'가 있는 세상에서는 만물과 더불어 번영하고 올바른 '도(道)'가 없는 세상에서는 조용히 숨어서 자기 자신의 덕을 닦을 일이오. 그리하여 천 년을 살다가, 이 인간 세상에서 살기 싫으면 지상을 떠나 흰 구름을 타고 하늘의 세계에서 노니는 게요. 이처럼 속박되지 않는 세계에서 노니는 자는 아무리 오래 살더라도 욕되는 일은 없을 것이오."

이렇게 말한 다음 놀라고 있는 요임금을 흘긋 보기만 하고 나가려고 하였다.
　　"기다려 주십시오. 물어 볼 말이 있습니다."
　　요임금은 황급히 뒤를 쫓았으나 국경 수비원은 뒤도 돌아다 보지 않고 말했다.
　　"이제 더 이상 볼일은 없소."

　　　　＊미복잠행(微服潛行)──지위가 높은 사람이 남루한 옷을 입고 몰래 살피러 다님.
　　　　＊봉인(封人)──국경을 지키는 사람. 뜻은 그러하나 은자(隱者)를 가리킨 것으로 생각됨.

진실한 은자(隱者)란

子貢南遊於楚, 反於晋, 過漢陰, 見一丈人, 方將爲圃畦. 鑿隧而入井, 抱甕而出灌. 搰搰然用力甚多, 而見功寡. 子貢曰, 有械於此, 一日浸百畦. 用力甚寡而見功多. 夫子不欲乎. 爲圃者卬而視之, 曰, 奈何. 曰, 鑿木爲機, 後重前輕. 挈水若抽, 數如泆湯. 其名爲槔. 爲圃者忿然作色而笑曰, 吾聞之吾師. 有機械者必有機事. 有機事者必有機心. 機心存於胸中則純白不備. 純白不備則神生不定. 神生不定者, 道之所載也. 吾非不知, 羞而不爲也.

子貢瞞然慙, 俯而不對. 有間, 爲圃者曰, 子奚爲者也. 曰, 孔丘之徒也. 爲圃者曰, 子非夫博學以擬聖, 於于以蓋衆, 獨弦哀歌, 以賣名聲於天下者乎. 汝方將忘汝神氣, 墮汝形骸, 而庶幾乎. 而身之不能治, 而何暇治天下乎. 子往矣, 無乏吾事. 子貢卑陬失色, 頊頊然不自得, 行三十里而後愈.

其弟子曰, 向之人何爲者也. 夫子何故見之變容失色, 終日不自反邪. 曰, 始吾以爲天下一人耳. 不知復有夫人也. 吾聞諸夫子, 事求可, 功求成. 用力少而見功多者, 聖人之道. 今徒不然. 執道者德全, 德全者形全, 形全者神全, 神全者, 聖人之道也. 託生與民並行, 而不知其所之. 汒乎淳備哉. 功利機巧必

> 忘夫人之心. 若夫人者, 非其志不之, 非其心不爲. 雖以
> 天下譽之, 得其所謂, 警然不顧. 以天下非之, 失其所謂,
> 儻然不受. 天下之非譽無益損焉. 是謂全德之人哉, 我之
> 謂風波之民. 反於魯, 以告孔子.
>
> 孔子曰, 彼假修渾沌氏之術者也. 識其一, 不知其二,
> 治其內, 而不治其外. 夫明白入素, 無爲復朴, 體性抱神,
> 以遊世俗之間者, 汝將固驚邪. 且渾沌氏之術, 予與汝又
> 何足以識之哉.

공자의 제자인 자공(子貢)이 초나라 여행을 마치고 진(晋)나라로 가는 도중에 한수(漢水)의 남쪽에 다다르니 한 노인이 들에서 일을 하고 있었다.

노인은 밭에 파 놓은 우물의 수면까지 내려가서는 물통에 물을 퍼 올려서 부지런히 밭에 물을 대고 있었다.

땀을 뻘뻘 흘리면서 일하고 있으나 일은 좀처럼 진척되지 않는다. 이를 보다못한 자공이 말을 걸었다.

"노인장! 그렇게 해서는 대단한 힘이 들겠구려. 그렇게 하지 않고서도 하루에 백 이랑이나 물을 댈 수 있는 기계가 있습니다. 그것을 사용하면 그렇게 수고하지 않아도 일이 척척 진척되는 편리한 장치입니다. 어떻습니까. 한번 써 보시지 않으시렵니까?"

"어떻게 하는 건데요?"

하고 노인은 얼굴을 들었다.

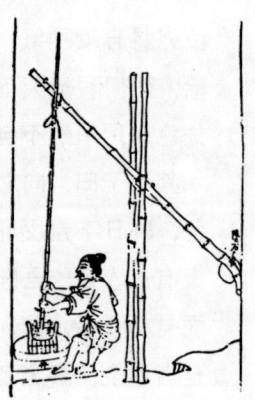

방아두레박

"방아 두레박이라고 하는 통나무 기둥에 구멍을 뚫어 그 곳에 가로 막대를 넣고 그 앞쪽 끝에는 두레박을 달고 뒤쪽 끝에는 추를 달은 것이지요. 그것을 위 아래로 올렸다 놓았다 하는 것만으로 마치 빨아올리듯이 물을 퍼 올릴 수 있는데 부글부글 끓어오르는 열탕과 같은 기세로 물이 넘쳐흐르게 됩니다."

노인은 일순간 화난 듯 안색이 변했으나 곧 측은하다는 기색으로 웃음을 띠며 말했다.

"나는 스승께 이렇게 배웠소. '기계가 있으면 반드시 그것을 이용하고 싶어지며 거기서 작위가 생기는 것이다. 작위가 생기면 벌써 타고난 대로의 마음을 잃게 되며 잡념이 끊이지 않는다. 마음이 잡념에 흔들리고서야 도를 터득할 도리는 없다'고 말이오. 나도 방아 두레박을 모르는 것은 아니지만 거기까지 타락하고 싶지 않기 때문에 쓰지 않을 뿐이오."

노인의 말을 듣고 부끄럽게 생각한 자공은 대답할 말을 잃은 채 고개를 떨구었다.

잠시 후에 노인이 물었다.

"그런데 대체 댁은 누구시오?"

"노나라 공구의 제자올시다."

"공구라고요? 그럼 댁도 박식한 체하고 성인을 흉내내고 거드름을 피우며 세상 사람들을 어리둥절하게 하고 혼자 거문고를 타면서 슬픈 듯 노래하며 이름을 팔고 다니는 패거리로구려. '도(道)'라고 하는 것은 그런 얄팍한 잔꾀를 버리고 겉모양을 잊어버리지 않고서는 터득할 수 없는 것이오. 천하나 국가를 논하기 전에 조금쯤 자기 자신을 되돌아보는 것이 어떻겠소? 자, 비키시오 비켜! 일에 방해가 되오."

자공은 완전히 당황하여 얼굴 빛이 창백해져 멍청하니 넋을 잃은 채 그 자리를 떠났다. 3십리정도 가는 동안 발이 땅에 닿지 않을 지경이었다. 얼마 있다가 제 정신이 돌아온 자공에게 제자가 물었다.
　"저 노인은 대체 어떤 분입니까? 그 노인을 만나고부터 몹시 당황하고 계신 듯 합니다."
　"나는 지금까지 천하에 우리 선생님(공자)을 능가할 분은 없을 것이라고 생각하여 왔다. 설마 저런 훌륭한 노인이 계시리라고는 미처 생각하지 못했구나. 나는 선생님께 이렇게 배웠지. '최선의 방법으로 일을 성취하라. 행동하는 이상은 최대의 성과를 올려라. 이것이 성인의 도라고 하는 것이다.'라고. 그러나 성인의 '도(道)'란 그런 것이 아니라는 것을 알았느니라. '도'에 따르는 자에게는 온전한 덕이 갖추어지며 온전한 덕이 갖추어지면 타고난 그대로의 자연을 보전할 수 있지. 이 무심의 경지를 지키고 가지는 일이야말로 성인의 '도'인 것이다. 저 노인처럼 무심의 경지에 도달한 사람은 세속에 살면서도 어떤 것에도 구애되지 않고 타고난 그대로의 마음을 가지고 있는 까닭에 작위도 공명심도 없는 것이야. 항상 자기 마음의 자연에 따라 행동하고 세간의 *훼예포폄(毀譽褒貶)에 전혀 마음이 움직이지 않는 것이지. 이래야만이 온전한 덕을 갖춘 인간이라고 할 수 있다. 그에 비하면 나같은 인간은 동요하는 *풍파지민(風波之民)이라고밖에 할 말이 없으니 이 아니 부끄러운 일이랴!"
　자공은 노나라에 돌아오자마자 공자에게 그 노인의 이야기를 하였다. 그러자 공자는 자공을 나무랐다.
　"그 노인은 태고의 득도자(得道者)인 *혼돈씨(渾沌氏)를 흉내

내고 있는 것에 지나지 않는다. 그는 도의 일면밖에 모르는
것 같구나. 그러기에 마음의 순일(純一)을 지키는 것은 알고
있어도 현실 사회에 등을 돌리고 있는 것이지. 만약 그 노인
이 정녕 무심의 경지에 도달하여 타고난 그대로의 순박을 지
키면서 세속에 동화(同化)되어 있다고 한다면 그대 눈에 그
것이라고 깨달을 리가 없었을 것이야. 혼돈씨의 삶의 방식은
나나 그대는 아직도 이해할 수 없는 것인 것이다."

＊훼예포폄(毀譽褒貶)──── 훼방하는 것, 칭찬하는 것, 나무라
는 것 등의 시비 선악을 판단하여 결정함.
＊풍파지민(風波之民)──── 바람에 의해 출렁이는 물결처럼 세
상의 시비에 흔들리는 백성. 즉 줏대가 없는 사람
＊혼돈씨(渾沌氏)──── 아직 분화되지 않은 자연 그 자체.
　도의 이상적인 모습으로의 혼돈을 터득하기 위한 수
법. 여기서 공자의 말은 밭에서 일하는 노인이 참으로 혼
돈의 경지를 터득한 것이 아니라 잘못된 방향으로 배웠기
때문에 세속에서 떠난 생활밖에 할 수 없다고 한 것임.

소라고 하든 말이라고 하든

> 士成綺見老子而問曰, 吾聞夫子聖人也. 吾固不辭遠道而來願見, 百舍重趼而不敢息. 今吾觀子, 非聖人也. 鼠壤有余蔬而棄妹之者, 不仁也. 生熟不盡前而積斂無崖. 老子漠然不應.
>
> 士成綺明日復見, 曰, 昔者吾有刺於子, 今吾心正却. 何故也. 老子曰, 夫巧知神聖之人, 吾自以爲脫焉. 昔者子呼我牛也, 而謂之牛, 呼我馬也, 而謂之馬. 苟有其實, 人與之名而弗受, 再受其殃. 吾服也恒服. 吾非以服有服. 士成綺雁行避影, 履行遂進而問, 修身若何. 老子曰, 而容崖然, 而目衝然, 而顙頯然, 而口闞然, 而狀義然, 似繫馬而止也. 動而持, 發也機, 察也審, 知巧而觀於泰. 凡以爲不信辺境有人焉, 其名爲竊.

사성기(士成綺)가 노자와 대면하여 처음부터 노자를 공격하였다.

"저는 선생님이야말로 참된 성인이라는 소문을 믿고 있었습니다. 그랬기에 먼 길을 마다 않고, 객사에서 자기를 여러 날 밤을 거듭하며, 발이 온통 부르트고 못이 박혀도 쉬지 않으며 밤낮을 가리지 않고 뵈러 왔습니다. 선생님 댁에는 쥐구멍의 언저리에까지 먹다 남은 음식 찌꺼기가 널려 있는데, 어째서 피를 나눈 매씨는 돌보려고 하지 않으시는지요. 그러시면서 어떻게 인간이라고 할 수 있겠습니까? 더구나 선생님은 여전히 만족할 줄 모르고 재산을 계속 많이 모으고 있으니 말입니다."

그러나 노자는 담담한 표정으로 말 한 마디 대꾸하려 하지 않았다.

그 이튿날 사성기는 재차 노자 곁으로 찾아가서 물었다.

"어제 저는 선생님께 대단히 실례되는 말씀을 하고 말았습니다. 지금에 이르러 부끄러움에 몸이 움츠러드는 것 같습니다. 그런데 이게 어찌 된 일일까요?"

"그대는 지자니 성인이니 하는 관념에 사로잡혀 있는 것 같은데 나는 그런 것은 벌써 탈각하였소. 어제 만약 그대가 나를 소라고 하였으면 나는 자신을 소라고 여겼을 것이며 말이라고 하였으면 역시 말이라고 여겼을 거요. 그걸 마다하여 거역하거나 하면 더욱 호된 일을 당하게 되오. 나는 언제나 무저항주의이며 그것도 저절로 그렇게 되는 것이지 일부러 무저항인 체하는 것은 아니오."

사성기는 문득 머리를 숙이고 떠나가려는 노자의 그림자를 종종걸음으로 달리어 그의 앞으로 돌아서 공손히 가르침을 청했다.

"저는 어떻게 처신하면 좋겠습니까? 선생님의 고견을 듣고자 합니다."

그러나 노자는 잠자코 서 있더니 인자한 눈빛으로 사성기를 바라보며 이렇게 말하는 것이었다.

"그대의 풍채는 당당하고 위압적이오. 위엄이 있는 용모, 예리한 눈빛, 빼어난 이마, 용맹스런 입매, 어느 한 가지를 보더라도 가슴 속의 세찬 기세를 억제하지 못하는 기상이 엿보이오. 지금 당장에라도 움직일 듯이 잔뜩 도사리고 있기에 일단 놓으면 화살처럼 재빠르게 튀겨 나가겠고 분명하게 살피는 눈빛은 미치지 않을 구석이 없겠고 지략을 뽐낼 교만의 상이오. 그러나 그런 것은 모두 인간 본래의 모습은 아니오. 그대 같은 사람이 국경 근처를 어슬렁거리면 금세 도둑으로 몰리고 말 것이오."(天道)

성인의 대변

> 桓公讀書於堂上. 輪扁斲輪於堂下. 釋椎鑿而上,
> 問桓公曰, 敢問公之所讀者何言邪. 公曰, 聖人之言
> 也. 曰, 聖人在乎. 公曰, 已死矣. 曰, 然則君之所
> 讀者, 聖人之糟魄已夫. 桓公曰, 寡人讀書, 輪人
> 安得議乎. 有說則可, 無說則死. 輪扁曰, 臣也, 以
> 臣之事觀之. 斲輪, 徐則甘而不固. 疾則苦而不入.
> 不徐不疾, 得之於手而應之心. 口不能言, 有數存焉
> 於其間. 臣不能以喩臣之子, 臣之子亦不能受之於
> 臣, 是以行年七十而老斲輪. 古之人與, 其不可傳也
> 死矣. 然則君之所讀者, 古人之糟魄已夫.

제나라의 환공(桓公)이 서재에서 책을 읽고 있는데, 마당에서 일을 하고 있던 수레를 만드는 목수인 윤편(輪扁)이 일손을 놓고 올라왔다.

"전하! 그 책에는 대체 어떤 것이 쓰여 있는 것이옵니까?"

"이것 말이냐? 성인의 말씀이지."

"그분은 지금도 살아 계시옵니까?"

"아니, 아주 옛날 사람으로 이제는 살아 있지 않다."

"그러하옵니까. 그렇다면 거기에 쓰여 있는 것은 옛날 사람의 쓰레기와 같은 것이 됩지요."

환공은 험악한 기색으로 고개를 들었다.

"쓰레기라니? 목수인 주제에 무얼 안다고. 해명할 수 있으면 좋거니와 그렇지 않으면 그냥 두지 않겠다."
"신은 다만 여러 해 동안의 경험에서 그렇게 생각했을 뿐이옵니다. 이를테면 수레의 바퀴통은 수레바퀴보다 너무 커도 안 되고 너무 작아도 안 됩지요. 양쪽을 딱 맞춰야 하는 이 일은 호흡을 가다듬지 않으면 할 수 없는 일이옵니다. 그 요령은 말로는 설명할 수 없지만 결코 우연적인 것이 아닙지요. 아들 녀석에게 어떻게라도 그 요령을 터득케 하고자 하나 아무래도 잘 안 되옵니다. 그런 까닭에 일흔 살이나 된 이 늙은이가 바퀴통만은 아직도 제 손으로 파서 만들고 있는 형편이니이다. 옛날의 훌륭한 위인이라도 진실은 말로 다 표현하지 못한 채 돌아가신 것이 아닐까요? 그렇다면 전하께서 읽으시는 책도 옛날 사람의 쓰레기와 비슷한 것임에 틀림없나이다."(天道)

거북의 출세

> 莊子釣於濮水. 楚王使大夫二人往先焉. 曰, 願以竟內累矣. 莊子持竿不顧, 曰, 吾聞楚有神龜, 死已三千歲矣. 王巾笥而藏之廟堂之上. 此龜者, 寧其死爲留骨而貴乎. 寧其生而曳尾於塗中乎. 二大夫曰, 寧生而曳尾於塗中. 莊子曰, 往矣. 吾將曳尾於塗中.

장자가 평소와 같이 *복수(濮水)에서 낚시를 즐기고 있는데 초나라의 중신(重臣) 두 사람이 왕의 밀명(密命)을 받고 찾아왔다.

"아무쪼록 우리 나라의 재상이 되어 주셨으면 합니다. 상감의 간절한 부탁이십니다."

장자는 낚싯줄을 드리운 채 뒤도 돌아보지 않고 대답했다.

"귀국에는 죽은 지 3천 년이나 된 영험스러운, 거북의 등딱지가 있다지요? 왕은 그것을 건통(巾筒)에 넣어 두고 소중히 제사 지내고 있다던데요? 그런데 그 거북이 말인데, 죽어서 등딱지에 절을 받는 지금의 처지와 흙탕물에 꼬리를 질질 끌면서라도 살아 있을 때의 처지와 어느 쪽이 좋았을까요?"

"그야 살아 있을 때가 좋았겠지요."

그러자 장자는 말했다.

"자 이제 그만 돌아가 주시오. 나도 흙탕물 속에 꼬리를 질질 끌면서 지내고 싶소."(秋水)

＊복수(濮水)──강 이름. 지금의 하북성에 흐르던 강

하급 관리의 억측

> 惠子相梁, 莊子往見之. 或謂惠子曰, 莊子來, 欲代子相. 於是惠子恐, 搜於國中, 三日三夜. 莊子往見之,曰, 南方有鳥, 其名鵷鶵, 子知之乎. 夫鵷鶵發於南海, 而飛於北海. 非梧桐不止, 非練實不食, 非醴泉不飮. 於是鴟得腐鼠, 鵷鶵過之. 仰而視之, 曰, 嚇. 今子欲以子之梁國而嚇我耶.

*혜자(惠子)가 양(梁:魏)의 재상으로 있을 때의 일이다. 장자는 친구인 재상의 거동이라도 구경할 요량으로 훌쩍 양나라를 찾아갔다. 그런데 재빨리 이 소문을 들어 알아차린 어느 사나이가 혜자에게 고자질을 하였다.

"장자가 찾아온 모양인데 필시 재상님을 실각시킬 속셈일 것입니다."

놀란 혜자는 사흘낮 사흘밤 동안 나라 안을 뒤졌다. 그 뒤에 혜자 앞에 불쑥 모습을 나타낸 장자는 이렇게 말했다.

"남쪽 나라에 *원추(鵷鶵)라고 하는 새가 있다네. 어떤 새인지 알고 있는가? 남해에서 아득히 먼 북해로 건너가지만 도중에 벽오동나무 가지가 아니면 날개를 접고 쉬지 않으며, 대나무 열매[練實]가 아니면 쪼아 먹지 않으며 *예천(醴泉)의 물이 아니면 마시지 않는 새일세. 그런데 어쩌다 썩은 쥐를 주은 올빼미가, 어느새 머리 위에 당도한 원추를 보고 애써 잡은 먹이를 빼앗길지도 모른다는 생각이 든 게야. 그래서 그렇게는 못하겠다 싶어 올빼미 녀석이 '칵' 하고 소리를 질러 원추를 위협했다던가! 그건 그렇다 치고 자네도 지금 양나라라는 먹이를 빼앗기지 않으려고 나를 협박하고자 하는 겐가?"(秋水)

*혜자(惠子)──논리 학자인 혜시(惠施)를 말함. 장자의 친구이며 양(위)나라 혜왕(惠王) 때의 재상임.
*원추(鵷鶵)──난(鸞)과 봉(鳳). 모두 다 상상적인 서조(瑞鳥)임.
*예천(醴泉)──예천은 단 물이 솟는 샘. 세상에 보기 드문 청결한 먹이를 뜻함.

〔解說〕

　　원추와 올빼미의 우화를 빌려 장자가 세속적인 명성을 아득히 초월하고 있음을 말한 글이다.

해골과의 대화

> 莊子之楚, 見空髑髏. 髐然有形. 撽以馬捶, 因而問之, 曰, 夫子貪生失理而爲此乎. 將子有亡國之事, 斧鉞之誅, 而爲此乎. 將子有不善之行, 愧遺父母妻子之醜而爲此乎. 將子有凍餒之患而爲此乎. 將子之春秋故及此乎. 於是語卒, 援髑髏枕而臥. 夜半, 髑髏見夢曰, 子之談者似辯士. 諸子所言, 皆生人之累也, 死則無此矣. 子欲聞死之說乎. 莊子曰, 然. 髑髏曰, 死, 無君於上, 無臣於下, 亦無四時之事. 從然以天地爲春秋. 雖南面王樂, 不能過也. 莊子不信, 曰, 吾使司命復生子形, 爲子骨肉肌膚, 反子父母妻子閭里知識. 子欲之乎. 髑髏深矉蹙頞曰, 吾安能棄南面王樂, 而復爲人間之勞乎.

장자가 초나라를 여행하고 있을 때의 일이다. 해골 하나가 들판에 내버려진 것을 보았다. 장자는 말에서 내렸고 손에 든 말채로 무슨 까닭인지 그것을 두들기며 말을 걸었다.

"어쩌면 그렇게 딱한 모습인가? 방탕을 다한 앙갚음인가. 나라를 팔아 먹으려다가 효수된 것인가. 부모나 처자에게 얼굴을 들 수 없는 일이라도 저지르고 목을 맨 건가. 그도 아니면 의식이 궁색하여 객사한 것인가. 아니면 천수를 다 누리고 이 곳에서 일생을 마친 것인가?"

말을 마치자 장자는 가볍게 해골을 끌어당겨 그것을 베개 삼아 잠들어 버렸다. 밤중에 해골이 꿈에 나타나 말을 걸었다.
"그대도 말솜씨가 뛰어나군! 그런데 그대가 말한 것은 모두 덧없는 세상의 고뇌라고 하는 것이오. 죽은 자의 세계에는 그런 것은 없소. 어떻소. 죽은 자의 세계에 흥미가 있소?"
"꼭 듣고 싶소."
"죽은 자의 세계에는 군주라든가 신하라는 등의 구별은 일체 없소. 과거도 미래도 없고 천지와 마찬가지로 영원한 세계인 게요. 가령 왕후(王侯)의 삶이라 할지라도 이 세계의 즐거움에는 미치지 못할 것이오."
장자는 해골이 허세를 부리는 것이 아닌가 의심해 물었다.
"내가 저승의 관원에게 손을 쓰면 그대는 원래대로의 모습이 되어 부모와 처자, 친구의 곁에 돌아갈 수 있는데 어떻소. 한번 해 볼까요?"
그 순간에 해골은 얼굴을 찌푸리며 대답했다.
"왕이나 제후도 누리지 못하는 즐거움을 버리고 괴로움이 가득한 인간 세상으로 되돌아가는 따위의 어리석은 짓은 절대로 사절하겠소."(至樂)

[解說]
　　전장(前章)의 생사를 초월하는 입장에서 한 걸음 더 나아가 사후의 세계까지 찬양한 글이지만 논지(論旨)가 천박(淺薄)하다. 후세 사람들이 덧붙인 우화(寓話)일 것이다.

투 계(鬪鷄)

> 紀渻子爲王養鬪鷄. 十日而問, 鷄已乎. 曰, 未也.
> 方虛憍而恃氣. 十日又問. 曰, 未也. 猶應嚮景. 十
> 日又問. 曰, 未也. 猶疾視而盛氣. 十日又問. 曰,
> *幾矣. 鷄雖有鳴者, 已無變矣. 望之似木鷄矣. 其德
> 全矣. 異鷄無敢應者, 反走矣.

기성자(紀渻子)라는, 싸움닭 길들이기의 명인이 왕으로부터 한 마리의 투계를 훈련시키도록 명령을 받았다.

열흘쯤 되었을 때 왕이 상태를 물었다.

"어떤가? 이제 슬슬 쓸 수 있지 않겠느냐?"

그러자 기성자는 이렇게 대답했다.

"아니옵니다. 아직 멀었나이다. 지금은 살기 등등하여 자꾸만 적을 찾고 있사옵니다."

그로부터 열흘이 지나 왕이 물으니 그가 대답했다.

"아니옵니다. 아직도 멀었나이다. 다른 닭의 울음소리를 듣거나 낌새를 느끼면, 금세 투지가 넘치게 되옵니다."

또 열흘이 지나 왕이 물으니 그가 대답하였다.

"아니옵니다. 아직도 멀었나이다. 다른 닭의 모습을 보면 노려 보고 흥분하옵니다."

다시 열흘이 지나서 왕이 물으니 이번에는 이렇게 대답하였다.

"이제는 되었나이다. 곁에서 다른 닭들이 아무리 울고 덤벼

들어도 조금도 움직일 기색도 없이 마치 나무에 새긴 닭과 같사옵니다. 이것은 덕이 충만하다는 증거입지요. 이렇게 되면 뜻대로 된 것이며 어떤 닭이라도 당해 낼 재간이 없을 것이니이다. 이 닭의 모습을 얼핏 보기만 해도 다른 닭들은 도망쳐 버릴 것이옵니다."(遠生)

목수의 비결

> 梓慶削木爲鐻. 鐻成. 見者驚猶鬼神. 魯侯見而問
> 焉, 曰, 子何術以爲焉. 對曰, 臣, 工人, 何術之有.
> 雖然有一焉. 臣將爲鐻, 未嘗敢以耗氣也. 必齋以靜
> 心. 齋三日而不敢懷慶賞爵祿. 齋五日不敢懷非譽巧
> 拙. 齋七日輒然忘吾有四枝形體也. 當是時也, 無公
> 朝. 其巧專而外滑消. 然後入山林. 觀天性, 形軀至
> 矣. 然後成見鐻, 然後加手焉. 不然則已. 則以天合
> 天. 器之所以疑神者, 其是與.

　노나라의 명목수 재경(梓慶)이 거(鐻 : 종이나 북을 매다는 시렁)를 만들었다. 그 훌륭한 솜씨에 사람들은 정녕 신기라고 혀를 내둘렀다. 노나라의 군주도 그것을 보고 완전히 감복하여 재경에게 물었다.
　"무슨 비결이라도 있는 것이냐?"
하고 물으니 재경은 이렇게 대답했다.
　"목수인 저는 기술이라든가 하는 어려운 것은 모르지만 제 나름대로의 방식은 있나이다. 거(鐻)를 만들 때에는 절대로 다른 일에 마음을 흐트러뜨리지 않습지요. 우선 재계하여 마음을 가라앉히옵니다. 3일 계속하면 이욕(利慾)을 잊고, 5일 동안 계속하면 세간의 평판에 마음을 쓰지 않게 되며 잘 만들어야겠다는 기분을 잊나이다. 그리고 7일째가 되면 홀연히 망아(忘我)의 경지에 들어갑지요. 그렇게 되면 '무심' 바로 그것이며 조정(朝庭)의 위광(威光)조차도 잊나이다. 이 경지에 도달해야 비로소 산에 가서 재료를 찾사옵니다. 재료로는 재질, 모양새와 함께 거(鐻)에 알맞는 나무를 고릅지요. 나무가 결정되면 마음속에 만들어야 할 모양을 그리고 그 나무와 꼭 맞는지 여부를 확인한 뒤에 제작에 착수하나이다. 만일 이상적 나무가 보이지 않으면 거(鐻)를 만들지 않사옵니다. 즉 나무의 천성과 신의 천성이 일체가 되어야 비로소 거(鐻)가 완성되는 것입니다. 신기라는 둥 사람들에게 칭찬받는 것도 그 까닭이니이다.

쫓는 자는 쫓긴다

> 莊周遊乎雕陵之樊. 覩一異鵲, 自南方來者. 翼廣七尺, 目大運守. 感周之顙而集於栗林. 莊周曰, 此何鳥哉. 翼殷不逝, 目大不覩. 蹇裳躩步, 執彈而留之. 覩, 一蟬方得美蔭而忘其身, 螳螂執翳而搏之, 見得而忘其形, 異鵲從而利之, 見利而忘其眞. 莊周怵然曰, 噫, 物固相累, 二類相召也. 損彈而反走. 虞人逐而誶之. 莊周反入, 三月不庭. 藺且從而問之, 夫子何爲頃間甚不庭乎. 莊周曰, 吾守形而忘身, 觀于濁水而迷于淸淵. 且吾聞諸夫子, 曰, 入其俗, 從其俗. 今吾遊于雕陵而忘吾身, 異鵲感吾顙, 遊於栗林而忘眞. 栗林虞人以吾爲戮. 吾所以不庭也.

 장자가 조릉(雕陵)에서 사냥을 즐기고 있는데 남쪽에서 이상한 까치가 날아왔다. 날개는 일곱 자, 눈이 한 치나 되는 큰 까치였다. 그 까치가 장자의 얼굴을 스치고 날아가 가까운 밤나무 숲 속에 앉았다.
 "묘한 새로군! 큰 날개를 가지고 있으면서도 날지 못하고 큰 눈을 가지고 있으면서도 마치 눈뜬 소경이 아닌가."
 장자는 이렇게 중얼거리며 옷자락을 걷어 올리고 잽싸게 밤나무 숲 속으로 들어가 까치를 겨누어 활을 당겼다. 그러나 자세히 보니 까치는 나뭇잎 그늘에 숨어 있는 버마재비를 노리고 있고 그 버마재비는 또 시원한 나무 그늘에서 황홀하게 울고 있는 매미를 노리고 있지 않은가! 버마재비도 까치도 잡을 거리에만 마음을 빼앗겨 내 몸의 위험을 눈치채지 못하고 있었다. 장자는 전율을 느꼈다.

"먹이를 노리는 자 또한 먹이가 되는가? 이익을 쫓는 자는 해를 불러들이는가? 위험하다 위험해!"

장자는 활과 화살을 버리고 서둘러 밤나무 숲을 빠져 나왔다. 그런데 뒤쫓아 달려온 밤나무 숲의 파수꾼에게 붙잡혀서 밤도둑이라고 심하게 욕을 먹었다.

이후 3개월 동안이나 장자는 방 안에 틀어박힌 채 뜰에도 나오지 않았다. 제자인 인차(藺且)가 이상히 여기고,

"어쩐 일이십니까? 요즘은 뜰에도 안 나오시고."
하고 까닭을 물으니 장자는 이렇게 대답했다.

"나는 외물에 마음을 빼앗겨 내 자신의 멍청함에 생각이 미치지 못 하였네. 탁류에 마음을 사로잡혀 맑은 심연(深淵)에 내 모습을 비추는 것을 잊고 있었던 게야. '세속에 사는 만큼 세속의 규범에 따르라'라는 가르침이 있는데 지난번 조릉(雕陵)에 갔을 때 얼굴을 스쳐 날아간 큰 까치에 마음을 사로잡혀 금령(禁令)도 알아차리지 못하고 밤나무 숲 속에 들어가 버렸지. 그 때문에 밤나무 밭지기로부터 의심을 받는 수치를 맛본 게야. 그런 자신을 부끄럽게 여기고 틀어박혀 있는 것이라네."(山木)

미움받은 미녀(美女)

> 陽子之宋, 宿于逆旅. 逆旅人有妾二人. 其一人美, 其一人惡. 惡者貴而美者賤. 陽子問其故. 逆旅小子對曰, 其美者自美, 吾不知其美也. 其惡者自惡, 吾不知其惡也. 陽子曰, 弟子記之. 行賢而去自賢之行, 安往而不愛哉.

*양자(陽子)가 송나라에 여행하다가 어떤 여인숙에 머물었다. 그 여인숙의 주인에게는 첩이 두 명 있었다. 한 명은 눈에 뜨일 만큼 미인이었으나 또 한 명은 불쌍할 정도로 밉상이었다. 그런데 여관의 주인은 어찌 된 노릇인지 못생긴 여자 쪽을 귀여워하고 있었다. 이상하게 생각하고 그 까닭을 물은즉,
 "인물이 반반한 쪽은 어떤가 하면 미색을 내세우므로 질력이 나서 견딜 수가 없습니다. 다른 한 쪽은 자기의 못생김을 부끄럽게 여기고 무슨 일에나 사양하고 소극적이므로 이 쪽에서도 그 심지가 애처로워 용모 같은 것은 잊게 됩니다."
라고 대답했다.
 그 말을 듣고 양자는 제자에게 이렇게 타일렀다.
 "기억하여 두는게 좋을 것이다. 훌륭한 행동을 하고도 더구나 자만하지 않는 그런 인간이면 만인에게 사랑받지 못할 까닭이 없다."(山木)

도가(道家)와 유가(儒家)

> 温伯雪子適齊, 舍於魯. 魯人有請見之者. 温伯雪子曰, 不可. 吾聞, 中國之君子明乎禮義而陋於知人心. 吾不欲見也.
>
> 至於齊, 反舍於魯. 是人也又請見. 温伯雪子曰, 往也蘄見我, 今也又蘄見我. 是必有以振我也. 出而見客, 入而嘆. 明日見客, 又入而嘆. 其僕曰, 每見之客, 必入而嘆, 何耶. 曰, 吾固告子矣, 中國之民明乎禮義而陋乎知人心. 昔之見我者, 進退一成規, 一成矩, 從容一若龍, 一若虎. 其諫我也似子, 其道我也似父. 是以嘆也.
>
> 仲尼見之而不言. 子路曰, 吾子欲見温伯雪子久矣. 見之而不言, 何邪. 仲尼曰, 若夫人者, 目擊而道存矣. 亦不可以容聲矣.

초나라의 현인(賢人), *온백설자(温伯雪子)가 제나라로 여행 가던 도중에 노나라의 수도에 숙소를 정했다. 그러자 그 소문을 듣고 당장 면회를 신청해 오는 자가 있었다. 그러나 온백설자는 만나 주려고 하지 않았다.

"사양하겠소. 이 고장 사람들은 도덕이나 작위에 대하여는 매우 자상하면서 인간의 심리에 대하여는 전혀 둔감한 모양입니다. 그런 상대와는 만나지 않겠소."

그런데 제나라에서 돌아오는 길에 온백설자가 노나라 수도에서 다시 숙박하였더니 지난번에 그 사람이 또다시 면회를 청해 왔다.

"일단 거절했음에도 불구하고 거듭 만나고 싶다며 청해 온 것을 보니 나를 교화할 때까지는 철저히 가르칠 작정인 모양이로군!"

온백설자는 그 손님을 별실로 불러들였으나 돌아오자마자 큰 한숨을 쉬었다. 그 이튿날 두 번째 만난 뒤에도 마찬가지로 한숨만 쉴 뿐이다. 그 모양을 보고 심부름하는 사나이가 물었다.

"저분을 만나시면 반드시 한숨을 쉬시니 대체 어찌 된 노릇입니까?"

"요전에도 자네에게 말해 두었지만 이 근방의 패거리들은 도덕이나 예의범절(禮儀凡節)에만 시끄럽게 굴고 인간 심리에 대해서는 도통 둔감하단 말이야. 그런데 아까 그 사나이의 행동거지는 한 치의 빈틈도 없는 훌륭한 것이었다네. 그리고 어버이가 자식을 대하듯이 간절하고 정중하게 나를 설교하여 주니 한숨이 나올 수밖에."

그런데 온백설자와 회견한 사나이는 공자였다. 그는 집으로 돌아온 뒤로는 한 마디도 입을 열려 하지 않았다. 제자인 자로(子路)가 그 모양을 수상히 여기고 물었다.

"선생님께서는 그처럼 온백설자를 만나고 싶어하셨습니다. 그런데 그 숙원이 이루어지셨는데도 말씀 한 마디 안 하시는 것은 무슨 까닭이십니까?"

"아니야. 듣기보다 훌륭한 인물이야. 한 번만 보아도 '도' 바로 그 자체라는 느낌이었다네. 무엇이라고 말로는 설명할 길이 없어."(田成子)

*온백설자(溫伯雪子)──온(溫)은 성. 백(伯)은 이름. 설자(雪子)는 자임. 초나라의 도인

〔解說〕

　이 글의 주된 취지는 유가의 형식적인 면을 공격한 것이다. 예의란 본심을 떠난 가식이라고 단정하고 참된 가르침은 오히려 무언의 가르침이라고 하는 점에서 앞의 글의 취지와 같다. 끝에서 중니(仲尼)의 말을 빌려 설자와 공자는 이미 마음과 마음이 통하는 바가 있음을 암시한 것으로 유가를 비난하면서도 공자 자체는 부정하지 못하는 점이 작자의 입장을 잘 나타내고 있다 하겠다.

유복(儒服)의 실속

> 莊子見魯哀公. 哀公曰, 魯多儒士, 少爲先生方者. 莊子曰, 魯少儒. 哀公曰, 擧魯國而儒服, 何謂少乎.. 莊子曰, 周聞之, 珙儒者冠圜冠者, 知天時, 履句屨者, 知地形, 緩佩佩者, 事至而斷. 君子有其道者, 未必爲其服也. 爲其服者, 未必知其道也. 公固以爲不然, 何不號於國中曰, 無此道而爲此服者, 其罪死. 於是哀公號之五日, 而魯國無敢儒服者. 獨有一丈夫, 儒服而立乎公門. 公卽召而問以國事. 千轉萬變而不窮. 莊子曰, 以魯國而儒者一人耳. 可謂多乎.

장자가 노나라의 애공을 알현하였다. 애공(哀公)이 말했다. "노나라에는 유학자가 많소. 모처럼 오셨는데 당신의 학설을 들으려고 하는 자는 없을 것이오."
하고 말하니 장자는 말했다.
"아니올시다. 노나라에 유학자가 많다고는 할 수 없습니다."
"이게 무슨 말씀이오. 노나라에는 온 나라가 유복을 입고 있다고 하여도 좋을 정도인데 무슨 근거로 그런 말씀을 하는 거요?"
"유자가 쓰는 둥근 갓은 천문을 알고 하늘의 법칙에 따르는 것을 나타내고, 네모난 신은 지리를 알고 대지에 준하여 따르는 것을 나타내며, 허리띠의 구슬은 결단력을 나타낸다고 들었습니다. 그러나 그것들은 상징일 뿐이지 실질은 아닙니다. 그러므로 참다운 군자의 도를 닦은 자라도 반드시 유복을 걸치고 있다고는 할 수 없으며, 유복을 걸치고 있다고 하여 반드시 군자의 도를 닦고 있다고는 할 수 없습니다. 믿지 못하겠으면 나라 안에 '군자의 도를 닦지 않고 유복을 입는 자는 사형에 처한다' 하는 포고령을 내려 보십시오."

애공은 그대로 포고령을 내렸다. 닷새가 지나니 노나라에는 유복을 입는 자가 없어졌다. 그런데 단지 한 사람만이 유복을 걸치고 궁궐 앞에 나타났다. 애공은 당장 그를 불러들여 국정에 대해서 질문하였다. 그 사나이는 종횡무진, 자유자재로 설명하며 그칠 줄을 몰랐다.

장자는 애공에게 말했다.

"나라 안에 유자는 한 사람밖에 없는 것 같습니다. 어떻게 이를 많다고 하십니까?"

그림의 진수(眞髓)

> 宋元君將畵圖. 衆史皆至. 受揖而立, 舐筆和墨.
> 在外者半. 有一史後至者, 儃儃然不趨, 受揖不立.
> 因之舍. 公使人視之, 則解衣般礴臝. 君曰, 可矣,
> 是眞畵者也.

송나라의 원공(元公)이 나라 안의 화가를 모아서 그림을 그리게 한 때의 일이다.

모인 화가들은 명령을 받자, 즉시 정해진 자리에 앉아 붓을 고르거나 물감을 풀면서 일등을 하는 것이 자신의 솜씨를 뽐내는 길인 듯이 제각기 그림을 그리기 시작하였다. 회장 안으로 들어오지 못하고 실외로 넘쳐 나간 자가 전체의 반수에 달할 만큼 성황을 이루었다.

거기에 지각한 한 화공이 찾아왔다. 유연한 태도를 취하고 조금도 당황하는 기색이 없었다. 그는 명령을 받자 자리에 착석하려고도 하지 않고 대기실 쪽으로 가 버렸다. 수상히 여긴 원공이 사람을 시켜 엿보게 하였더니 어찌 된 영문인지 옷을 벗어젖히고 태연히 잠자고 있다는 것이었다. 감탄한 원공은 엉겁결에 이런 말을 내뱉었다.

"과연 그 사나이야말로 정진정명(正眞正銘)의 화가였구나!"
(田子方)

〔解說〕
　높은 기예를 터득한 자는 자득의 풍모를 지니며, 결코 외형에 마음이 사로잡히지 않음을 말하고 있다.

망아(忘我)의 잠

> 齧欠問道乎被衣. 被衣曰, 若正汝形, 一汝視, 天和將至. 攝汝知, 一汝度, 神將來舍. 德將爲汝美, 道將爲汝居. 汝瞳焉如新生之犢, 而無求其故. 言未卒, 齧缺睡寐. 被衣大說, 行歌而去之, 曰, 形若槁骸, 心若死灰. 眞其實知, 不以故自持. 媒媒晦晦, 無心而不可與謀. 彼何人哉.

*설결(齧缺)이 '도(道)'를 터득하는 방법을 *피의(被衣)에게 물었다. 피의는 말했다.

"우선 온 몸에서 힘을 빼내고 시선을 자연스럽게 유지하는 일이네. 그렇게 하면 조화가 저절로 몸에 갖추어지겠지. 그리고 그 위에 사려 분별을 걷어치우고 마음을 비운다면 만유의 실상은 저절로 감득될 것이네. 그것이 곧 '도(道)'와 일체가 되고 '도(道)의 작용'과 합치된 상태인 것이야. 갓낳은 송아지 같은 마음, 게다가 왜 그렇게 되었는지 의식하지 않는 상태가 그것인 것이지."

얘기하는 중에 설결은 어느 틈엔가 새근새근 잠들고 있었다. 피의(被衣)는 더없이 만족하고 노래를 부르면서 떠나갔다.

몸은 시든 나무 같고
마음은 불 꺼진 재 같도다
형해를 버리고

참됨으로 돌아가야지
아련히
다만 멍하니
속이 텅 빈 공동같이
밑바닥도 모르는 사람
사람이면서,
그러나 또한
사람이 아니로다——(知北遊)

(그런 사람은 없는 것일까?)

　　　～～～～～

＊설결(齧缺)—— 왕예(王倪)의 제자
＊피의(被衣)—— 왕예의 스승

경계 없는 경계

> 東郭子問於莊子曰, 所謂道, 惡乎在. 莊子曰, 無所不在. 東郭子曰, 期而後可. 莊子曰, 在螻蟻. 曰, 何其下耶. 曰, 在稊稗. 曰, 何其愈下耶. 曰, 在瓦甓曰, 何其愈甚耶. 曰, 在屎溺. 東郭子不應.
>
> 莊子曰, 夫子之問也, 固不及質. 正獲之問於 監市履狶也, 每下愈況. 女唯莫必, 無乎逃物. 至道若是, 大言亦然. 周徧咸三者, 異名同實. 其指一也. 嘗相與遊乎無何有之宮, 同合而論無所終窮乎. 嘗相與無爲乎. 澹而靜乎, 漠而淸乎, 調而閒乎. 寥已吾志, 無往焉, 而不知其所至. 去而來, 不知其所止. 吾已往來焉, 而不知其所終. 彷徨乎馮閎, 大知入焉而不知其所窮. 物物者與物無際, 而物有際者, 所謂物際者也. 不際之際, 際之不際者也. 謂盈虛衰殺, 彼爲盈虛非盈虛, 彼爲衰殺非衰殺, 彼爲本末非本末, 彼爲積散非積散也.

*동곽자(東郭子)가 장자에게 물었다.
"당신이 말씀하시는 '도(道)'란 어디에 있는 것입니까?"
"아무 곳에나 있는 것이오."
"예를 들어 명시하여 주셨으면 합니다."
"벌레 속에 있소."
"그건 천한 것 속에 있군요."

"돌피 속에도 있지."
"점점 천해지는 군요."
"벽돌 속에도 있소."
"더욱 심해질 따름인데요."
"대소변 속에조차 있소."
조롱당하고 있다고 생각했는지 동곽자는 입을 다물었다.
그래서 장자는 천천히 설명하기 시작했다.
"어디에 있느냐고 물으면 이렇게 대답할 수밖에 없으니, 당신의 질문은 핵심을 빗나갔소. 이런 이야기가 있소이다. 의전 담당관이 돼지의 살집을 알아보는 방법에 관하여 시장의 감독에게 물은바, 시장 감독은 '머리를 보는 것보다 등을 보시오, 등을 보는 것보다는 엉덩이를, 엉덩이보다는 다리를 살펴 보는 것이 좋소. 아래로 내려가면 내려갈수록 살집을 잘 알 수 있는 것이오.' 하고 대답했소. 지금 '도(道)'에 대하여 하급의 것만을 예로 들은 것도 이 쪽이 '도(道)'의 전모를 이해하는 데 편리하리라고 생각하였기 때문이오. 참된 '도(道)'는 사물을 떠나서는 존재하지 않으나 그렇다고 하여 어디에 있다고 한정할 수 있는 것도 아니오. 그것은 참된 가르침이 하나의 형식에 한정되지 않는 것과 마찬가지인 것이오. 이를테면 내가 지금 '도(道)'는 널리 존재하는 것이라는 의미의 말을 했는데, 그것을 표현하는 데 있어서도 *주(周)·편(徧)·함(咸) 등 여러 가지 말이 있을 수 있겠으나 말은 달라도 그 뜻은 모두 같은 것이오. 이제 시험삼아 당신과 내가 함께 *무하유(無何有)의 경지에 노닐고 만물과 하나가 되어 무궁한 '도(道)'의 작용에 순응하여 봅시다. 또 시험삼아 서로 함께 무위(無爲) 자연의 입장으로 돌아가면 허무하고 고요하고 조화가 가득한 세계가 열릴 것이오. 그래야 마음은 욕심없이 공허해지고 사물의 유래랄지 되어가는 형편이랄지, 결과랄지 하는 것들을 염려하지 않아도 되는 것이오. 이와 같이 대허(大虛) 속을 소요하여야만 사람은 끝없는 '진지(眞知)'를 내 것으로 할 수 있는 것이오. 만물을 만물답게 하는 '도(道)'는 만물 속에 널리 내재하며 만물과의 사이에 경계 따위를 갖지 않으오.

만일 경계를 갖는다면 그것은 다른 물건과 구별되고, 또 다른 물건에 지나지 않는 것이지 '도(道)'는 아닐 것이오. 그렇다고 하여 '도(道)'가 만물 그 자체도 아니오. '도(道)'와 만물의 경계는 말하자면 경계가 없는 경계인 셈이오. 만물의 생명을 주재하면서도 스스로는 생명을 초월한 존재, 그것이 곧 '도(道)'인 것이오."(知北遊)

*동곽자(東郭子)──동곽에서 살았다 하여 동곽자(東郭子)라 하였으며 무택(無擇:田子方)의 스승이자 전자방편(田子方篇)에는 동곽순자(東郭順子)라고 나와 있음.

*주편함(周徧咸)──세 단어가 모두 '두루, 널리, 미침'의 뜻임.

*무하유(無何有)의 경지 ──아무것도 존재하는 것이라고는 없음이니 현도(玄道)가 있는 곳. 즉 허무를 의미함.

[解說]

　장자와 동곽자(東郭子)의 문답을 빌려 장자는 '도(道)'가 천지 만물에 두루 깃들어 있으며, 그 작용은 끝없이 반복되어 가득하거나 텅 비는 일은 없다고 했다.
　본디 장자의 사상 가운데 이 '도'는 사람의 입장을 버리고 형상의 밑바닥에 숨는 것으로 생각한 자연의 '도'에 합일하는 것이 이상(理想)이라 했는데 그 길은 만물을 만들어 내는 모체(母體)로서의 실재성과 동시에 잡다한 현상을 가로질러 만물을 그것으로서 존재하게 하는 법칙이기도 했다.

잡 편(雜篇)

◇ **본편(本篇)의 명언**
- 하늘과 땅은 영원하지만 인간의 생명에는 한계가 있다. 우리들은 이 유한한 생명을 영원한 우주에 의탁하고 있다. 그것은 마치 준마(駿驥)가 문 틈을 스치고 지나가는 것과 같은 한 순간에 불과한 것이다.
- 자꾸만 전쟁을 일으키려고 하는 공손연(公孫衍)과 같은 사람은 본래 질서를 어지럽히는 자임에 틀림 없으나 전쟁 없는 평화의 이점을 설파하여 마지않는 계자(季子)와 같은 자도 이해에 사로잡혀 있는 한, 자연의 질서를 어지럽히는 자라고 하지 않으면 안 된다. 아니, 그들을 비판하고 있는 나 자신부터도 역시 시비에 얽매여 질서를 어지럽히는 자라 할 수 있다.
- 물고기는 어부의 어망은 두려워하지 않고 제호(鵜鶘)라는 물새가 노리는 것만 두려워한다.
- 대저, 인간의 능력은 본디부터 '도'에 의하여 주어진 것이다. 이 영묘한 천부의 본성으로 되돌아가서 무심히 살아간다면 노랫소리는 저절로 가락에 맞고 말은 규범에 맞다.
- 공평하고자 하여 작위를 작용시킨다면 그것은 참된 공평이 아니다.

꼼짝 못하고 당한 공자

1. 천하의 대도적

孔子與柳下季爲友. 柳下季之弟, 名曰盜跖從卒九千人, 橫行天下, 侵暴諸侯, 穴室樞戶, 驅人牛馬, 取人婦女, 貪得忘親, 不顧父母兄弟, 不祭先祖. 所過之邑, 大國守城, 小國入保. 萬民苦之.

孔子謂柳下季曰, 夫爲人父者, 必能詔其子, 爲人兄者, 必能敎其弟. 若父不能詔其子, 兄不能敎其弟, 則無貴父子兄弟之親矣. 今先生世之才士也, 弟爲盜跖, 爲天下害, 而弗能敎也. 丘竊爲先生羞之. 丘請爲先生往說之. 柳下季曰, 先生言, 爲人父者必能詔其子, 爲人兄者必能敎其弟. 若子不聽父之詔, 弟不受兄之敎, 雖今先生之辯, 將奈之何哉. 且跖之爲人也, 心如涌泉, 意如飄風. 强足以拒敵, 辯足以飾非. 順其心則喜, 逆其心則怒, 易辱人以言. 先生必無往.

孔子不聽. 顔回爲馭, 子貢爲右, 往見盜跖. 盜跖乃方休卒徒太山之陽, 膾人肝而餔之. 孔子下車而前, 見謁者曰, 魯人孔丘, 聞將軍高義, 敬再拜謁者. 謁者入通. 盜跖聞之大怒, 目如明星, 髮上指冠. 曰, 此夫魯國之巧僞孔丘非耶. 爲我告之, 爾作言造語, 妄稱文武, 冠枝木之冠, 帶死牛之脅, 多辭謬說, 不

> 耕而食, 不織而衣, 搖脣鼓舌, 擅生是非, 以迷天下之主,
> 使天下學士不反其本, 妄作孝弟, 而徼倖於封侯富貴者也.
> 子之罪大極重. 疾走歸. 不然, 我將以子肝益晝餔之膳.
> 孔子復通曰, 丘得幸于季, 願望履幕下. 謁者復通. 盜跖
> 曰, 使來前.

공자는 *유하계(柳下季)와 오랜 친구지간이다. 이 유하계의 아우에 도척(盜跖)이라는 인물이 있다. 도척은 일당 9천 명이나 되는 부하를 거느리고 천하를 제 것인양 횡행하고 있었다. 위로는 제후를 위협하고 아래로는 민중을 습격하여, 소와 말을 훔치고 여자를 끌어갔다. 재물과 음식을 탐내는 나머지 친족은 말할 것도 없고 친형제조차도 염두에 없으니 하물며 조상의 제사 따위는 더더욱 아랑곳이 없다. 도척이 온다는 소문을 듣기만 하여도 대국이든 소국이든 당황하여 성 안으로 도망쳐 들어가 수비 태세를 갖추는 형편이다. 그러니 백성의 고통은 이만저만이 아니었다.

그래서 공자는 유하계를 찾아갔다.

"자식을 가진 몸이면 그 자식을 가르칠 의무가 있고 아우가 있으면 그 아우를 지도할 의무가 있소. 아버지가 아들에게 예의범절을 가르치고 형이 아우를 지도해야만 부자형제라 할 수 있는 게 아니오? 그런데 당신은 세상에 알려진 현인(賢人)이신데 저 무법자인 아우를 선도하지 못하고 있소. 그런 당신을 보고 있노라면 나는 딱하여 가만히 있을 수가 없소. 그러니 내가 가서 계씨를 설득하여 보고자 하는데 어떻겠소?"

유하계는 대답했다.

"정녕 부형된 자는 말씀대로의 의무가 있겠지요. 그러나 상대가 부모의 말에 귀를 기울이지 않고 형의 지도를 받아들이려 하지 않으니 당신의 웅변으로도 손을 쓸 수 없을 게요. 더구나 척(跖)으로 말하면 용솟음쳐 나오는 샘과 같은 지략, 질풍과 같이 잽싼 행동력, 손쉽게 적을 물리치는 완력, 흑을 백이라고 말로 구워삶아 버리는 변설의 소유자입니다. 제 마음에 들면 좋은 기분이지만 그렇지 않으면 당장 화를 내며 아무렇지도 않게 남을 모욕하는 녀석이구요. 그만 두시지요. 가셔도 헛걸음할 뿐이오."

고대의 벽화

그러나 공자는 충고를 듣지 않고 *안회(顏回)로 하여금 말을 끌게 하고, *자공을 동승시켜 출발하였다.

때마침 도척은 태산의 남쪽 기슭에서 졸개들을 쉬게 하면서 사람의 간을 회로 쳐서 먹고 있었다.

공자는 마차에서 내려 도척의 부관에게 말했다.

"나는 노나라의 공구라는 사람입니다. 장군의 높은 명성을 경모하여 뵈러 왔습니다. 아무쪼록 만나뵙도록 주선하여 주십시오."

"뭐! 공구라고?"

부관의 전갈을 듣고 도척은 금세 잔뜩 화를 냈다. 눈은 반짝반짝 빛나고 노발(怒髮)은 충천하였다.

"저 노나라의 거짓 군자 말인가? 만날 것도 없으니 자네가 말해 주게나. '그대의 행위는 중죄에 해당된다. 해괴한 말을 구사하며 문왕과 무왕을 짊어지고 돌아다닌다던가? 화려하

잡편 259

게 꾸민 갓과 쇠가죽 허리띠를 갖춘 내로라 하는 복장을 하고 유해무익한 요설로 장난치고 일도 하지 않으면서 마시고 먹는다. 제멋대로의 규범으로 시비선악의 논지를 세워 여러 나라의 군주를 속이고 학자들을 못된 길로 끌어들인다. 효행 따위 쓸데없는 것을 부르짖어 남을 인도한다. 그것도 이것도 다 잘되면 자기가 아주 왕후 귀족이 되려는 속셈에서이다. 그대만큼 세상에 해독을 끼치는 인간은 없을 것이다. 얼른 돌아가라! 그렇지 않으면 그대의 간이 내 밥상에 오를 뿐이다'라고 말이야."

그래도 공자는 굽히지 않고 청원하였다.

"나는 장군의 형님이신 계군(季君)의 소개를 받고 왔습니다. 이걸로 봐서라도 용서하시고 하다 못 해 장군의 발 아래에 부복하는 것만이라도 허락하여 주시기 바랍니다."

부관으로부터 이렇게 전갈을 받자 도척은 겨우 승낙하였다.

"좋아, 이리로 안내하라."

*유하계(柳下季)──유하혜(柳下惠)라고도 한다. 실제는 공자보다 백 년쯤 빠르다. 노나라의 희공(僖公) 때 사람. 업적은 분명치 않으나 현인으로서 유명함.

*안회(顏回)·자공(子貢)──두 사람 다 공자 문하 제일의 수재

2. 아첨(阿諂)은 험담(險談)과 같다

孔子趨而進, 避席反走, 再拜盜跖. 盜跖大怒, 兩展其足, 案劍瞋目, 聲如乳虎. 曰, 丘來前. 若所言,順吾意則生, 逆吾心則死.

　孔子曰, 丘聞之, 凡天下有三德. 生而長大美好無雙, 少長貴賤見而皆說之, 此上德也. 知維天地, 能辯諸物, 此中德也. 勇悍果敢, 聚衆率兵, 此下德也. 凡人有此一德者, 足以南面稱孤矣. 今將軍兼此三者. 身長八尺二寸, 面目有光, 脣如激丹, 齒如齊貝, 音中黃鐘. 而名曰盜跖. 丘竊爲將軍恥不取焉. 將軍有意聽臣, 臣請, 南使吳越, 北使齊魯, 東使宋衛, 西使晉楚, 使爲將軍造大城數百里, 立數十萬戶之邑, 尊將軍爲諸侯. 與天下更始, 罷兵休卒, 收養昆弟, 共祭先祖, 此聖人才士之行, 而天下之願也.

　盜跖大怒曰, 丘來前. 夫可規以利, 而可諫以言者, 皆愚陋恒民之謂耳. 今長大美好, 人見而說之者, 此吾父母之遺德也. 丘雖不吾譽, 吾獨不自知耶. 且吾聞之, 好面譽人者, 亦好背而毀之. 今告我以大城衆民, 是規我以利, 而恒民畜我也. 安可長久也. 城之大者, 莫大乎天下矣. 堯舜有天下, 子孫無置錐之地. 湯武立爲天子, 而後世絶滅. 非以其利大故耶.

공자는 종종걸음으로 도척의 앞으로 나아가 자리에 앉지도 않은 채, 우선 두세 걸음 물러서서 정중하게 인사하였다. 도척은 노기를 누그러뜨리는 기색도 없이 양다리를 떡 벌리고 버티 칼자루에 손을 얹고 마치 *유호(乳虎)처럼 눈을 부라리고 소리쳤다.

"공구인가? 거기 앉게나. 말하는 것이 마음에 들면 좋거니와 그렇지 않으면 목숨은 없을 게야."

공자는 설득에 나섰다.

"대저 인간에게는 세 가지의 덕이 있다고 합니다. 당당한 체구와 비할 데 없는 미모의 소유주로서 노약 귀천의 구별 없이 누구한테나 호감을 갖게 하는 것이 상덕이요, 천지를 뒤덮을 만한 뛰어난 지혜와 온갖 일을 완수할 수 있는 능력을 갖추고 있는 것이 중덕이요, 용맹 과감하고 대중을 동원하여 군대를 통솔할 수 있는 것이 하덕이라 합니다. 이 가운데 한 가지만이라도 몸에 갖춘 인물이면 마땅히 *칭고(稱孤)할 자격이 있습니다. 그런데 장군께서는 그 세 가지 덕을 모조리 몸에 지니고 계십니다. 8척이 넘는 체구, 수려한 용모 연지를 홀린 듯한 입술, 치아는 조가비를 늘어놓은 듯이 가지런하며 음율에 맞는 목소리를 가지고 계십니다. 그럼에도 불구하고 장군의 이름을 도둑 척이라 합니다. 이는 장군에게 있어서 결코 좋은 일은 아니라고 사료됩니다. 장군께서 만약 제 의견에 귀를 기울여 주신다면 저는 남쪽으로는 오월(吳越)에서부터 북쪽은 제노(齊魯)·동쪽은 송위(宋衛)·서쪽은 진초(晋楚)에 이르기까지 장군의 사자로서 돌아다니며 이들 나라를 움직이되 장군을 위하여 사방 수백 리에 이르는 성을 쌓도록 하고 수십만 호의 나라를 세워 보이겠습니다. 그렇게 되면 장군께서는 제후로서 존경을 한몸에 받으실 것입니다. 이렇게 하여 민심을 일신시키고 전쟁을 종식시키되 형제와 더불어 살면서 선조를 제사 지내는 것입니다. 이야말로 성인의 행위이며, 또 백성들의 간절한 바람이기도 한 것입니다."

그러나 도척은 몹시 성을 냈다.

"에이, 닥쳐라. 우민이라면 혹 몰라도 이 도척이 이익에 동요되어 감언에 농락되리라고 생각하는 것인가? 내가 당당한 미남으로 만인에 흠모되는 것은 양친으로부터 받은 것이야.

그대의 말을 들을 것까지도 없이 훨씬 이전부터 알고 있던
게고. 그것만 알고 있는 것이 아니라 면전에서 알랑거리는
자는 반드시 뒷전에서 험담을 한다는 것도 알고 있다. 성벽과
대국을 주겠다는 것도 마음에 거슬리거니와 이익으로 나를
움직이고자 하는 것 같은데 그야말로 나를 우민으로 취급한
것이 아닌가. 대국은 고사하고 천하를 몽땅 얻는다 하더라도
그런 것은 영원히 보전되지 못하는 것이야. 요임금이나 순임
금은 천하를 지배하였지만 그들의 자손은 송곳을 꽂을만한
땅도 가지고 있지 않으며, *탕왕(湯王)이나 *무왕(武王)도 천
자가 되었지만 그들의 자손은 모두 죽어 없어졌어. 큰 이득
일수록 잃어버리기 쉬운 것이란 말이다."

*유호(乳虎)──── 젖먹이 새끼를 가진 호랑이

*칭고(稱孤)──── 고(孤)는 왕후가 자신을 겸손하게 낮추어
일컫는 말

*탕왕(湯王)──── 은나라의 시조. 하나라의 걸왕을 치고 즉위
함.

*무왕(武王)──── 주나라의 초대왕. 은나라의 주왕을 치고 즉
위함.

3. 인간 본연의 삶의 방식

且吾聞之, 古者禽獸多而人民少. 於是民皆巢居以
避之, 晝拾橡栗, 暮棲木上. 故命之曰有巢氏之民.
古者民不知衣服, 夏多積薪, 冬則煬之. 故命之曰知
生之民. 神農之世, 臥則居居, 起則于于, 民知其母,
不知其父, 與麋鹿共處, 耕而食, 織而衣, 無有相害

> 之心. 此至德之隆也. 然而黃帝不能致德, 與蚩尤戰於涿
> 鹿之野, 流血百里. 堯舜作, 立群臣. 湯放其主, 武王殺紂.
> 自是之後, 以强凌弱, 以衆暴寡. 湯武以來, 皆亂人之徒
> 也.
>
> 今子修文武之道, 掌天下之辯, 以敎 世. 縫衣淺帶, 矯
> 言僞行, 以迷惑天下之主, 而欲求富貴焉. 盜莫大於子.
> 天下何故不謂子爲盜丘, 而乃謂我爲盜跖. 子以甘辭說子
> 路而使從之, 使子路去其危冠, 解其長劍, 而受敎於子.
> 天下皆曰, 孔丘能止暴禁非. 其卒之也, 子路欲殺衛君而
> 事不成, 身菹于衛東門之上. 是子敎之不至也. 子自謂才
> 士聖人耶. 則再逐於魯, 削迹於衛, 窮於齊, 圍於陳蔡, 不
> 容身於天下. 子敎子路菹此患, 上無以爲身, 下無以爲人.
> 子之道豈足貴耶.

"태고적에는 땅 위에는 새나 짐승이 활보하였고 사람의 수효는 아주 적었더란다. 그래서 인간은 나무 위에 집을 만들어 짐승을 피하며 살았고, 낮에는 나무 열매를 줍고 밤에는 나무 위에서 잠을 잤지. 이 시대의 사람을 *유소씨(有巢氏)의 백성이라고 하는 것은 이 때문이다. 또 옛날에는 옷이라는 것을 모르고 여름 동안에는 장작을 저장하고 겨울에는 이것으로 난방을 한 거야. 그들을 지생(知生)의 백성이라고 하는 것은 이 때문이지. *신농씨의 시대에 이르러서는 밤에도 안심하고 잘 수 있었고, 낮에는 더욱이 아무 걱정거리도 없었다는 게야. 부부의 제도 같은 성가신 제도도 없었고 사슴과 더불어 평화스럽게 살았으며, 의식(衣食)은 자급자족하였으므로 남을 먹거리로 하는 인간은 없었던 게야. 이것이 인

간 본래의 삶의
방식인 것이지.
그런데 어떤가?
그대가 짊어진(섬
기는) *황제(黃帝)
라는 사내는 부덕

황제(黃帝)와 치우

(不德)의 극치(極致)로서, *치우(蚩尤)와 탁록(涿鹿)의 들판
에서 싸워 눈에 들어오는 것 모두를 피바다로 만들었으며,
요순은 제위에 올라 상하의 신분제도를 만들어 낸 게야. 탕
왕은 자기의 군주를 추방하였고 무왕은 주왕(紂王)을 죽이고
왕위에 올랐겠다. 이때부터 강자는 힘으로 약자를 쓰러뜨리
고 다수는 수의 힘을 빌려 소수를 억압하게 되었으며, 탕
왕·무왕 시대 이후로는 누구라 할것없이 모두 인민을 먹거
리로 삼는 작자뿐이었던 게야. 그런데 그대는 이 따위 *문왕,
무왕의 '도'를 배워 가지고 학술계를 도맡아 젊은이들을 가
르치고 있으며 잘난 체하는 복장과 남의 이목을 현혹시키는
언행으로 여러 나라의 왕후들을 속이고 있어, 그것은 부귀를
손에 넣고자 하는 일념에서인 게야. 그대보다 더 큰 도둑은
아마도 없을 것이네. 그런데 세간에서는 나를 큰 도둑 척(跖)
이라고는 하여도 그대를 큰 도둑 구(丘)라고는 하지 않으니
이런 터무니없는 이야기가 있을 수 있는 겐가? 그대는 감언
이설로 농간을 부려 *자로(子路)를 수하로 만들었지! 자로
가 용자(勇者)의 갓을 벗고 장검을 풀어 놓고 제자로 입문하
도록 만든 게야. 그 때문에 세간에서는 그대가 포악한 사람을
교화하였다고 극구 칭찬한 거고, 그런데 당사자인 자로는 위
나라의 군주를 죽이려다가 실패하여 위나라의 동문 밖에서

덧없이 죽어 그 시신은 비바람을 맞는 신세가 되지 않았는가? 그대의 그릇된 가르침 때문이었지. 그래도 그대는 성인을 자칭할 작정인가? 그건 또 좋다 치자! 그 후로도 그대는 두 번씩이나 쫓겨났고 위나라에서 내 버려지는 신세가 되었어. 제나라에서는 오도 가도 못하는 처지가 되고, 진(陳)나라와 채(蔡)나라의 국경에서는 하마터면 죽을 뻔하고 결국에는 천하에 몸둘 곳도 없지 않은가? 자로는 그대의 가르침을 그냥 그대로 받아들인 까닭으로 몸이 저며졌고, 소금에 절여지지 않았는가? 그대가 주창하는 '도(道)'는 가깝게는 그대 자신의 소용도 닿지 않고 결국에는 남의 소용에도 닿지 않는데 그것이 무슨 값어치가 있다는 겐가?"

*유소씨(有巢氏)・신농씨(神農氏)・황제(黃帝)────모두 다 전설상의 고대 제왕

*치우────신농씨 시대의 제후. 처음으로 무기를 만들었다고 하며 다섯 가지의 무기를 만들어 황제(黃帝)와 싸웠다고 함.

*문왕(文王)────무왕(武王)의 아버지. 주왕(紂王)에게 붙들렸다가 뒤에 사면되어 선정을 베풀어 주나라 건국의 기초를 쌓음.

*자로(子路)────공자의 최고참의 제자. 처음에는 유협(遊俠)의 패거리였는데 공자에게 설복되어 행동을 같이 하고 만년에 위나라의 대부 공회(孔悝)를 섬겼다. 위나라의 군주 출공(出公)과 그의 아버지 괴외(蒯聵)가 군주의 자리를 놓고 다툴 때, 괴외에게 붙들린 공회를 구출하려다가 살해되었다.

4. 성인 현자의 본질

> 世之所高, 莫若黃帝. 黃帝尚不能全德, 而戰涿鹿之野, 流血百里. 堯不慈, 舜不孝, 禹偏枯, 湯放其主, 武王伐紂, 文王拘羑里. 此六子者, 世之所高也. 孰論之, 皆以利惑其眞, 而强反其情性, 其行乃甚可羞也.
>
> 世之所謂賢士伯夷叔齊, 辭孤竹之君, 而餓死於首陽之山, 骨肉不葬. 鮑焦飾行非世, 抱木而死. 申徒狄諫而不聽, 負石自投於河, 爲魚鼈所食. 介子推至忠也, 自割其股以食文公. 文公後背之, 子推怒而去, 抱木而燔死. 尾生與女子期於梁下, 女子不來, 水至下去, 抱梁柱而死. 此六者無異於磔犬流豕操瓢而乞者. 皆離名輕死, 不念本養壽命者也. 世所謂忠臣者, 莫若王子比干伍子胥. 子胥沈江, 比干剖心. 此二子者, 世謂忠臣也, 然卒爲天下笑. 自上觀之, 至於子胥比干, 皆不足貴也. 丘之所以說我者, 若告我以鬼事, 則我不能知也. 若若我以人事者, 不過此矣. 皆吾所聞知也.

"세간에서는 황제(黃帝)가 제일 위대한 것으로 되어 있지만 그 황제라 할지라도 덕을 온전히 터득하고 있다고는 할 수 없는 게야. 그는 탁록(涿鹿)의 들에서 싸워 눈에 미치는 한, 모두 피바다로 만들지 않았던가. *요임금은 자애롭지 못하였고, *순임금은 불효하였으며, 우왕은 반신 불수가 되었고, 탕왕과 무왕은 주군을 죽인 자이며, 문왕은 유리에 유폐

잡 편 267

(幽閉) 되었었어. 이 여섯 사람은 세간의 존경을 모으고 있지만 그러나 곰곰히 생각해 보면 모두 이욕에 눈이 어두워 스스로 그 본성에 배반한 게야. 그들이 저지른 짓이야말로 부끄러워해야 할 일이지.

　백이(伯夷)와 숙제(叔齊)는 세간에서 현인(賢人)이라 불리고 있지만 이 두 사람은 고죽국(孤竹國)의 왕위를 사퇴하고 수양산에서 굶어 죽었고 시신은 들판에 버려진 채 매장되지도 못했어. 포초(鮑焦)는 속세에 등을 돌리고 있었으나 마지막에 이르러서는 나무를 부둥켜 안고 죽게 되었지. 신도적(申徒狄)은 임금에게 충고하였으나 받아들여지지 않자 돌을 지고 물에 뛰어들어 물고기의 먹이가 되었고, 개자추(介子推)는 성실한 사나이로서, 문공(文公)에게 자기의 넓적다리의 살을 베어 구워 먹이기까지 했지만 문공은 오래지 않아 자추(子推)를 버려버렸지. 화가 난 자추는 문공의 곁을 떠났고 결국 산 속에서 타 죽었어. 미생(尾生)은 봉인(逢引)과의 약속을 지켜 다리 밑에서 기다렸으나 여자는 좀처럼 나타나지 않고 그 동안에 물은 불어나는데 계속 그대로 기다리다가 드디어 교각의 도리에 매달린 채 익사하고 말았지. 이 여섯 사람의 비참한 죽음은 찢어 발겨진 개나 물에 떠내려가다가 익사한 돼지, 제 바가지를 들고 빌어먹으러 다니는 무리들과 다를 것이 뭐가 있나. 모두 명성에 사로잡혀 생명을 함부로 버렸네. 생명을 소중히 하는 일이 사물의 근본이라는 것에 생각이 미치지 못한 게야.

　세간에서는 충신이라 하면 왕자인 *비간(比干)과 *오자서(伍子胥)를 따를 자가 없지. 그런데 자서는 사후에 강물로 던져지고, 비간은 염통이 도려내져서 죽은 게야. 평판만은 충신이지만 실질은 웃음거리가 된 게지. 황제(黃帝)로부터 자서·비간에 이르기까지 본받을 만한 자는 한 명도 없어. 그대가 만약 귀신에 대한 이야기를 들려 주고자 한다면 내가 관여할 바는 아니야. 그러나 인간 세상에 대하여 말하는 것이라면 지금껏 내가 말한 것 이상은 아닐 것임이야. 그대가 무엇을 말하려는 것인지 정도는 나도 벌써부터 알고 있었네.”

*요임금은 자애롭지 못하였고── 요임금은 아들에게 왕위를 넘겨 주지 않았기 때문에 자애롭지 못하다는 뜻임.

*순임금은 불효하였으며── 순임금은 아버지의 뜻을 거역하다가 미움을 사게 되었다는 뜻임.

*비간(比干)── 은(殷)나라의 주왕(紂王)의 숙부. 주왕을 충고하다가 살해됨.

*오자서(伍子胥)── 오(吳)나라의 명신(名臣) 오왕 부차(夫差)를 간(諫)하다가 살해됨.

5. 인간의 자연스런 정

今吾告子以人之情. 目欲視色, 耳欲聽聲, 口欲察味, 志氣欲盈. 人上壽百歲, 中壽八十, 下壽六十. 除病瘦死喪憂患, 其中開口而笑者, 一月之中不過四五日而已矣. 天與地無窮, 人死者有時. 操有時之具而託於無窮之間, 忽然無異騏驥之馳過隙也. 不能說

其志意, 養其壽命者, 皆非通道者也. 丘之所言, 皆吾之
所棄也. 亟去走歸, 無復言之. 子之道, 狂狂汲汲, 詐巧虛
僞事也, 非可以全眞也. 奚足論哉.

　孔子再拜, 趨走出門. 上車執轡三失, 目芒然無見, 色
若死灰, 據軾低頭, 不能出氣. 歸到魯東門外, 適遇柳下
季. 柳下季曰, 今者闕然數日不見. 車馬有行色, 得微往
見跖耶. 孔子仰天而嘆曰, 然. 柳下季曰, 跖得無逆汝意
若前乎. 孔子曰, 然. 丘所謂無病而自灸也. 疾走料虎頭,
編虎須, 幾不免虎口哉.

"그러면 이번에는 내 쪽에서 인간의 자연스런 정에 대하여 가르쳐 주겠네. 누구라도 아름다운 것을 보고자 하며, 좋은 음악을 듣고 싶어 하고, 맛있는 것을 먹고 싶어 하며, 편안한 기분으로 지내고 싶어 하지. 인간의 수명은 길어야 백 살, 보통이면 여든 살, 짧으면 예순 살인 게야. 더구나 그러는 동안에 병 또는 죽음, 자질구레한 걱정거리 없이 크게 입을 벌리고 진심으로 웃을 수 있는 날은 고작 4,5일 있을까 말까일 게야. 우주는 영원하지만 인간의 목숨에는 한계가 있으며, 우리들은 이 유한한 목숨을 영원한 우주에 의탁하고 있는 게지. 그것은 준마[騏驥]가 문틈을 획하고 지나가는 시간처럼 정말 일순간에 불과한 것이야. 그런데 이 일순간의 인생에 있어서 정신을 충족시키거나 삶을 다하지도 못하는 자가 도를 터득했다고 할 수는 없지 않은가. 그런 자의 주장에 귀를 기울일 생각은 털끝만큼도 없으니 날이 저물기 전에 돌아가는 게 좋을 게야. 두 번 다시 아는 체 입을 놀리지 말게나. 알겠는가? 그대가 주장하는 도는 원래 본성에 어긋나게 만들어 낸 가짜인 게야. 그런 것은 처음부터 문제가 되지 않는 것이란 말일세."

공자는 깊숙이 고개를 떨구고 물러났다. 밖으로 나와 마차에 오르기는 했으나 고삐를 세 번씩이나 떨어뜨리고 눈앞은 침침하여 통 보이지 않고 얼굴 빛은 파랗게 질려 *식(軾)에 기댄 채 풀이 죽어 있었다.

공자가 가까스로 노나라의 동문에 당도하였을 때, 유하계(柳下季)와 우연히 만났다.

"아니, 요즈음 도무지 뵐 수가 없더니 그 수레의 행색으로 미루어 보아 어딘가에 다녀오는 것 같은데 혹시 척(跖)을 만나고 오는 것이 아닌지요?"

하고 유하계가 말을 걸었다.

공자는

"후유"

하고 한숨을 내쉬며,

"그대의 말대로요."

하고 대답했다.

"어떠했는지요? 척(跖) 녀석, 혹시 선생께 대들지나 않든가요?"

"예, 나는 병이 나지도 않았는데 괜히 뜸질을 하여 뜨끔한 맛을 보았소이다. 무모하게도 호랑이를 길들여 그 수염을 뽑으려고 하였으니 호랑이의 이빨에 물리지 않은 것만도 다행이었다고나 할까."(盜跖)

*식(軾)──수레의 앞 쪽에 가로 댄 나무

〔解說〕
　　공자·유하계·도척 등　세 사람을 빌려 유가의 인의
(仁義)를 야유한 글이다.《장자》중에서는 보기 드물 만큼
긴 우화(寓話)이지만 글의 내용에 통일성이 없고, 논지
(論旨)도 천박(淺薄)하다.《열자》양주편(楊州篇)에 나오는
자산(子產)이 주색에 빠진 형제를 꾸짖는 우화와 비슷한
점이 많다.

검(劍)의 극의(極意)

1. 검술광(劍術狂)인 조왕(趙王)

> 昔趙文王喜劍. 劍士夾門而客三千余人, 日夜相擊於前, 死傷者歲百余人, 好之不厭. 如是三年, 國衰. 諸侯謀之. 太子悝患之, 募左右曰, 孰能說王之意, 止劍士者. 賜之千金. 左右曰, 莊子當能. 太子乃使人以千金奉莊子. 莊子弗受. 與使者俱, 往見太子曰, 太子何以敎周, 賜周千金. 太子曰, 聞夫子明聖, 謹奉千金以幣從者. 夫子弗受, 悝尙何敢言. 莊子曰, 聞太子所欲用周者, 欲絶王之喜好也. 使臣上說大王而逆王意, 下不當太子, 則身刑而死. 周尙安所事金乎. 使臣上說大王, 下當太子, 趙國何求而不得也. 太子曰, 然. 吾王所見, 唯劍士也. 莊子曰, 諾. 周善爲劍. 太子曰, 然. 吾王所見劍士, 皆蓬頭突鬢垂冠, 曼胡之纓, 短後之衣, 瞋目而語難. 王乃說之. 今夫子必儒服而見王, 事必大逆. 莊子曰, 請治劍服.

*조나라의 문왕은 이상하리만치 검술을 좋아했다. 항상 삼천 명이 넘는 검객(劍客)을 문하에 고용하여 두고, 낮이나 밤이나 검술 시합 구경으로 소일하였다. 검객 가운데 죽거나 다치는 자가 한 해에 백여 명이나 나왔지만 왕이 열중하는 모습은 점점

그 정도를 더할 따름으로 도무지 가라앉을 기색도 없다. 삼 년이 지나고 보니 조나라의 국력은 눈에 띄게 쇠퇴하여 가까운 이웃나라 제후들의 노리는 바가 되기에 이르렀다.

태자인 *회(懷)는 사태를 우려하여 좌우 신하들을 모아 놓고 상의하였다.

"전하의 비위를 상하게 하지 않고 저 도락(道樂)을 그만두시게 할 자는 없을까? 그렇게 하는 사람에게 천금의 포상을 내리겠소."

"*주(周)라면 혹시 할 수 있을지도 모르겠습니다."

좌우의 신하들의 말에 따라 태자는 사자에게 천금을 들려서 장자를 맞으러 보냈다. 그런데 장자는 돈을 받으려 하지는 않고 사자와 함께 태자를 찾아와 뵙고 여쭈었다.

"이런 큰 돈을 하사(下賜)하시어 저에게 무엇을 하라시려는지요?"

"당신의 어진 재주를 삼가 얻고 제발 힘을 빌리고자 하오만, 받지 않으신다면 무리하게 부탁할 수도 없는 일이군요."

"아니올시다. 듣자오니 저를 전하의 곁으로 보내어 그분의 도락을 그치도록 하실 의향이시라면서요. 그렇다면 천금은 필요치 않습니다. 만약 제가 실패하여 왕의 역정을 사고 태자 저하의 어의(御意)를 받들지 못한다면 이 몸은 형벌의 죽음을 면할 수 없을 것입니다. 죽은 사람에게는 아무리 큰 돈이라 할지라도 무의미한 것입지요. 거꾸로 제가 성공하면 천금뿐만이 아니라 바라는 대로 모든 것을 얻을 수 있지 않겠습니까?"

"과연 그렇습니다. 여하튼 전하의 도락을 그만 두시게만 하여 주신다면 고맙겠습니다. 전하께서는 지금 검술에 열중하시어 다른 일에는 눈도 주시지 않는 형편입니다."
"좌우간 제가 나서 보겠습니다. 저도 검에 대하여는 약간의 소질을 가지고 있습니다."
태자는 '후유' 하고 한숨을 쉬고는 한 가지 덧붙였다.
"그런데 선생은 학자의 복장을 하고 계신데, 전하를 알현할 때에는 생각해야 할 일이 있습니다. 전하의 마음에 드는 무리들이란 머리칼은 풀어 헤치고, 살쩍(관자놀이와 귀 사이에 난 털)은 불쑥 치솟고, 갓은 뒤로 젖혀 쓰고, *단후지의(短後之衣)를 입고, 눈은 부릅뜨고, 말투는 시비조(是非調)로 사뭇 살기가 등등한 자들이오."
"알겠습니다. 그렇다면 저도 검사의 복장으로 갈아입고 가겠습니다."

*조문왕(趙文王)──조나라 혜왕이며, 이름이 하(何)이다.
*회(悝)──조나라의 조문왕(혜왕)의 태자 이름이라고 하나 그 다음은 효성왕(孝成王) 단 주(丹)이니 맞지 않음.
*주(周)──장자의 이름
*단후지의(短後之衣)──소매가 짧은 옷

2. 무적의 검사, 장주(莊周)

治劍服三日, 乃見太子. 太子乃與見王. 王脫白刃待之. 莊子入殿門 不趨, 見王不拜. 王曰, 子欲何以敎寡人, 使太子先. 曰, 臣聞, 大王喜劍. 故以劍見王. 王曰, 子之劍何能禁制. 曰, 臣之劍, 十步一

> 人, 千里不留行. 王大說之, 曰, 天下無敵矣. 莊子曰, 夫
> 爲劍者, 示之以虛, 開之以利, 後之以發, 先之以至. 願
> 得試之. 王曰, 夫子休, 就舍待命. 令設戲請夫子. 王乃
> 校劍士七日, 死傷者六十余人, 得五六人, 使奉劍於殿下.
> 乃召莊子, 曰, 今日試使士敦劍. 莊子曰, 望之久矣. 王
> 曰, 夫子所御杖, 長短何如. 曰, 臣之所奉皆可. 然臣有三
> 劍, 唯王所用. 請先言而後試.

 사흘이나 걸려 검사의 복장을 갖춘 장자가 태자의 곁에 가니 기다리던 태자는 당장 장자를 데리고 가서 왕을 뵈었다.

 왕은 서슬이 시퍼런 칼을 손에 든 채, 두 사람을 맞이했다. 그런데 장자는 아무렇지도 않은 얼굴로 서슴없이 궁전 안으로 들어가 왕의 앞에 나아가더니 절도 하지 않았다. 왕은 발끈하며, 소리

 "일부러 태자에게 소개토록 하여 내게 무엇을 말하려는 겐가?"

 "대왕께서는 각별히 검법을 좋아하신다고 들었사옵기에 제 검법을 꼭 보여 드리고자 왔나이다."

 "허허, 그래. 그대의 칼 솜씨는 어떤 것인가?"

 "열 걸음에 한 명을 쓰러뜨리고 천 리를 가더라도 가로막을 자가 없나이다."

 왕은 금세 근엄한 표정을 누그러뜨리고 싱글벙글하였다.

 "오오, 그야말로 천하 무적이로군!"

 "대저 검술의 골자는 우선 상대에게 일부러 틈을 보여 유인하고, 그 허점을 이용하여 거꾸로 선수를 빼앗아 쳐들어 가는 데 있습지요. 원하옵건대 한번 이것을 실제로 보여 드리

고 싶나이다."

"응 그래! 그러면 일단 숙소로 가서 쉬도록 하오. 당장 시합할 준비를 시켜 선생의 솜씨를 구경해 봅시다."

왕은 검사(劍士)들을 모아 선발 시합을 시켰는데, 이레 동안에 사상자가 육십 명 이상이나 생겼다. 그 중 대여섯 명을 골라 궁전 아래에 검을 받들고 늘어서게 했다. 그리고는 장자를 불러서 말했다.

"오늘은 검사들에게 칼싸움을 가르치도록 하오."

장자가 대답했다.

"고대하고 있었나이다."

"칼은 장검과 단검 가운데 어느 것을 쓰시려오?"

"어느 것이라도 좋습니다마는 저는 세 가지의 검을 가지고 있나이다. 어의에 따라 그 가운데 어느 것이라도 써 보이겠습니다. 먼저 시합에 앞서 그 검에 대한 이야기를 하고자 하옵니다."

[解說]

장자는 여기서 밑도 끝도 없이 '세 가지 검'을 들고 나온다. 그리고 조나라 문왕에게 어떤 검으로 시합을 하면 좋겠느냐고 불쑥 말했다.

물론 그것은 상징적인 비유의 검으로서 천자(天子)의 검, 제후(諸侯)의 검, 그리고 서인(庶人)의 검이라고 규정했다. 그리고 요컨대 천자면 천자답게, 제후면 제후답게 처세하는 것이 바람직하다고 비아냥댄 다음, 제후인 문왕으로서 칼싸움 놀이 따위에나 빠지면 나라 꼴이 어찌 되겠느냐며 직언을 피하고 교도한 장자의 슬기가 번쩍인다.

3. 세 가지의 검

王曰, 願聞三劍. 曰, 有天子劍, 有諸侯劍, 有庶人劍. 王曰, 天子之劍何如. 曰, 天子之劍, 以燕谿石城爲鋒, 齊岱爲鍔, 晋魏爲脊, 周宋爲鐔, 韓魏爲夾, 包以四夷, 裹以四時, 繞以渤海, 帶以常山, 制以五行, 論以刑德, 關以陰陽, 持以春夏, 行以秋冬. 此劍, 直之無前, 擧之無上, 案之無下, 運之無旁. 上決浮雲, 下絶地紀. 此劍一用, 匡諸侯, 天下服矣. 此天子之劍也.

文王芒然自失, 曰, 諸侯之劍何如. 曰, 諸侯之劍, 以知勇士爲鋒, 以淸廉士爲鍔, 以賢良士爲脊, 以忠聖士爲鐔, 以豪傑士爲夾. 此劍, 直之亦無前, 擧之亦無上, 案之亦無下, 運之亦無旁. 上法圓天, 以順三光, 下法方地, 以順四時, 中和民意, 以安四鄕. 此劍一用, 如雷霆之震也. 四封之內, 無不賓服而聽從君命者矣. 此諸侯之劍也.

王曰, 庶人之劍何如. 曰, 庶人之劍, 蓬頭突鬢垂冠, 曼胡之纓, 短後之衣, 瞋目而語難. 相擊于前, 上斬頸領, 下決肝肺. 此庶人之劍, 無異於鬪鷄. 一旦命已絶矣, 無所用於國事. 今大王有天子之位, 而好庶人之劍, 臣竊爲大王薄之. 王乃牽而上殿. 宰人上食, 王三環之. 莊子曰, 大王安坐定氣, 劍事已畢奏矣. 於是文王不出宮三月, 劍士皆服斃其處也.

"세 가지의 검이라 하면?"

"천자의 검, 제후의 검, 그리고 서인의 검입지요."
"그럼 천자의 검이란 어떤 것이오?"
"천자의 검이란, 북쪽의 연계(燕谿)와 석성(石城)을 칼끝으로 삼고, 제나라의 대산(岱山)을 칼날로 삼으며, 진(晉)나라와 위(魏)나라를 칼등으로 삼고, 주(周)와 송(宋)나라를 칼자루의 테로 삼으며, 한(韓)과 위(魏)나라를 칼자루로 삼사옵니다.

그 위세는 멀리 발해(渤海)·상산(常山)에까지 미치며, 동서남북 사방의 만족(蠻族)을 에워싸고 춘하추동 사계절을 돌리고 오행(五行)을 관장함으로써 자연계를 운행(運行)케 하고 형벌과 은상을 분명히 함으로써 인간 세계의 질서를 바로잡습니다.

다시 음양의 두 기운을 움직여 우주의 대생명을 작동시키고 봄·여름에는 약동케 하고, 가을·겨울에는 잠장(潛藏)케 하옵니다.

이 검을 곧장 세우면 앞에서 당할 것이 없고, 들어올리면 위에서 당할 것이 없사오며, 누르면 밑에서 당할 것이 없고, 휘두르면 사방에서 당할 것이 없사옵니다. 위로는 뜬구름을 뚫고, 아래로는 지유(地維)를 끊으며, 상하 사방에 미치지 않는 곳이 없나이다. 한번 쓰면 제후의 행동을 바로잡고 천하를 모두 복종시킬 수 있사옵니다. 이것이 천자의 검이올습니다."

문왕은 어안이 벙벙하였다.
"흠, 그럼 제후의 검이란?"
"제후의 검이란 지혜와 용기를 겸비한 선비를 칼끝으로 삼고, 청렴한 선비를 칼날로 삼으며, 현명하고 선량한 선비를 칼등으로 삼고, 충성스런 선비를 칼자루의 테로 삼으며, 호걸다운 선비를 칼자루로 삼나이다. 천자의 검과 마찬가지로 상하 사방에 미치지 않는 곳이 없습지요. 위로는 해와 달과 별의 세 가지 빛에 순응함으로써 하늘의 법칙에 맞추고, 아래로는 사계절의 변화에 순순히 따름으로써 땅의 법칙에 맞추옵니다. 그렇게 해서 민심을 화합시키어 사방의 땅을 편안하게 다스리나이다. 한번 이 검을 쓰면 천둥 번개와 같은 위력 그대로 온 백성들이 모두 임금의 명령에 복종하지 않는 자가 없게 되옵니다. 이것이 제후의 검이니이다."

"그럼 서인의 검이란?"

"머리칼은 흐트러진 채, 살쩍은 치켜올라가고 갓은 뒤로 젖혀 쓰고 복장은 금방 덤벼들 것 같은 차림이며, 말투는 살기가 서려있는 패거리의 검을 말하옵니다. 휘둘러 올리면 상대의 목을 날리고 내리치면 폐부(肺腑)를 찌릅지요. 말하자면 투계의 싸움과 다를 것이 없나이다. 이 검을 사용하는 자는 한번 목숨이 떨어지면 이미 나라의 소용이 되지 못합지요. 그런데 요즈음 대왕께서는 제후의 자리에 계시면서 이런 비천한 서인의 검을 좋아하고 계시옵니다. 저는 이를 유감 천만으로 생각하옵니다."

왕은 부끄러히 여기고 몸소 장자의 손을 이끌고 궁전 안으로 들어갔다. *숙수(熟手)가 식사를 올렸으나 왕은 세 번이나 그 둘레를 맴돌 뿐으로 침착하지 못하였다.

그러자 장자가 말했다.

"아무쪼록 편히 앉으셔서 마음을 진정시키시옵소서. 이제 검에 대한 이야기는 끝났나이다."

스스로의 비행을 깨달은 문왕은 그로부터 석달 동안이나 한

발짝도 궁전에서 나가지 않고 근신하였다. 돌보아지지 않게 된 검사들은 노여워하면서 스스로 목을 날려 자살했다. (說劍)

*숙수(熟手)──잔치 때 음식 만드는 일을 맡아보는 사람. 요리를 잘 만드는 사람

〔解說〕
칼싸움 구경에 탐닉하는 왕을 세 가지 검의 이야기로 설득하는 것이 이 글의 주지이나 논지(論旨)가 전국산사(戰國算士)의 유담(遊談)과 비슷하다.

길상(吉祥)의 상(相)

子綦有八子. 陳諸前, 召九方歅曰, 爲我相吾子, 孰爲祥. 九方歅曰, 梱也爲祥. 子綦瞿然喜曰, 奚若. 曰, 梱也將與國君同食以終其身. 子綦索然出涕曰, 吾子何爲以至於是極也. 九方歅曰, 夫與國君同食, 澤及三族, 而況父母乎. 今夫子聞之而泣, 是禦福也. 子則祥矣, 父則不祥. 子綦曰, 歅, 汝何足以識之而梱祥邪. 盡於酒肉入於鼻口矣. 而何足以知其所自來. 吾未嘗爲牧而牂生於奧, 未嘗好田而鶉生於宎, 若勿怪, 何邪. 吾所與吾子遊者, 遊於天地. 吾與之邀樂於天, 吾與之邀食於地. 吾不與之爲事, 不與之爲謀, 不與之爲怪. 吾與之乘天地之誠, 而不以物與之相攖 吾與之一委蛇, 而不與之爲事所宜. 今也然有世俗之償焉. 凡有怪徵者, 必有怪行. 殆乎, 非我與吾子之罪, 幾天與之也. 吾是以泣也.

無幾何而使梱之於燕. 盜得之於道. 全而鬻之則難, 不若刖之則易. 於是乎刖而鬻之於齊. 適當渠公之街, 然身食肉而終.

남곽자기(南郭子綦)에게는 여덟 명의 아들이 있었다. 어느 날 자기는 아들들을 모두 모이게 하여 관상술의 대가인 구방연(九方歅)을 불러왔다.

"내 아들 가운데 누가 제일 행복하게 될지 한번 점쳐 주기 바라오.”
“곤(梱)이 제일 행복하게 되겠습니다.”
자기는 자못 기쁜 듯이 물었다.
“그래요. 한데 이 아이에게 어떤 길한 상이 나타나 있는가요?”
“이 아드님은 장차 나라의 임금님과 같은 것을 먹는 신분이 되어 평생을 안락하게 보낼 것입니다.”
자기는 순식간에 얼굴빛이 변하여 눈물을 주르륵 흘렸다.
“내 아들이 그런 불행의 나락에 떨어지다니……”
“무슨 말씀이십니까. 나라의 임금님과 같은 것을 먹는 처지가 되면, 그 혜택은 일가 친척의 말단에까지 미칠 것입니다. 하물며 양친의 행복은 말할 것도 없을 것입니다. 그 말을 듣고 눈물을 흘린다는 것은 스스로 행운을 물리치는 것이나 다름이 없지 않습니까! 아아 참, 아드님에게는 길하고 상서로운 관상이 있는데, 아버지이신 선생께는 불길한 관상이 나타나 있습니다.”
씁쓸하게 말하는 구방연에게 자기는 이렇게 대답했다.
“연(甄)이여! 당신이 대체 무엇을 안다고 곤(梱)이 행복해진다고 하는 게요? 그대에게 보이는 것은 겨우 맛있는 음식이 코와 입으로 들어온다는 피상적인 것뿐, 그것들이 어디에서 오는지 그 유래는 알지 못할 게요. 지금까지 아직 가축을 기른 일도 없고 사냥하러 나간 일도 없는데 느닷없이 우리 집안에서 염소가 생기거나 메추리가 뒹굴어 다닌다든가 하는 돌연한 일을 이상히 여기지 않겠소? 나는 자식들과 함께 천지 자연 속에서 노닐며 자연 그대로의 생활에 만족하여 왔소. 우리들은 본래 세속의 일에 구애받지 않고 지략을 가동하지 않으며, 세간을 놀라게 하는 행동을 한 일이 없습니다. 천지 자연의 법칙에 따랐고, 외물 때문에 마음을 어지럽히지도 않았습니다. 자기 자신의 생각을 고집하지 않고 되어가는 형편에 맡기고 저거다 이거다 하고 좋은 것만을 가리는 짓은 일체 하지 않았소. 그런 우리들에게 세속적인 상상이 주어지리라고는……. 기괴한 징조가 나타나는 자에게는 반드시 괴이한 행동이 있는 게요. 이제 그런 행동을 한 사실이 없는 우리들 부자에게 기괴한 징조가 나타난다는 것은 아마도 우리의 탓이 아니라, 하늘이 내려 주신 운명일 것입니다. 이 어찌 슬퍼하지 않으리요."

그로부터 오래지 않아, 자기(子綦)는 곤(梱)을 연(燕)나라에 보냈는데 가던 도중 산적에게 붙잡혀 버렸다. 곤을 온몸이 성한대로 두었다가는 도망칠 염려가 있다하여 차라리 발을 잘라 버리는 편이 좋겠다고 생각한 산적은 곤의 발목을 잘라 내어 제나라에 팔아 넘겼다. 제나라의 임금인 거공(渠公)에게 팔려 가서 문지기가 된 곤은 예언대로 왕후(王侯)와 같은 고기 반찬을 먹고 살다가 그 생애를 마쳤다.(徐無鬼)

〔解說〕
　근거 없는 복은 오히려 화가 되며 천지 간에 소요(逍遙)하는 지인(至人)은 세속적인 복을 찾지 않는다는 것을 말하고 있다.

와우 각상(蝸牛角上)의 다툼

魏瑩與田侯牟約, 田侯牟背之. 魏瑩怒, 將使人刺之. 犀首聞而恥之, 曰, 君爲萬乘之君也, 而以匹夫從讎.

衍請受甲二十萬, 爲君攻之. 虜其人民, 係其牛馬, 使其君內熱發於背, 然後拔其國. 亡也出走, 然後扶其背, 折其脊.

季子聞而恥之, 曰, 築十仞之城, 城者旣七仞矣, 則又壞之, 此胥靡之所苦也. 今兵不起七年矣, 此王之基也.

衍, 亂人, 不可聽也. 華子聞而醜之, 曰, 善言伐人者, 亂人也. 善言勿伐者, 亦亂人也. 謂伐之與不伐亂人也者, 又亂人也. 君曰, 然則若何. 曰, 君求其道而已矣.

惠子聞之, 而見戴晋人. 戴晋人曰, 有所謂蝸者, 君知之乎. 曰, 然. 有國於蝸之左角者, 曰觸氏. 有國於蝸之右角者, 曰蠻氏. 時相與爭地而戰. 伏尸數萬, 逐北旬有五日而後反. 君曰, 噫, 其虛言與. 曰, 臣請爲君實之. 君以意在四方上下, 有窮乎. 君曰, 無窮.

曰, 知遊心於無窮, 而反在通達之國, 若存若亡乎. 君曰, 然. 曰, 通達之中有魏, 於魏中有梁, 於梁中有王. 王與蠻氏有辯乎.

> 君曰, 無辭, 客出, 而君惝然若有亡也. 客出. 惠子見.
> 君曰, 客, 大人也. 聖人不足以當之. 惠子曰, 夫吹管也,
> 猶有嗃也. 吹劍首者, 吷而已矣. 堯舜, 人之所譽也. 道堯
> 舜於戴晋人之前, 譬猶一吷也.

*위(魏)의 혜왕(惠王)과 *제(齊)의 위왕(威王)이 맹약을 맺었으나 제나라가 일방적으로 이것을 파기하였다. 격노한 혜왕은 제나라에 자객을 보내어 위왕을 암살하고자 했다. 장군인 공손연(公孫衍)은 이 계획에 동의할 수 없었다.

"대국의 군주되신 전하께오서 비굴한 보복 수단이 아니옵니까? 그보다도 신에게 병사 2십 만을 주시옵소서. 불초한 소장이 우리 전하를 대신하여 제나라로 쳐들어가 백성을 노예로 사로잡고 소·말 따위의 재산을 빼앗아 제나라 위왕이 화가 나도록 괴롭히고 속에서 불이 나도록 분노케한 다음, 수도를 공격하여 함락시키겠나이다. 제나라의 왕이 항복하면 좋거니와 만약 도망치는 일이 있으면 뒤쫓아 쳐서 등뼈를 분질러 놓겠습니다."

어진 신하로서 유명한 *계자(季子)는 이 말을 듣고 반대했다. "높이 열 길의 성벽을 쌓아 올리는 데 있어서 일곱 길의 높이에 이르러 무너져 버린다면 일꾼들의 노고는 얼마나 크겠나이까. 지금 우리나라는 전쟁을 하지 않은 지 칠 년이 되었습니다마는 이것이야말로 천하의 왕이 될 기반입지요. 무력을 사용하는 전쟁을 일으키려는 공손연은 모름지기 질서를 어지럽히는 자이므로 그의 의견을 채택해서는 아니되옵니다."

덕이 있는 신하로 이름이 높은 *화자(華子)는 다시 이 의견조차도 비판하였다.

"무엇이냐 하면, 당장 개전을 주장하는 공손연 같은 자는 본래 질서를

전쟁 그림

어지럽히는 무리임에 틀림없으나 전쟁이 없는 평화의 이점을 설득하여 마지 않는 계자와 같은 자도 이해에 사로잡히고 있는 한, 자연의 질서를 어지럽히고 있는 자라고 하지 않으면 되옵니다. 아니 그들을 비판하고 있는 신부터도 역시 시비에 사로잡혀 질서를 어지럽히는 자라고 할 수 있는 것입지요."

"그럼 어떻게 하면 좋은고?"

왕의 질문에 화자가 대답했다.

"도를 닦는 이 한 가지 일에 전심하실 일이옵니다."

왕이 이해하기에 고심하고 있는 모양을 보고 혜시(惠施)는 어진 사람인 *대진인(戴晋人)을 추천하였다. 알현(謁見)이 허락된 대진인이 물었다.

"전하, 달팽이를 아시는지요?"

"알고 있소."

라고 혜왕이 대답했다.

"그 달팽이의 왼쪽 촉각(觸角)에는 촉씨(觸氏)라고 하는 자의 나라가 있고, 오른쪽 촉각에는 만씨(蠻氏)라고 하는 자의 나라가 있어서 끊임없이 영토 다툼을 되풀이하고 있나이다. 어떤 때에는 격렬한 싸움이 십오 일에 걸쳐 양편의 죽은 자 수만을 내기에 이르러서야 간신히 병력을 철수하였을 정도라고 하옵니다."

"농담도 정도가 있게 하시오."

"결코 농담이 아니옵니다. 그 증거로는 지금부터 말씀 드리는 것을 차분히 들어 주소서 전하께서는 이 우주의 상하 사방에 끝이 있다고 생각하시는지요?"

"끝은 없겠지."

"그렇다면 그 무궁한 세계에서 노닐고 있는 자의 입장에서 이 지상의 나라들을 보면 거의 있을까 말까한 존재와 같다고 말할 수 있을 것이옵니다."

"과연 그렇게도 말할 수 있겠지."

"그 나라들 가운데 위나라가 있고, 위나라 속에 양(梁)이라는 도읍이 있고, 그 도읍 안에 왕이 계시옵니다. 그러고 보면 왕과 만씨와는 얼마만큼의 차이가 있을까요?"

"음, 차이가 없다는 말인가."

*대진인은 물러나왔다. 왕은 멍하니 얼이 빠진 듯한 모습으로 있었다. 대진인이 나가자 혜시가 들어왔다.

"아, 대단한 인물이었소. 이야기로 듣던 성인도 이에는 미치지 못할 게요."

왕의 감탄하는 모습에 혜시는 크게 고개를 끄덕이었다.

"피리를 불면 높고 큰 소리가 울려퍼집니다만, 칼자루 끝의 구멍을 불어도 '획' 하고 숨소리가 날 뿐이옵니다. 사람들의 요순에 대한 칭찬의 소리도 대진인 앞에서는 '획' 하는 소리 정도로 밖에는 들리지 않을 것이니이다."(則陽)

───────

*계자(季子)──촉(魏)의 현신(賢臣)

*화자(華子)──위의 현신

*대진인(戴晉人)──양(梁)의 현자(賢者)

[解說]

　　위영(魏瑩)・전후모(田侯牟)・서수(犀首)・계자(季子)・화자(華子)・대진인(戴晉人) 등을 등장시킨 설화들은 전반이 은원(恩怨), 공리(功利), 시비(是非)의 마음을 지닌 자는 난인(亂人)이며 다만 청허(淸虛)의 도를 찾아야 한다고 하고, 후반의 대진인(戴晉人)과 위영(魏瑩)의 문답을 빌어 우주의 무한에서 본다면 인간사란 얼마나 비소(卑小)한 것인가를 말하고 있으며 사소한 일에 구애되지 말라고 하였다. 이 문답이 그 유명한 '와우각상지쟁(蝸牛角上之爭)'이라는 성어를 낳은 전거(典據)이다.

뭍에 가라앉다

> 孔子之楚, 舍於蟻丘之漿. 其隣有夫妻臣妾登極者. 子路曰, 是稯稯何爲者邪. 仲尼曰, 是聖人僕也. 是自埋於民, 自藏於畔. 其聲銷, 其志無窮. 其口雖言, 其心未嘗言. 方且與世違而心不屑與之俱. 是陸沈者也. 是其市南宜僚邪. 子路請往召之. 孔子曰, 已矣. 彼知丘之著於己也. 知丘之適楚也, 以丘爲必使楚王之召己也. 彼且以丘爲佞人也. 夫若然者, 其於佞人也, 羞聞其言. 而況親見其身乎. 而何以爲存. 子路往視之, 其室虛矣.

공자 일행이 초나라로 유세하러 갔을 때의 일이다. 어느 날 의구(蟻丘) 기슭에 있는 찻집에 숙소를 잡았는데 근처의 집 지붕에서 그들을 구경하고 있는 부부와 그 심부름꾼 같은 한 무리가 있었다. 그걸 알아차리고 화를 낸 것은 무뚝뚝한 자로(子路)였다.

"무례하게! 대체 어떤 자들일까요. 저 호기심 많은 무리들은?"

공자는 조용히 대답했다.

"노복에게 몸을 의탁한 현인들이라고나 할까. 스스로 민간 속에 파묻혀 촌부가 된 사람들이지. 그들의 이름은 세상에서 잊혀진 지 오래이나 내면에 있어서는 속세에 등을 돌리고 '허(虛)'에 안주하고자 한다네. 이것이 '뭍에 잠긴다'는 삶의 방식이지. 아마 *시남의료(市南宜僚) 패거리들임에 틀림없을 것이야."
"그렇다면 찾아가서 불러 오겠습니다."
"쓸데없는 일일세. 시남의료(市南宜僚)라면 나를 경계하지 않을 리가 없을 게야. 내가 초나라의 도읍에 가면 반드시 초왕에게 자기를 등용시키려고 공작할 것이라고 생각할 것이니까. 나를 말 많은 사람이라고 보고 있겠지. 그런 추종자의 말 따위는 듣는 것 만으로도 귀를 더럽혔다고 할 위인인데 어찌 나를 만나려 하겠는가. 그대는 그들이 아직도 저 집에 남아 있다고 생각하는 겐가?"
자로가 반신반의하며 그 집에 가 보니 과연 한 사람도 남아 있지 않았다. (則陽)

*시남의료(市南宜僚) —— 초나라의 현인

붙잡힌 신구(神龜)

> 宋元君夜半而夢人被髮闚阿門. 曰, 予自宰路之淵. 予爲淸江使河伯之所. 漁者余且得予. 元君覺, 使人占之. 曰, 此神龜也. 君曰, 漁者有余且乎. 左右曰, 有. 君曰, 令余且會朝. 明日, 余且朝. 君曰, 漁何得. 對曰, 且之網得白龜焉, 其圓五尺. 君曰, 獻若之龜. 龜至. 君再欲殺之, 再欲活之. 心疑, 卜之. 曰, 殺龜以卜吉. 乃剝龜. 七十二鑽而無遺筴.
>
> 仲尼曰, 神龜能見夢於元君, 而不能避余且之網. 知能七十二鑽而無遺筴, 不能避剝賜之患. 如是則知有所困, 神有所不及也. 雖有至知, 萬人謀之. 魚不畏網而畏鵜鶘. 去小知而大知明, 去善而自善矣. 嬰兒生無石師而能言, 與能言者處也.

 어느 날 밤에 송나라의 원공(元公)은 이상한 꿈을 꾸었다. 머리를 마구 흐트러뜨린 한 사내가 내궁의 쪽문에서 안을 들여다보면서 원공에게 이렇게 하소연하였다.

 "저는 재로(宰路)의 못에서 왔습니다. 양자강 신의 사자로, 황하의 신에게 가는 도중에 어부인 여차(余且)라는 사내에게 붙잡혔습니다."

 이튿날 원공이 이 꿈을 점쳐 보니 '그건 신통력을 지닌 거북입니다'라는 점괘가 나왔다. 그래서 원공은 신하들에게 물었다.

"어부 가운데 여차라고 하는 자가 있는가?"
"있사옵니다."
"그 사나이를 데려 오라."
이튿날 여차가 조정에 출두하니 원공은 당장 물었다.
"요새 어떤 고기를 잡았더냐?"
"예, 제 그물에 흰 거북이 걸렸나이다. 지름이 다섯 자나 되는 큰 거북입지요."
원공은 여차에게 그 거북을 바치도록 명령했다.
곧 거북이 헌상되니 원공은 그것을 살려줄 것인가 죽여 버릴 것인가 망설인 끝에 점쟁이에게 점을 쳐 보았다. 그 결과 '거북을 죽여서 *귀복(龜卜)으로 사용하면 길하다.'라는 점괘가 나왔다. 원공은 그 신탁(神託)에 따라 거북을 죽였다. 그 후 이 귀갑으로 일흔두 번이나 점을 쳤는데 단 한 번도 빗나간 일이 없었다.
이 일을 전해 들은 공자는 간절하게 말했던 것이다.
"그 거북은 원공의 꿈꾸는 베갯머리에 설 정도의 신통력을 갖추고 있으면서도 어부의 그물을 피할 수 없었다. 또 일흔두 번이나 점을 쳐서 한 번도 어긋나지 않을 정도의 지력을 가지고 있으면서 창자가 도려내지는 재앙을 피하지 못하였어. 이렇게 보면 어떠한 지력과 신통력에도 한계는 있는 것이라고 할 수 있지. 아무리 우수한 지력의 소유자라도 만인이 중지를 모으면 당해내지 못하는 게야.
물고기는 바다새에 잡혀 먹히는 것만 두려워하고 어부의 그물에 걸리는 것은 경계하지 않는데, 소지(小知)란 그런 게지. 인간도 소지를 버려야만 대지(大知)를 자기 자신의 것으로 할 수가 있는 것이고, 선(善)을 행하고자 하는 작위(作爲)를 부정해야만 저절로 선이 실현되는 게야. 이를테면 어린아이는 따로 교사의 지도를 받지 않아도 말을 배워 가지 않는가. 이와 같이 저절로 몸에 익혀지는 것이야말로 대지라 할 수 있는 것임이야."(外物)

＊귀복(龜卜)──거북의 등딱지를 불에 그을려 생기는 균열(龜裂)의 모양에 의하여 길흉을 판단하는 점

〔解說〕

전반에서 신구(神龜)를, 후반에서는 공자의 말을 빌려 소지는 오히려 스스로를 망치는 것임을 말하고 있다. 끝에서 갓난아기의 비유를 들어 유위(有爲)의 지(知)에 의하지 않고, 무위(無爲) 속에서 참된 지가 얻어짐을 말하고 있다.

무용(無用)의 용(用)

> 惠子謂莊子曰, 子言無用. 莊子曰, 知無用而始可
> 與言用矣. 夫地非不廣且大也, 人之所用容足耳. 然
> 則廁足而墊之致黃泉, 人尙有用乎. 惠子曰, 無用.
> 莊子曰, 然則無用之爲用也亦明矣.

어느 때인가 혜자가 장자의 언설을 이렇게 비판하였다.
"자네의 이론은 현실에는 아무런 소용이 없더구만."
장자는 곧바로 되받았다.
"무용(無用)이 무엇인가를 아는 인간만이 유용(有用)한 것에 대하여 말할 자격을 갖는 게야. 이를테면, 우리 두 사람이 서 있는 이 대지는 끝도 없이 넓지만 지금 우리가 필요한 것은 발을 놓을 약간의 공간에 불과하다네. 그러나 그렇다고 하여 발의 크기 만큼만 남기고 주위를 땅 밑바닥까지 파내 버린다면 어떻게 될까? 그래도 남긴 부분이 쓸모 있을까?"
"그야 쓸모 있을 리가 없지 않은가."
"그것 보게나. 쓸모가 없는 것일수록 쓸모가 있다는 것을 이것으로 알았을 게야."(外物)

〔解說〕

'무용지용(無用之用)'을 말한 글이다. 얼핏 보기에 무용하다고 생각되는 것이, 사실은 그것이 없으면 안 된다는 사실을 깨닫게 된다. 결국 무용한 것이 유용한 것을 뒷받침하여 유용하게 하고 있다는 것이다.

육십에 육십 번 변함

> 莊子謂惠子曰, 孔子行年六十而六十化. 始時所是, 卒而非之. 未知今之所謂是之非五十九非也. 惠子曰, 孔子勤志服知也. 莊子曰, 孔子謝之矣, 而其未之嘗言. 孔子云, 夫受才乎大本. 復靈以生, 鳴而當律, 言而當法. 利義陳乎前, 而好惡是非, 直服人之口而已矣. 使人乃以心服, 而不敢蘁立, 定天下之定. 已乎已乎, 吾且不得乃彼乎.

언제인가 장자가 논적인 혜자에게 말했다.
"공자는 나이 육십에 이르기까지 육십 번이나 자기의 생각을 바꾸었다고 하네. 처음에는 옳다고 한 것도 나중에는 잘못이라고 부정하였어. 그러니 지금 옳다고 여기는 것은 지난 오십구 년 동안에는 잘못이라고 했을지도 모르지."
"그것은 공자가 자기의 뜻을 달성시키기 위하여 노력하고 학문을 좋아한 때문일 것일세."
"공자는 그런 작위(作爲) 따위는 벌써 버리고 있는 게야. 그러므로 결코 약은 체하는 의논에 열중하는 따위의 짓은 하지 않은 것이지.
'인간의 능력은 본디부터 도(道)에 의하여 주어진 것이다. 이 영묘한 천부의 본성으로 되돌아가서 무심히 살아가면 언동은 저절로 바르게 되는 것이다'라는 그의 말이 무엇보다도 그 삶의 방식을 잘 가르키고 있지 않은가 말일세. 새삼스럽게 인의니 이해이니를 늘어놓고, 무엇이 좋으니 나쁘니 하고 서로 다투고 있는 자의 이론은 결국 말뿐인 것에 지나지 않는 것이네.

 그러나 무심히 모든 것을 받아들이는 자에 대하여는 누구나 가 저절로 대립 의식을 없애 버리지. 그래야만 모든 사람이 납득하는 진리가 확립되는 게야. 유감이지만 우리들은 도저히 공자에게는 미치지 못한다네."(寓言)

〔解說〕

 혜자(혜시)의 궤변적(詭辯的) 논법에 대한 공격이다. 여기서 한 가지 특이한 것은 장자가 공자에 경복하는 입장에서 글을 쓰고 있다는 점이다. 선영(宣穎)의 《남화경해(南華經解)》에는 '이 일단에서 장자가 공자의 지극함을 추앙하고 있음을 알 수 있다'고 하였다.

영토를 버린 태왕(太王)

> 太王亶父居邠. 狄人攻之. 事之以皮帛而不受, 事之以犬馬而不受, 事之以珠玉而不受. 狄人之所求者土地也. 太王亶父曰, 與人之兄居而殺其弟, 與人之父居而殺其子, 吾不忍也. 子皆勉居矣. 爲吾臣與爲狄人臣奚以異. 且吾聞之, 不以所用養害所養. 因杖筴而去之. 民相連而從之, 遂成國於岐山之下. 夫太王亶父, 可謂能尊生矣. 能尊生者, 雖貴富不以養傷身, 雖貧賤不以利累形. 今世之人居高官尊爵者, 皆重失之, 見利輕亡其身, 豈不惑哉.

*태왕단보(亶父)가 빈(邠)이라는 곳에 있었을 때 이웃에 있는 오랑캐가 쳐들어왔다. 전란을 피해 보려고 한 태왕은 모피와 비단을 보내 화해를 청했으나 오랑캐는 응하지 않았다. 다시 개와 말 등의 가축을 보냈으나 쳐다보지도 않았다. 귀중한 보석을 보냈으나 역시 받지 않았다. 오랑캐의 야심은 영토에 있었던 것이다.

모든 방책이 허사가 되자 태왕은 신하에게 말했다.

"이 영토를 지키기 위하여 백성을 전화 속에 몰아넣고 부모형제를 잃은 사람들이 탄식하는 모습을 보는 것은 나로서는 도저히 할 수 없는 노릇이다. 그대들은 어떠한 일에도 참고 견디어 이 땅에서 살도록 하라. 그대들은 내 신하이든 오랑캐의 신하이든 무슨 차이가 있겠느냐. '땅은 인간을 살게 하기 위하여 있는 것이기에 그 땅을 위하여 인간을 죽여서는 안 된다'라는 교훈에 나는 따르겠다."

태왕은 말채를 지팡이 삼아 훌쩍 빈('邠)의 땅을 떠나갔다. 그런데 그를 따르던 백성들은 너도 나도 서로 손수레를 끌고 태왕의 뒤를 따랐다. 이리하여 태왕이 몸을 의탁한 *기산(岐山) 기슭에 새로운 나라가 생긴 것이다.

이 태왕단보야말로 인간의 생명을 가장 존중한 인물이라 할 것이다. 생명을 귀하게 여기는 자는 비록 부귀한 지위에 있을지라도 의식주를 위하여 몸을 다치게 하지는 않으며 가난하고 천한 처지에 놓이더라도 이득을 추구하여 육체를 괴롭히는 짓은 하지 않는다. 그런데 요즘의 고관 대작들은 어떠한가. 오로지 지위를 잃는 것만 오로지 염려한다. 그리고 이익만을 위하여 경솔하게 일신을 망치는 자가 얼마나 많은가. 본말전도도 이만저만이 아니다. (讓王)

──────

*태왕단보(太王亶父)── 주(周)나라 문왕의 조부이자, 무왕의 증조부이다. 고공단보(古公亶父)라고도 한다. 무왕이 은(殷)나라를 쓰러뜨리고 천자의 자리에 오른 후 추존하여 태왕(太王)의 시호(諡號)를 사용하게 되었다. 왕계(王季)의 부(父)임.

*기산(岐山)── 지금의 섬서성(陝西省) 기산현(岐山縣)임. 옛날의 봉상부(鳳翔府)에 속함.

〔解說〕

인명을 존중하고 전쟁을 부정하는 왕이 민중의 신뢰를 얻는다는 것을 말하고 있으며, 아울러 생명의 존귀함을 말하고 있다.

남의 의견

> 子列子窮, 容貌有飢色. 客有言之於鄭子陽者曰, 列禦寇蓋有道之士也. 居君之國而窮. 君無乃爲不好士乎. 鄭子陽卽令官遺之粟. 子列子見使者, 再拜而辭. 使者去, 子列子入. 其妻望之而拊心曰, 妾聞爲有道者之妻子, 皆得佚樂, 今有飢色. 君過而遺先生食, 先生不受. 豈不命邪. 子列子笑謂之曰, 君非自知我也, 以人之言而遺我粟. 至其罪我也, 又且以人之言. 此吾所以不受也. 其卒, 民果作難而殺子陽.

열자는 가난하게 살기 때문에 굶주린 얼굴빛을 하고 바싹 말라 있었다. 때마침 정(鄭)나라에 와 있던 어떤 나그네가 보다못해 이 나라의 재상인 자양(子陽)에게 진언했다.

"열어구(列禦寇)라고 하면 도를 터득한 현자라고 할 만한 인물인데 그만한 인물이 이 나라에서 저렇게 가난하게 살고 있다는 것은……. 정승께서는 참다운 선비를 싫어한다고 비난받아도 할 말이 없을 것입니다."

자양은 당장 관리에 명하여 열자가 사는 곳에 곡식을 보내도록 하였다. 그런데 열자는 사자(使者)를 만나자 두 번 절하며 예를 다하고 사양하였다.

열자가 사자를 돌려보내고 방에 들어오니 아내가 몸부림치며 남편을 원망하였다.

"나는 도를 터득한 사람의 처자가 되면 평생 편안한 생활을 할 수 있다고 들었습니다. 그런데 이 가난한 생활은 어찌 된 일인지요. 그것뿐입니까. 모처럼 자양 어른께서 알아차리시고 일부러 곡식을 보내 주셨는데 당신은 받지 않으셨습니다. 아아, 이것이 나의 운명이란 말인가요."

열자는 웃으며 말했다.

"그분이 스스로 나를 인정해 준 것은 아니오. 다른 사람의 진언을 듣고 곡식을 보내 준 것에 지나지 않는 것이오. 남의 말에 쉽게 움직여지는 그런 분이면 이번에는 남의 말에 따라 나에게 벌을 주지 않으리라고 장담할 수 없소. 그러기에 나는 받지 않은 것이오."

*자양은 뒷날 과연 민중의 신망을 잃고 반란에 의하여 살해되었다. (讓王)

*자양은 뒷날……── 자양은 부하에 대해 냉혹하였기 때문에 많은 부하의 원한을 샀다. 언젠가 좌우의 시종 한 명이 실수로 자양의 활을 부러뜨렸다. 그래서 그는 벌받을 것을 두려워하여 미친 개를 내몰아 자양을 물어 죽이게 했다고 한다.

〔解說〕

《열자(列子)》 설부편(說符篇)에 거의 자구의 차이도 없는 똑같은 글이 나와 있다. 결국 자양은 남의 말이라는 외물(外物)에 좌우되는 위험한 인물이라는 것이다.

잡 편 *301*

무능(無能)에 철저(徹底)하라

> 列禦寇之齊. 中道而反, 遇伯昏瞀人. 伯昏瞀人曰, 奚方而反. 曰, 吾驚焉. 曰, 惡驚焉. 曰, 吾嘗食於十䯻, 而五䯻先饋. 伯昏瞀人曰, 若是, 則汝何爲驚已. 曰, 夫內誠不解, 形諜成光. 以外鎭人心, 使人輕乎貴老, 而䪍其所患. 夫䯻人特食羹之貨, 無多余之贏. 其爲利也薄, 其爲權也輕, 而猶若是. 而況於萬乘之主乎. 身勞於國而知盡於事. 彼將任我以事而效我以功. 吾是以驚. 伯昏瞀人曰, 善哉觀乎. 女處己, 人將保女矣.
>
> 無幾何而往, 則戶外之履滿矣. 伯昏瞀人北面而立, 敦杖蹙之乎頤. 立有間, 不言而出. 賓者以告列子. 列子提履, 跣而走. 暨乎門, 曰, 先生既來, 曾不發藥乎. 曰, 已矣. 吾固告汝, 曰人將保汝. 果保汝矣 非汝能使人保汝. 而汝不能使人無保汝也. 而焉用之感予. 出異也. 必且有感, 搖而本性. 又無謂也. 與汝遊者又莫汝告也. 彼所小言, 盡人毒也. 莫覺莫悟, 何相孰也. 巧者勞而知者憂. 無能者無所求, 飽食而敖遊. 汎若不繫之舟, 虛而敖遊者也.

열자는 제나라의 국왕을 만나려고 떠났으나 생각이 바뀌어 가다 말고 돌아오는 길에 *백혼무인(伯昏瞀人)을 만났다.

"어찌 된 것이지. 왜 가다 말고 돌아오는 게야?"

"예, 실은 깜짝 놀랐기 때문입니다."
"무엇에 놀랐단 말인고?"
묻는 대로 열자가 사정을 설명하였다.
"길을 가다 열 집의 음식점에서 음식을 먹었는데 그 중 다섯 집에서는 주인이 다른 손님은 제쳐 놓고 내 주문부터 받으려고 하였습니다."
"그런 일로 어째서 놀란단 말이오?"
"아마도 내가 자부심을 버려 버리지 못하고 있기 때문에 자신감이 저절로 태도에 나타나 뛰어난 인물로 비친 것이라고 생각됩니다. 먼저 온 손님 가운데는 노인도 있었습니다. 그런데 내 풍채가 주인을 위압하여 노인을 친절하게 돌보는 것조차 잊어 버리게 했다고 생각하니 부끄러워 어찌할 바를 모르겠습니다. 대체로 음식점 따위는 하찮은 장사로 재산도 없거니와 힘도 없습니다. 즉 남을 눈여겨보았다가 무얼 어떻게 하겠다는 형편은 아닙니다. 그런 음식점 주인조차도 나를 특별히 대우하고자 하는데 상대가 일국의 군주라면 어떤 일이 벌어지겠습니까. 내정과 외교에 심신이 지쳐 있는 사람이라면 틀림없이 뜻밖의 행운이라고 나를 맞아들여 내게 국정을 맡긴 뒤에 때가 되면 그 성과를 보려고 할 것임에 틀림없습니다. 놀랐다는 것은 그 일입니다."
백혼무인은 크게 고개를 끄덕였다.
"잘했어. 용케도 거기까지 알아차렸구먼. 그러나 그대가 자기를 버리지 못하는 한, 어디에 있든 그대를 내버려 두지는 않을 것이야."
그로부터 얼마 안 되어서 백혼무인이 열자의 집에 찾아가 보니 손님의 신발이 문 밖에까지 넘쳐 나와 있었다. 백혼무인은 지팡이에 턱을 얹고 잠시 그 곳에 서 있다가 그대로 아무 말도 없이 떠나가려고 하였다. 안내하는 사나이의 보고로 백혼무인이 온 것을 알아챈 열자는 매우 당황하여 신발을 거머쥐고 맨발로 뛰어나가 대문에서 잡고 매달렸다.

"선생님, 모처럼 오셨으니 적어도 무엇인가 한 말씀 가르침을……"

"닥쳐라. 이제 와서 무어라 하는 게냐! 내가 분명히 일러두지 않았더냐. 네가 자기를 버리지 못하는 한, 세상 사람이 너를 그냥 두지 않으리라고 말이야. 그런데 아니나 다르랴! 이 꼴이다. 나는 어쨌든 네가 자진하여 사람들을 끌어 모으려고 했다고 책망하는 것은 아니다. 그러나 네게는 사람들로부터 신뢰를 받지 않으려는 마음가짐이 없는 게야. 사람들이 너를 신뢰할 만큼 네게 사람의 눈을 끌려는 마음이 있었던 게 틀림없다. 그런 마음은 인간의 자연스런 본성을 손상시킬 뿐 결국에 가서는 백해 무익한 것에 지나지 않는 게야. 그것뿐이면 또 좋은데, 너는 너에게 가르침을 청하러 모여드는 무리들의 말이 어떤 것인지 자각하고 있는 게냐? 결국 네게 아첨하고 네게 해독을 끼칠 따름이야. 당사자도 그렇게 깨닫지 못할 뿐만 아니라 남의 마음까지 장님이 되게 하는 게다. 이렇게 하여 서로를 밑이 없는 수렁에 빠져 들어가게 하는 것이지. 지혜와 기교를 부리는 자는 심신을 닳아 없앨 뿐으로 아무런 소득도 없이 일생을 마치는 게다. 그러나 무능을 자각한 인간은 일체의 욕망에서 해방되어 배를 채우는 것만으로 만족하고 마음 내키는 대로 자유로운 생활을 즐긴단다. 물결 사이를 둥둥 떠다니는 작은 배와 같이 자기 자신을 버리고 자유스런 경지를 소요할 수 있는 것이야."(列御寇)

*백혼무인(伯昏瞀人)──지(知)의 빛을 어둡게 하고 무(瞀 : 盲目)하여 망아의 경지에 도달한 사람이라는 우의적인 이름으로, 실제로 있었던 인물인지 어떤지는 의심스럽다. 백혼무인(伯昏無人)이라고도 함.

장자(莊子)의 임종(臨終)

> 莊子將死. 弟子欲厚葬之. 莊子曰, 吾以天地爲棺槨, 日月爲連璧, 星辰爲珠璣, 萬物爲齎送. 吾葬具豈不備邪. 何以加此. 弟子曰, 吾恐烏鳶之食夫子也. 莊子曰, 在上爲烏鳶食, 在下爲螻蟻食. 奪彼與此, 何其偏也. 以不平平, 其平也不平. 以不徵徵, 其徵也不徵. 明者唯爲之使, 神者徵之. 夫明之不勝神也, 久矣. 而愚者恃其所見入於人, 其功外也. 不亦悲乎.

장자가 바야흐로 죽으려 할 때, 임종을 보려고 모인 제자들이 후하게 장사 지내고 싶다고 원했으나 장자는 이를 말렸다.
"천지는 나의 널이요, 해와 달과 별은 나의 보물이며 만물은 내게 주는 선물인 게야. 내 장례를 위한 도구는 갖추어지지 않은 게 없는데, 이 위에 무엇을 덧붙인단 말이냐. 이대로 아무렇게나 내버려 두기 바란다."
그러나 제자들은 그럴 수 없다고 했다.
"그러다가 선생님을 까마귀나 소리개가 파먹을까 봐 염려됩니다."
"지상에 방치하면 새가 파먹기도 하겠지. 그러나 지하 깊숙이 묻었다고 해도 언젠가는 벌레의 먹이가 될 것이다. 일부러 한쪽에서 빼앗아 다른 쪽에 준다는 것은 불공평한 것이 아니겠는가? 그렇다고, 공평하고자 하여 작위를 가동시켜

도 참다운 공평은 얻을 수 없는 것이며, 자연에 순응하려고 작위를 가동시켜도 참된 순응을 얻지 못하는 게야. 자기 자신의 어

전국시대 묘지에 장식된 목조(木彫)

짐을 믿는 자는 지(知)를 가동시키는 것으로 인하여 오히려 사물에 지배되지만, 성지(聖知)의 소유자는 다만 무심히 사물에 순응할 뿐이다. 현지(賢知)는 어차피 성지(聖知)에는 미치지 못하는 게야. 그런데 이 도리를 모르는 사람들은 자기의 판단을 고집해 작위를 부리고 언제까지나 속박에서 해방되지 못하니 어찌 슬픈 일이 아니겠는가?"(列御寇)

〔解說〕

장자가 임종 때, 제자들에게 신지를 말하는 유명한 이야기이다. 인위(人爲)로는 천지 만물을 다 알 수가 없으며, 인지를 믿는 자는 끝내 바보처럼 외물(外物)이나 쫓다가 천지 사이에서 미혹(迷惑)에 빠지게 된다는 것이다. 천지 실재(天地實在)의 근원인 '도(道)'는 인격적인 것이며, 이것을 파악하려면 사물을 비인격적으로 보는 인지로는 불가능하고 직접 그 '도(道)' 자체에 몰입해야만 가능하다는 것을 말하고 있다.

莊子 ─── 자연의 흐름에 거역하지 말라

1994년 9월 20일 초판인쇄
1994년 9월 25일 초판발행
편역자/안길환
발행자/김동구
발행처/명문당
등록/1977년 11월 19일 제1-148호
대체/010041-31-0516013
주소/서울시 종로구 안국동 17-8
전화/733-4748(편집부), 734-4798(영업부)

값 5,000원

* 잘못 만들어진 책은 바꾸어 드립니다.
ISBN 89-7270-426-1   03820